SÉRIE DE SERMÕES — C. H. SPURGEON

SERMÕES DE SPURGEON
SOBRE AS PARÁBOLAS

SÉRIE DE SERMÕES — C. H. SPURGEON

SERMÕES DE
SPURGEON
SOBRE AS
PARÁBOLAS

C. H. SPURGEON

Sermões de Spurgeon sobre as parábolas
por Charles Haddon Spurgeon
Sermões compilados por Dayse Fontoura
Copyright © 2019 Publicações Pão Diário
Todos os direitos reservados.

Coordenação editorial: Dayse Fontoura
Tradução: Dayse Fontoura
Revisão: Dalila de Assis, Lozane Winter, Rita Rosário, Thaís Soler
Projeto gráfico e capa: Audrey Novac Ribeiro
Diagramação: Denise Duck

Dados Internacionais de Catalogação na Publicação (CIP)

Spurgeon, Charles Haddon, 1834–92.
Sermões de Spurgeon sobre as parábolas, Charles Haddon Spurgeon.
Tradução: Dayse Fontoura — Curitiba/PR, Publicações Pão Diário.
1. Teologia prática   2. Religião prática   3. Vida cristã

Proibida a reprodução total ou parcial sem prévia autorização, por escrito, da editora.
Todos os direitos reservados e protegidos pela Lei 9.610, de 19/02/1998.
Permissão para reprodução: permissao@paodiario.com

Exceto quando indicado o contrário, os trechos bíblicos mencionados são da edição Revista e Atualizada de João F. de Almeida © 2009 Sociedade Bíblica do Brasil.

Publicações Pão Diário
Caixa Postal 4190,
82501-970 Curitiba/PR, Brasil
publicacoes@paodiario.org
www.publicacoespaodiario.com.br
Telefone: (41) 3257-4028

LE744
ISBN: 978-1-64641-021-7

1.ª edição: 2020 • 3.ª impressão: 2022

Impresso na China

SUMÁRIO

Apresentação.. 7

1. O semeador
   (Mateus 13:3) 9
2. Entrada e exclusão
   (Mateus 25:10) 27
3. Uma grande negociação
   (Mateus 13:45,46) 47
4. O grão de mostarda — Um sermão para o professor de Escola Dominical
   (Lucas 13:18,19) 67
5. Os servos inúteis
   (Mateus 25:30, Lucas 17:10, Mateus 25:21) 89
6. O bom samaritano
   (Lucas 10:25-37) 109
7. A parábola das bodas
   (Mateus 22:2-4) 131
8. Os servos e as dez minas
   (Lucas 19:12,13) 151
9. O ápice do pródigo
   (Lucas 15:17) 171
10. A ovelha perdida
    (Mateus 18:12,13) 185

11. A viúva importuna
   (Lucas 18:1-8) 207
12. Devedores falidos perdoados
   (Lucas 7:42) 227
13. Um sermão para o pior homem na Terra
   (Lucas 18:13) 249

APRESENTAÇÃO

Jesus, o Mestre por excelência, lançou mão de diversos métodos de ensino a fim de cumprir o Seu propósito de revelar o reino de Deus ao homem. No entanto, um destes, as parábolas, cumpria um propósito duplo: velar a mensagem aos soberbos e autossuficientes e esclarecê-la aos de coração humilde e contrito.

Parábola, segundo o Houaiss (2009), "é a narrativa alegórica que transmite uma mensagem indireta, por meio de comparação ou analogia". Jesus valeu-se de cenas cotidianas comuns aos judeus do primeiro século, como cerimônias de casamentos, agricultura, pecuária, negociações, vida familiar e contexto religioso para ensinar profundas verdades espirituais. Desta forma, Seus ouvintes ávidos pela verdade poderiam entender o que, na prática, é a vontade de Deus.

Neste volume, você encontrará 13 sermões selecionados de Charles Haddon Spurgeon sobre algumas das parábolas de Cristo. De seu púlpito no *Metropolitan Tabernacle*, em Londres, esse aclamado pregador do passado conclamava sua audiência a se aprofundar no conhecimento da totalidade do evangelho.

Por meio destas inspiradoras pregações, Spurgeon adverte à perseverança na oração, à vigilância quando em tentação, ao cultivo da Palavra de Deus no coração, à valorização — acima de tudo o mais — de nosso relacionamento com o Deus do Universo, à humildade diante do Senhor, à manutenção da fé, ao desenvolvimento da santificação e ao serviço cristão.

Que os ensinamentos de nosso Senhor Jesus Cristo, explanados por esse grande servo de Deus do século 19, possam alertar-nos a viver de forma que traga ao Eterno a glória que Ele espera receber de nós, da qual é digno e pela qual pagou alto preço!

Dos editores

1

O SEMEADOR

Eis que o semeador saiu a semear.
(Mateus 13:3)

ste era um acontecimento muito importante. Não digo que seria importante se você levasse em consideração o caso em particular; no entanto, se considerar a grande quantidade de casos a que essa parábola se aplica, torna-se muito importante no conjunto: "Eis que o semeador saiu a semear". Sim, Cristo crê ser digno de menção que um único semeador tivesse saído a semear, que um cristão tenha ido pregar em uma reunião numa praça rural ou conduzido uma classe bíblica, ou tivesse falado em qualquer lugar em nome do Senhor! Mas, quando pensamos sobre as centenas de pregadores do evangelho que saem a semear todos os domingos e nas miríades de professores que vão instruir as crianças em nossa Escola Dominical, é certamente, no conjunto, o acontecimento mais importante sob o Céu! Você poderá omitir, ó anjo escriba, o fato de que um guerreiro saiu à batalha, pois é muito mais

importante registrar que "o semeador saiu a semear". Pode até esquecer que um cientista foi a seu laboratório e fez uma descoberta, pois nenhuma descoberta pode se igualar em importância ao costumeiro processo de semeadura. Você ouve a canção da colheita? Vê as carroças carregadas seguindo uma à outra, numa longa fila, em direção ao celeiro do fazendeiro? Se sim, lembre-se de que não haveria abundância de grãos se o semeador não saísse a semear! À medida que a vara bate o trigo, ou a debulhadora faz o grão saltar por entre a palha, e o moinho o esmaga alegremente, e as mulheres trabalham a massa, e o pão é colocado à mesa, e pais e filhos são alimentados até se satisfazerem, não se esqueça que isso jamais poderia ocorrer a menos que o semeador saísse a semear. Dessa ação depende a própria vida humana! O pão, que é o sustentáculo de sua vida, seria partido e lhe seria retirado, e a vida não continuaria se o semeador não saísse a semear! Isso me parece provar que o acontecimento registrado em nosso texto é de máxima importância e merece ser narrado.

E, queridos amigos, a semeadura *espiritual* representa, no mundo espiritual, o mesmo que a semeadura ocupa no mundo natural! É muito importante sairmos para pregar o evangelho. Para alguns, pode parecer uma questão pequena que eu ocupe este púlpito, e não exagerarei na importância desse fato. Embora a eternidade possa não esgotar tudo o que resultará da pregação do evangelho aqui, haverá almas arrancadas como feixes do fogo, salvas com a eterna salvação, lâmpadas acesas pelo Espírito Santo que brilharão como estrelas no firmamento de Deus para sempre e sempre! Quem saberá, ó professor, enquanto você trabalha entre os infantes, qual será o resultado de seus ensinamentos? O bom milho pode crescer em campos bem pequenos. Deus pode abençoar suas palavras simples ditas aos bebês. Como saber, ó meu irmão iletrado, o que pode resultar dos seus esforços quando você se levanta para falar a uns poucos colegas na reunião naquela cabana? A vida ou morte, o Céu ou o inferno podem depender do semear a boa semente do evangelho! Isto é, se o Senhor for em sua companhia e você sair como o semeador que saiu a semear, esse será, e *deverá* ser, o acontecimento mais importante que pode ocorrer!

Ouça a canção dos anjos! Veja o transbordante esplendor e a glória excelsa da face de seu Pai celestial! Ele se regozija porque almas nascem para Jesus, mas, como poderia haver essa alegria — no curso normal das coisas, e falando à maneira dos homens — sem que houvesse a pregação da Palavra? Pois ainda agrada ao Pai salvar os que creem por meio da loucura da pregação! Assim sendo, não me escusarei por, novamente, pregar sobre um acontecimento de tanta importância, mesmo que registrado em palavras tão simples! "…o semeador saiu a semear".

Tentarei responder a três perguntas. Primeiramente: *quem era ele?* Depois: *o que ele fez?* E, terceiro: *qual era seu objetivo?*

1. Primeiro, QUEM ERA ELE?

Não sabemos nada sobre ele, exceto que era um semeador. Sua individualidade parece ter sido tragada por seu ofício. Não temos conhecimento de quem era seu pai, ou sua mãe, ou irmã, ou irmão. Tudo o que sabemos é que ele era um semeador, e gosto de ver um homem que é tão ministro que não seja algo além de ministro! Não importa quem ele seja, ou o que tenha, ou o que mais faça, contanto que cumpra esse ofício. Ele perde sua identidade em seu serviço, embora a recupere novamente de outra forma. Perde sua individualidade e se torna, de uma vez por todas, um semeador. Nada além de um semeador!

Observem, queridos amigos, que *há muitas questões pessoais irrelevantes*. Aqui não se menciona se ele era um semeador refinado ou rústico, e não importa qual dos dois fosse. Assim também o é com os trabalhadores de Cristo — Deus abençoa todo o tipo de homem. William Huntington [N.E.: (1745–1813) pregador inglês que fundou muitas igrejas por toda a Inglaterra.], o minerador, levou muitas almas a Cristo. Alguns duvidam disso, mas, em meus primeiros dias como cristão, conheci muitas pessoas excelentes desta Terra que eram filhos espirituais desse minerador. Chalmers [N.E.: Thomas Chalmers (1780–1847), pregador e professor escocês, conhecido como o grande clérigo escocês do século 19.] ficava no extremo oposto: um mestre de discurso culto e gracioso, um homem bem instruído e treinado. E que multidão ele levou a Cristo! Assim, quer seja Huntington ou Chalmers, não importa. "O semeador saiu a semear." Um pregador fala como Rowland Hill [N.E.: (1795–1879) Professor, inventor e reformista social inglês.] em linguagem bem simples, mas com um toque de humor. Outro, como Robert Hall [N.E.: (1764–1831), pastor batista e pregador intelectual.], usa grande estilo de discurso, cheio de retórica brilhante que dificilmente condescenderia aos homens de nível mais simples. E, no entanto, Deus abençoou a ambos! De que importava se o discurso fosse coloquial ou retórico desde que Deus o abençoasse? O homem pregava o evangelho — como ele o fazia, não precisa ser declarado. Ele era um semeador, saiu a semear, e uma grande colheita veio como resultado de sua semeadura!

Agora, meu amado irmão, você começou a falar de Cristo com zelo, mas está preocupado porque não sabe falar como o senhor Fulano de Tal. Não tente falar como ele! Você diz: "Ouvi um homem pregar uma noite dessas e, quando ele terminou, achei que eu jamais poderia voltar a pregar". Sinta apenas que você deve semear a boa semente do reino e, se não possuir a mão tão grande quanto outros semeadores e não puder semear o mesmo tanto de uma vez, vá e semeie com suas mãos menores preocupando-se apenas em plantar a mesma semente, pois Deus aceitará o que você faz! Você se entristece por não saber tanto quanto alguns e por não poder ter a mesma instrução que eles têm. Lamenta não possuir as habilidades poéticas de uns, ou a perspicácia santa de outros. Por que você fala tais coisas? Nosso Senhor Jesus Cristo não o fez — Ele simplesmente diz: "o semeador saiu a semear". Jesus não nos diz como ele se vestia. Não menciona se era negro ou branco, ou que tipo de homem era. Não nos fala nada além de que era um semeador. Você, meu querido amigo, tentará ser nada além de um ganhador de almas? Não se preocupe com as "idiossincrasias", ou seja lá como a chamem! Siga em frente e semeie a boa semente, e que Deus o abençoe ao fazê-lo!

A seguir, perceba que, da mesma forma como as questões relativas ao homem são completamente irrelevantes para serem registradas, *seu nome e fama não estão escritos no Livro*. Você quer que seu nome seja colocado em tudo o que faz? Cuidado para que Deus não lhe conceda seu desejo e depois lhe diga: "Aí está, você fez tudo para si mesmo, então recompense a si próprio por isso!". Quanto puder, mantenha seu nome longe de tudo o que faz para o Senhor! Antes eu notava que em Paris não havia sequer uma ponte ou prédio público sem a letra "N" nele. Hoje percorra toda a cidade e encontre um "N" se puder. Napoleão esperava que sua fama viveria no imperecível mármore, contudo, no final das contas, ele escrevera seu nome na areia. E, se qualquer um de nós, em nosso ministério, acharmos ser de extrema importância fazer nosso nome proeminente, estamos todos na direção errada! Quando a George Whitefield [N.E.: (1714–70) Grande evangelista itinerante anglicano inglês.] foi solicitado que inaugurasse uma nova denominação, ele disse: "Não condeno meu irmão John Wesley pelo que fez, mas eu não posso fazer o mesmo — que meu nome pereça, e que o nome de Cristo dure para sempre e eternamente!". Não se angustie se o seu nome diminuir na posteridade, mas preocupe-se somente em ser lembrado pelo que fez, como esse homem é lembrado pelo testemunho de Cristo de que era um semeador.

O que ele fez em sua semeadura é registrado de alguma forma, mas apenas o que se refere a seu trabalho em especial. Onde sua semente caiu, como cresceu ou não, e o que resultou disso está tudo lá. No entanto, nada se diz sobre sua vida ou história. Oro para que vocês não estejam ansiosos por coisa alguma que venha embalsamar sua reputação. O embalsamamento é para os mortos. Assim, que os vivos possam contentar-se em deixar que seu nome e sua fama sejam dispersados pelo mesmo vento que os trouxe. Afinal, de que importa nossa reputação? É apenas a opinião ou o hálito dos homens, e isso é de pouco ou nenhum valor para o filho de Deus. Sirvam a Deus fielmente e depois deixem seu nome e fama a Seu cuidado. Há um dia porvir em que os retos brilharão como o Sol no reino de seu Pai!

Não possuímos registro do nome e da fama desse homem, contudo, *sabemos algo sobre ele*. Sabemos que deve ter sido primeiramente um consumidor, ou jamais teria se tornado um semeador. O evangelho é a semente para o semeador e o pão para o consumidor. E todo homem que realmente sai a semear por Deus precisa ser, primeiramente, alguém que consome o que planta. Não há um homem na face da Terra que pise o sulco do campo e semeie a semente que não seja, primeiro, um consumidor do pão. E não há um verdadeiro servo de Deus, debaixo da abóboda celeste, que não seja primeiramente alimentado pelo evangelho antes que o pregue! Se houver alguns que finjam semear, mas que jamais se alimentaram, Deus lhes tenha misericórdia! Que profanação do púlpito é o homem tentar pregar o que ele mesmo não conhece! Que violação é até para a aula de Escola Dominical que um jovem ou uma jovem não convertidos sejam professores de outros! Creio que isso não deveria ser permitido. E onde tem sido permitido, ordeno a quem quer que esteja tentando ensinar o que eles mesmos desconhecem que clamem a Deus para que os ensine a fim de que não vão e finjam falar em nome do Senhor às crianças, até que, antes de tudo, Cristo tenha lhes declarado a paz e o perdão a seu próprio coração e que Ele tenha formado neles a esperança da glória! Que cada trabalhador aqui pergunte a si mesmo: "Tenho me alimentado e desfrutado dessa boa Palavra que estou afirmando ensinar a outros?".

Depois de ser um consumidor, ele também precisa ser um *recebedor*. Um semeador não pode semear se não tiver sementes. É mera zombaria subir e descer um campo, simulando espalhar a semente de uma mão vazia! Não há muito do autodenominado trabalho cristão que é exatamente como isso? Aqueles que se envolvem nele não possuem coisa alguma a oferecer e, portanto, nada oferecem. Não há como extrair de um homem ou mulher o que não está neles — e não se pode pregar ou ensinar, ao modo de Deus, o que não estiver primeiramente em seu próprio coração! Precisamos receber a semente do evangelho de Deus antes que a possamos semear! O semeador vai ao celeiro de seu amo e recebe muitos bushels [N.E.: Unidade de medida de grãos e farinhas.] de trigo. Após isso, sai e o semeia. Receio que alguns pretensos semeadores falham nesse quesito de serem recebedores. Apressam-se em assumir turmas ou para pregar aqui e acolá, ou em qualquer parte, mas não têm nada em si. O que é seu discurso senão latão que ressoa, um címbalo que retine, até que tenha recebido a Palavra viva do Deus vivo e seja enviado por Ele para proclamá-la aos homens?

O verdadeiro semeador também é um disseminador da Palavra de Deus. Nenhum homem é semeador a menos que espalhe a verdade. Se não pregar a verdade, não é um semeador no real sentido do termo. Um homem pode assobiar em meio aos sulcos e as pessoas podem confundi-lo com um semeador, porém ele não o é. E, se não houver, naquilo que pregamos, a verdade real e sólida da Palavra, por mais belamente que exponhamos os nossos doces "vazios", não estamos servindo ao Senhor! Devemos realmente espalhar a semente viva ou, de outra forma, não somos dignos do título de semeadores.

Parece que sabemos pouco sobre esse semeador, contudo, reconhecemos também que *ele era de linhagem nobre*. O que nosso Senhor disse de fato foi: "O SEMEADOR saiu a semear", e penso que o vemos vindo dos palácios de marfim da glória única de Sua própria natureza eterna, descendo a Belém, tornando-se um bebê, aguardando até que a semente estivesse madura, e depois de pé no Jordão, na encosta da colina, em Cafarnaum e Nazaré, e em todo lugar, espalhando aquelas grandes sementes que fizeram o descampado e os lugares solitários regozijarem-se e o deserto se alegrar e florescer como a rosa! Veja como a cristandade brotou da semeadura daquele Homem! E nosso glorioso Senhor há muito colheu, e ainda hoje colhe, o resultado dessa semeadura nas encostas dos montes da Galileia. "O semeador saiu a semear." Você não se alegra em ser parte dessa nobre linhagem? Não pensa que seja a mais elevada honra estar entre aqueles que semearam o evangelho de Deus, mesmo que seja o último dos semeadores?

Contudo, quem foram os semeadores que o sucederam? "Homens dos quais o mundo não era digno". Homens que sofreram por seu Senhor e Mestre: Seus apóstolos e aqueles que receberam Sua palavra e que foram fiéis até à morte — um exército santo composto de pessoas de todos os tipos, idosos e jovens, ricos e pobres, sábios e iletrados! E sempre há um bando de semeadores saindo a semear, homens que não podem deixar de o fazer, como, por exemplo, o latoeiro de Bedford [N.E.: Como também era conhecido o brilhante autor inglês John Bunnyan (1628-88).]. Ordenaram-lhe que não mais lançasse a semente, colocaram-no na prisão, pois, caso contrário, ele continuaria a fazê-lo. Contudo, através da janela daquela prisão, ele se manteve semeando grandes punhados da semente que estão, ainda hoje, caindo sobre nossos amplos acres e também em outras terras! Quando lhe ordenaram que se calasse, ele disse: "Se vocês me libertarem da prisão hoje mesmo, pregarei novamente amanhã pela graça de Deus!". "Assim sendo", responderam-lhe, "volte à sua cela, senhor". "Sim", Bunyan respondeu, "e lá permanecerei até que o musgo cresça sobre minhas pálpebras, antes que eu lhes faça qualquer promessa de que ficarei silente". Ele precisava semear, não podia evitá-lo. Bem, hoje em dia imagina-se que a nova teologia deve pôr um fim ao nosso semear da boa palavra do Reino, mas ela o fará? Creio que os semeadores ainda sairão a cada ruela e beco da cidade, a cada aldeia e vilarejo de nosso país, se Deus quiser, pois o evangelho é tão eterno quanto o Deus que o deu e, portanto, não pode morrer! E quando pensarem que mataram a planta, ela brotará por todos os lugares ainda mais vigorosa do que anteriormente!

O semeador não é apenas um homem de linhagem nobre, mas também um trabalhador junto com Deus. É desígnio divino que cada planta propague e reproduza a sua espécie, e particularmente é Seu propósito que o trigo e outros cereais tão úteis ao homem continuem e se multipliquem na face da Terra. Quem deve fazê-lo? Deus assegurará que seja feito e, normalmente, empregará os homens como Seus agentes. Há algumas sementes que jamais podem ser lançadas por homens, somente pelos pássaros. Não preciso entrar em detalhes, mas é fato que nenhum ser humano poderia fazer essas sementes crescerem se eles mesmos as semeassem — precisa ser feito por um passarinho. No entanto, quanto ao trigo, o homem deve semeá-lo. Você não irá a qualquer parte do mundo e encontrará um campo de trigo a menos que tenha sido lançada a semente que o produz. Poderá encontrar campos cheios de cardos, porém o trigo precisa ser semeado. Ele não é silvestre, precisa dos seres humanos para cuidar dele. Assim, Deus se une ao homem na continuidade do trigo sobre a face da Terra. E o ordenou de tal forma que, mesmo que pudesse espalhar o evangelho por meio de Seu Espírito, sem as vozes humanas, mesmo que pudesse trazer miríades indizíveis sem qualquer instrumentalidade, Ele não o faz. E como meios para atingir o fim que Ele prevê, Deus quer que você fale, que Ele possa falar por seu intermédio e que, ao falar, a semente que trará colheita abundante seja espalhada!

2. Agora em segundo, O QUE O SEMEADOR FEZ? Ele saiu. Vou me debruçar sobre esse fato por alguns minutos.

Creio que isso queira dizer que *ele se apressou*. Disse: "É hora de eu sair a semear. Esperei o suficiente por um clima favorável, mas lembro-me de Salomão dizendo: 'Quem somente observa o vento nunca semeará'. Acredito que o tempo de lançar a semente chegou para mim, devo começar com isso". Posso ver alguns aqui que são membros da igreja há muitos anos e que nunca realmente trabalharam pela salvação de almas. Agora quero que digam a si mesmos: "Vamos agora mesmo, preciso começar esse trabalho". Vocês em breve estarão indo para o Lar, e, quando seu Mestre lhes disser: "Você semeou algo para mim?", sua resposta será: "Não, Senhor, eu comi bastante. Fui à igreja e gostei dos cultos". "Mas você semeou alguma vez?", Ele ainda lhe perguntará. "Não, Senhor, eu armazenei bastante. Estoquei grandes quantidades da boa semente". "Mas alguma vez você semeou?", Ele inquirirá novamente. Essa será uma pergunta terrível para todos aqueles que nunca saíram a semear! Você está muito confortável em casa, não está? Nas longas noites de inverno que estão chegando, será tão prazeroso nos deleitarmos em casa por uma noite! Lá, com a brasa atiçada e a cortina fechada, sentamo-nos e desfrutamos de um tempo feliz! Sim, mas não é hora de você, senhor Semeador, sair? Os milhões de cidadãos de Londres estão perecendo! Os asilos para os doentes mentais estão se enchendo, assim como as cadeias; a pobreza abunda e a embriaguez está em cada esquina. A prostituição tem feito os bons homens e mulheres corarem. É hora de começar o trabalho pelo Senhor, caso um dia o faça. O que alguns de vocês estão fazendo por Deus? Ó que vocês avaliem sua capacidade, ou incapacidade, e digam: "Preciso começar a trabalhar pelo Mestre. Não passarei o resto de minha vida pensando sobre o que devo fazer. Preciso fazer o que está adiante, e fazê-lo de uma vez, ou poderei ser chamado ao Lar, e meu dia terá terminado antes que eu semeie um único punhado de trigo".

Depois, *o semeador abriu mão de sua privacidade*. Saiu de sua reclusão e começou a semear. É isso que quero dizer! Inicialmente, um cristão, sabiamente, vive em reclusão. Há muita limpeza e lavagem a serem efetuadas lá. Quando as abelhas saem de seus favos, sempre passam os primeiros dias de sua vida na colmeia limpando e organizando tudo. Não saem para recolher o mel antes de terem feito o trabalho de casa. Eu gostaria que todo o povo cristão pudesse ter seus trabalhos domésticos feitos tão logo quanto possível. Ele precisa ser feito. Quero dizer familiaridade com questões experimentais do pecado interior e da graça abundante. Porém, após isso, o semeador saiu a semear. Não se contentou com sua experiência pessoal, mas saiu a semear. Há muitas pessoas que estão deprimidas porque estão sempre em casa. Já limparam tudo em seu lar, até o fundo externo das panelas, mas agora não sabem o que fazer; então começam a enegrecê-las novamente e a limpá-las de novo — sempre trabalhando em volta dos pequenos utensílios de sua cozinha. Saia daí, irmão! Saia daí, irmã! Por mais importante que sua experiência possa ser, ela é apenas uma plataforma para sua verdadeira utilidade. Ponha o seu interior em ordem para que possa sair e trabalhar!

O semeador, quando saiu a semear, também *renunciou seu cargo de aprendiz e de desfrutador da verdade*. Frequentou a Escola Bíblica por um ou dois anos e nela adquiriu conhecimento das Escrituras. Também era ouvinte assíduo da Palavra. Podia vê-lo regularmente sentado em seu banco e bebendo da Palavra. Entretanto, depois de um tempo, disse a si mesmo: "Não tenho o direito e permanecer nesta Escola Bíblica, devo unir-me à Escola Dominical [N.E.: No século 19, a Escola Dominical era exclusivamente para crianças.] e assumir uma classe". Então, falou consigo mesmo depois de um *Shabbat* à noite: "Já estive em um culto hoje e fui espiritualmente alimentado, assim devo ir para os albergues da Casa da Moeda e falar com as pessoas de lá, ou encontrar outra ocupação santa na qual eu possa fazer o bem ao próximo". Desta forma, ele saiu a semear, e eu gostaria de estimulá-los a fazer o mesmo! Talvez eu não precise dizer muito sobre essa questão ao meu povo aqui reunido, mas também há muitos visitantes entre nós. Eu gostaria de fazer com vocês o mesmo que Sansão fez com as raposas e os fachos em fogo. Temos cristãos professores demais que estão fazendo quase nada! Se eu pudesse lhes enviar ao milharal de algumas igrejas para atear-lhes fogo, esse não seria um mau trabalho para uma quinta-feira à noite.

"O semeador saiu a semear". De onde ele veio? Não sei lhes dizer de qual casa ele veio, mas posso lhes afirmar qual o último lugar onde esteve antes de vir. *Ele saiu do celeiro*. Deveria ir para lá a fim de pegar a semente. Pelo menos, se ele não tivesse ido ao celeiro antes de sair a semear, não possuiria algo que valesse à pena semear. Ó queridos irmãos e irmãs, especialmente meus irmãos de ministério, devemos sempre ir ao celeiro, não devemos? Sem o estudo diligente e constante das Escrituras, qual será a utilidade da pregação? Alguém disse: "Dirigi-me ao púlpito e preguei direto o que me veio à mente, nem pensei muito nisso". "Sim", disse outro, "seu povo também não pensou muito nisso". Com certeza esse é o caso! Vocês, professores que vão às suas aulas quase sem preparação e abrem suas Bíblias dizendo o que lhes vem primeiro, deveriam lembrar que Deus não precisa de seus disparates. E alguém diz: "Ah, mas não é por sabedoria humana que as almas são salvas". Não, nem também pela ignorância humana! Se você afirma ensinar, aprenda! Não pode ser professor aquele que não é primeiramente um aprendiz. Tenho certeza de que, quando o semeador saiu a semear, o último lugar de onde veio foi o celeiro. E cuide que você também vá ao celeiro, querido trabalhador!

Pergunto-me se esse semeador fez o que eu recomendo que cada semeador cristão faça, a saber, sair *do lugar onde ele encharca sua semente*. Um fazendeiro reclamou que seu trigo não cresceu, e o outro lhe perguntou: "Você encharca sua semente?". "Não", replicou o primeiro, "nunca ouvi sobre isso!". Disse o primeiro: "Eu sempre encharco as minhas em oração, e Deus me prospera". Se sempre banharmos nossa semente celestial em oração, Deus também nos fará prosperar! Apenas um homem se levantar e pregar é muito pouco, mas, se dois de nós estivermos aqui no púlpito, será melhor. Vocês ouviram falar do pregador galês que não havia chegado quando o culto deveria ter começado. Assim, seu anfitrião enviou um menino à sala para lhe avisar de que era hora de pregar. O menino voltou apressado e expressou: "Senhor, ele está em sua sala, mas creio que ele não esteja vindo. Há alguém lá com ele. Ouvi-o falando muito alto e com muito ânimo, e ele dizia que se aquela pessoa não lhe acompanhasse, ele não viria. E o outro não lhe respondeu, então acho que ele não vem". "Ah", disse o anfitrião que entendera o caso: "ele virá e o Outro virá com ele!". Ó, é boa a semeadura quando o semeador sai a lançar a semente e o Outro vem com ele! Daí saímos com a semente banhada, semente que germina em nossas mãos à medida que avançamos! Isso não acontece naturalmente, mas, sim, *espiritualmente*. Parece crescer enquanto a manuseamos, pois possui vida em si, e, quando é semeada, haverá vida nela para o nosso coração.

Além disso, esse semeador *saiu a campo aberto.* Onde quer que houvesse um campo pronto para a semeadura, lá ia ele! Amados amigos, devemos sempre fazer o bem onde houver mais predisposição para que o bem seja feito. Não acredito que haja outro lugar ao qual eu deva ir, pois aqui está o povo a quem posso pregar. No entanto, se esse lugar não estivesse cheio de pessoas, eu deveria achar que não tenho o direito de permanecer aqui pregando a bancos vazios. Se for assim em sua pequena capela — se as pessoas não vêm —, não desejo que a capela seja queimada, mas não seria grande calamidade se você tivesse que ir às ruas pregar, ou se tivesse que ir a algum salão ou celeiro em favor daqueles que poderiam vir e ouvi-lo, que de outra forma jamais o ouviriam! Você deve sair e pregar! Não pode assentar-se à janela de seu salão de cultos e lançar a semente e não pode permanecer em seu pequeno lote de terra e lá continuar a semear. Se você já fez seu trabalho neste lugar, saia e semeie em outro! Ó, que a Igreja de Cristo vá até as terras pagãs! Que haja entre os cristãos o sentimento geral de que devem sair e semear! Que grandes campos ainda há sobre os quais ainda não caiu qualquer grão do trigo divino! Ó, que haja um grande crescimento do espírito missionário! Que

Deus o envie sobre toda a Igreja até que em todo lugar se diga: "Eis que o semeador saiu a semear".

Há um "eis" em meu texto que eu reservei até agora. "Eis que o semeador saiu a semear". Ele foi tão longe quanto possível para lançar a boa semente a fim de que seu Mestre tivesse uma boa colheita dessa semeadura. Que nós façamos o mesmo!

Quando esse homem saiu a semear? Nossos amigos fazendeiros começam a plantar logo após a colheita. Esse é o tempo para semear em nome de Cristo. Tão logo você ganhe uma alma para Ele, tente de novo e ganhe outra, pela graça de Deus! Diga a si mesmo o que o general disse às suas tropas quando alguns deles voltaram dizendo: "Senhor, capturamos uma arma do inimigo". "Então", disse o general, "voltem e capturem outra!". Que a semeadura suceda à ceifa tão rápido quanto possível. O semeador semeou a tempo. É excelente que se observe a época adequada para lançar a semente, mas é melhor ainda semear quando é impróprio também, pois fora de tempo é, algumas vezes, o melhor tempo para que os semeadores façam seu trabalho. "Insta, quer seja oportuno, quer não" foi a exortação de Paulo a Timóteo. Que sempre haja a graça para que semeemos! Conheço alguns homens fáceis de se lidar e que nunca ficam sem panfletos para distribuir, e panfletos bem aplicáveis também. Parece que eles os selecionaram especialmente, e Deus lhes deu ocasiões oportunas para os entregar, ou, se não tiverem folhetos, estarão prontos com uma palavra boa, uma excelente palavra, uma palavra amorosa e terna. Há uma forma de levar o evangelho pelos flancos quando não puder ser levado pelo *front*! Os semeadores espalham bem a sua semente, embora eu perceba que eles não semeiam contra o vento, pois isso sopraria poeira em seus olhos — e não há nada como semear a favor do vento. Independentemente de qual maneira o Espírito Santo esteja se movendo, e também a providência, espalhe a sua semente de forma que o vento a carregue para tão longe quanto possível, e que ela possa cair onde Deus a fará crescer.

Assim, eu lhes disse o que o homem fez: "o semeador saiu a semear".

3. Preciso responder, de forma breve, a última das três perguntas que mencionei: QUAL ERA O OBJETIVO DESSE SEMEADOR?

Nessa ocasião, ele não saiu para guardar a semente para si mesmo. Ele saiu para lançá-la ao vento, jogou-a distante de si próprio, espalhou-a amplamente. Não saiu a defendê-la, mas a disseminou e deixou tomar seu caminho. Desta vez, não saiu para examiná-la, para ver se era ou não boa semente. Sem dúvida ele já o fizera antes, mas aqui só a espalhou. Não saiu para peneirá-la e a assoprar a palha, ou separar algum inseto que pudesse haver nela. Tudo isso foi feito em casa. Agora ele nada mais tem a fazer a não ser semear — *a semear* — A SEMEAR. E o faz com todo seu poder! Nem ao menos afasta do campo aqueles que podem estar semeando a má semente, mas aproveita a oportunidade para, nesta vez em particular, sair e semear, e nada mais —

Uma coisa por vez, e isso sendo bem feito,
É regra muito boa, como muitos o têm dito.

E é especialmente assim no serviço do Senhor. Não tente fazer 20 coisas ao mesmo tempo; "o semeador saiu a semear". *Seu objetivo era limitado.* Não saiu para fazer a semente crescer. Não! Isso estava além de seu poder. Ele saiu a semear. Se fôssemos os responsáveis pelo efeito do evangelho sobre o coração dos homens, poderíamos estar num infortúnio, sem dúvida; mas somos responsáveis apenas pela semeadura da boa semente. Se vocês ouvem o evangelho, caros amigos, e o rejeitam, isso é problema de vocês, não nosso. Se forem salvos por ele, deem glória a Deus. Contudo, se ele se provar um cheiro de morte para morte, o pecado, a vergonha e o pesar são de vocês. O pregador não pode salvar almas, assim não deverá assumir a responsabilidade que não lhe pertence.

E nesse momento ele não saiu para colher. Há muitos exemplos nos quais o segador sobrepuja o semeador, e Deus salva almas no instante em que estamos pregando. Mesmo assim, o que esse homem saiu a fazer foi semear. Quer haja ou não almas sendo salvas, nosso trabalho é pregar o evangelho, todo o evangelho, e nada mais do que o evangelho; e precisamos nos manter nesse ponto — pregar Jesus Cristo, e este crucificado. Isso é lançar a semente. Não podemos criar a colheita, que virá no tempo de Deus.

O único objetivo desse homem estava positivamente diante dele, e devemos comunicar a verdade, tornar o evangelho conhecido por todo homem. Você está perdido, mas Deus é gracioso; Cristo veio para buscar e salvar o que estava perdido. Aquele que nele crer não perecerá, mas terá a vida eterna. Na cruz Ele ofereceu o sacrifício pelo qual o pecado é afastado. Creia nele e você viverá por meio de Sua morte. Veja, essa semeadura é simplesmente falar a verdade e essa é a principal coisa que temos de fazer, caros amigos: continuar falando a mesma verdade muitas vezes até que ela entre na mente e no coração dos homens e que eles a recebam por intermédio da graça de Deus. Se o semeador tivesse se assentado num canto do campo e tocado a harpa o dia todo, ele não teria cumprido seu dever. E se, em vez de pregar o evangelho básico, falarmos dos profundos ou elevados mistérios de Deus, também não estaremos cumprindo *nosso* dever! O único trabalho do semeador é semear, então, fiquem firmes em sua semeadura, irmãos e irmãs! Quando tudo tiver terminado e seu Mestre os chamar para o Lar, Ele encontrará outro serviço para vocês lhe prestarem no Céu, mas, no presente, nosso trabalho é semear.

Agora, para encerrar, deixem-me lembrar-lhes de que semear é um ato de fé. Se um homem não tivesse grande fé em Deus, ele não pegaria a pequena semente e a enterraria. Sua boa esposa poderia dizer: "John, precisaremos desse trigo para as crianças, então não vá jogá-lo fora onde os pássaros podem comê-lo ou os vermes destruí-lo". E você pode pregar o evangelho e ensiná-lo como um ato de fé. Deve crer que Deus o abençoará. Caso contrário, não obterá a bênção que dele advém. Se for feito como um ato natural, ou de esperança, não será suficiente — precisa ser realizado como um ato de confiança no Deus vivo. Ele lhe ordena que fale a Palavra, e o transforma em Sua boca para esse propósito. Deus diz que Sua palavra não retorna vazia, mas que prosperará no propósito para o qual foi proferida.

Essa semeadura foi um *ato vigoroso*. A palavra "semeador" indica um homem cheio de disposição. Ele estava, como dizem, "lá por inteiro". Assim, quando ensinamos sobre Cristo, devemos ensinar com todo nosso ânimo, colocando nossa própria alma no que ensinamos. Ó irmãos, nunca permitam que o evangelho fique em nossos lábios como estalactites! Que, ao contrário, ele seja como a flamejante lava que sai da boca do vulcão! Que estejamos inflamados com a verdade divina que está dentro de nós, semeando-a com todo nosso coração, mente, alma e força.

Essa semeadura também foi como um *ato de vigor concentrado*. O semeador "saiu A SEMEAR". Não saiu com dois alvos ou objetivos, mas, sim, com apenas este: não dividir sua vida em uma multidão de canais, mas fazê-la correr em uma corrente forte e profunda com a qual esse objetivo reverbere.

Agora, termino convidando todos os meus irmãos e irmãs aqui para sair desse Tabernáculo [N.E.: Tabernáculo Metropolitano, onde este sermão foi pregado.] para semear. Vocês descerão os degraus frontais, ou sairão pelas portas dos fundos, e se espalharão por toda cidade. Não sei quão longe irão, mas que seja escrito sobre vocês esta noite: "'Os semeadores saíram a semear'. Eles saíram do Tabernáculo com a única resolução que, pelo poder do vivo Espírito de Deus, eles, que são redimidos pelo precioso sangue de Jesus, farão conhecido Seu evangelho aos filhos dos homens semeando a boa semente em cada lugar onde tiverem a oportunidade, crendo em Deus para fazer a semente crescer e se multiplicar!". Ah! Mas não se esqueçam de o fazer aqui dentro dessas paredes, pois aqui dentro há alguns os quais vocês não poderão alcançar novamente. Então, se você puder falar com aquele que se assenta ao seu lado no banco, diga a boa palavra de Cristo! Se vocês começarem a ser semeadores, nada melhor do que começar agora mesmo. Lance um punhado antes de sair por essas portas. Quem sabe se esse primeiro tanto não será mais bem-sucedido do que tudo o que já semeou ou que ainda semeará nos últimos dias?

Quanto a vocês, almas queridas, que nunca receberam a semente viva, ó que a recebam neste exato momento! Que Deus, o Espírito Santo, torne cada um de vocês como solo bem preparado que abre bocas para receber a semente e que depois a encerra dentro de si e a faz frutificar! Que Deus os abençoe! Que Ele jamais permita que vocês fiquem estéreis ou infrutíferos, mas que possam gerar colheita para Sua glória, em nome de Jesus! Amém.

Este sermão foi pregado no Metropolitan Tabernacle, em Newington, na noite de 6 de setembro de 1888.

2

ENTRADA E EXCLUSÃO

*...as que estavam apercebidas entraram com ele
para as bodas; e fechou-se a porta.*
(Mateus 25:10)

urante o período de espera, as virgens prudentes e as néscias pareciam-se muito e, mesmo hoje, é difícil discernir um verdadeiro cristão de um falso. Tudo dependia da vinda do noivo. Para as dez virgens, esse era o principal evento da noite. Se não fosse por sua vinda, elas não teriam saído com suas lâmpadas. Por saberem que ele certamente viria, prepararam-se para se unir ao cortejo nupcial e o servirem com suas canções em seu aposento. Apesar disso, ele não veio logo. O Sol se pusera, e a escuridão havia tomado toda a paisagem, porém o noivo não vinha. O orvalho noturno precipitava-se rapidamente, mesmo assim ele não vinha. As horas tornaram-se longas e passavam lentamente, uma após a outra, ainda assim ele não chegava. Aos poucos ia ficando mais turvo, pelo meio da noite, poucas estrelas eram visíveis, e não

restava mais a persistente luz diurna. Era o tempo da escuridão, e os olhos das expectantes virgens ficaram pesados com a vigília. Por que o noivo se demorava tanto em vir? Disseram-lhes que procurassem por ele. Elas esperaram por ele, mas ele não vinha. Houve sussurros de que tudo fosse apenas ilusão, que ele *jamais* viria. E havia um culposo senso de letargia que as dominou. No caso de algumas delas, seu espírito estava pronto, mas sua carne era fraca. No caso de outras, porém, tanto o espírito quanto a carne eram perversos, assim dormiram muito profundamente, como dorme um homem em sua morte.

Contudo, o noivo veio da mesma forma, irmãos e irmãs, que, em nosso caso, o Noivo celestial virá! Por mais que o aguardemos, esperemos com a certeza de que Ele virá! Tão certamente quanto Cristo veio uma vez, "aparecerá segunda vez, sem pecado, aos que o aguardam para a salvação". Parece-me que é necessário menos fé para crer no Segundo Advento de Cristo do que no Primeiro. Ele já esteve aqui, assim conhece o caminho para retornar. Já esteve entre nós e fez grandes maravilhas; com certeza voltará para receber a recompensa por Sua obra! O Bom Pastor veio à Terra uma vez para entregar Sua vida pelas ovelhas, certamente retornará como o Pastor Líder para recompensar os demais pastores que fielmente mantiveram suas vigílias noturnas por Ele. Jesus voltará, tão certo quanto o noivo veio à meia-noite!

Sim, o noivo veio. Apesar do tempo de expectativa, ele veio, e então aconteceu a terrível separação entre aquelas que haviam esperado por sua aparição. As prudentes e as néscias foram separadas umas das outras dificilmente por um ato dele mesmo. Foram despertadas pelo som de sua volta. O arauto que o precedia bradou: "Eis o noivo!", e as adormecidas despertaram. As que estavam verdadeiramente comprometidas com o noivo, as virgens prudentes, penitentes por seu sono vergonhoso, derramaram o óleo em suas lâmpadas, que queimavam fracamente e logo acenderam-se com claridade e brilho. Quando o cortejo nupcial se aproximou, "...as que estavam apercebidas entraram com ele para as bodas; e fechou-se a porta". Contudo, as virgens néscias, aquelas que desprezaram os secretos armazéns de azeite, aquelas que nunca haviam ido ao Espírito Divino em busca de Sua inigualável graça, foram separadas de suas prudentes companheiras. Sem dúvida, sem que fosse um ato em especial do noivo, mas como o resultado natural de sua própria condição de não preparadas. Tiveram que se retirar para comprar o azeite daqueles que o vendiam. E quando voltaram, era tarde demais para entrarem nas bodas. Dirigiram-se aos portões do palácio e encontraram a porta trancada para elas, trancada para sempre, e descobriram que teriam de habitar na escuridão exterior onde pranteariam e lamentariam por não terem sido encontradas dignas de contemplar a face do noivo, ou entrar em sua alegria.

Vou lhes falar, caros amigos, da forma mais simples que eu puder, mas com profunda sinceridade, sobre os dois tipos de pessoas mencionadas no texto. Primeiramente, falarei *dos apercebidos e de sua entrada* — "...as que estavam apercebidas entraram com ele para as bodas". E depois direi algo sobre os *despreparados e sua exclusão* — "e fechou-se a porta".

1. Inicialmente, então, vejamos os APERCEBIDOS E SUA ENTRADA — "...as que estavam apercebidas entraram com ele para as bodas".

Meditemos um pouco, primeiramente, sobre a entrada e depois falaremos sobre as pessoas que a usufruíram.

Sobre a entrada, percebam que foi *imediatamente após a chegada do noivo*. Tão logo ele apareceu, parece não ter havido intervalo, mas, de uma vez: "...as que estavam apercebidas entraram com ele para as bodas". Amados amigos, a manifestação de Cristo será a glorificação de Seu povo! Não precisaremos de qualquer coisa, a não ser de contemplar Sua face, e nossa alegria será perfeita e completa. Assim, todo crente diz com Jó: "Porque eu sei que o meu Redentor vive e por fim se levantará sobre a terra. Depois, revestido este meu corpo da minha pele, em minha carne verei a Deus. Vê-lo-ei por mim mesmo, os meus olhos o verão, e não outros". Nunca acalente o menor receio de algum estado de purgatório como alguns voltaram a sonhar! Essa mentira, que os Reformadores corretamente chamaram de "o ladrão do purgatório" que enchia o tesouro papal e foi uma maldição para miríades de almas imortais, foi exposta em toda sua horrenda nudez pela luz que Deus concedeu a Lutero e Calvino. Mesmo hoje, em meio ao abundante ceticismo destes dias maus, lá vem voltando esse asqueroso pássaro noturno, ou melhor, esse dragão da Era das Trevas, e às vezes, os próprios filhos de Deus sentem a influência de sua presença pestilenta! Queridos amigos cristãos, não temam o purgatório! Se tiverem morrido, estarão ausentes no corpo e presentes com o Senhor num instante, pois essa será sua abençoada porção no Senhor! Se estiverem vivos e assim permanecerem até que Jesus volte, seus corpos serão transformados num momento, num piscar de olhos, e serão arrebatados para se encontrarem com o Senhor nos ares, e assim estarão para sempre com Ele. Contudo, se houverem dormido no Senhor, aqueles que estiverem vivos em Sua volta não terão precedência sobre vocês, mas vocês serão ressuscitados incorruptíveis e, no momento dessa ressurreição, quando seu espírito, por decreto divino, for reunido ao seu corpo perfeitamente purificado e glorificado, vocês adentrarão com Cristo às bodas e estarão com Ele por toda a eternidade e serão para sempre como Ele é! Não se turbem, portanto, sobre o que acontecerá ou não. Estejam confiantes disto: se dormirem, dormirão em Jesus, e, quando acordarem, serão à Sua semelhança e jamais serão apartados dAquele cuja companhia, mesmo agora, é sua maior fonte de alegria e cuja associação será seu prazer para sempre e sempre!

Percebam, a seguir, que a entrada das virgens prudentes na festa das bodas não foi apenas imediata, foi também *íntima*. "As que estavam apercebidas entraram *com ele* para as bodas." Gosto desta expressão:

"com ele". Eu não iria a lugar algum sem Cristo e, se puder ir a qualquer lugar com Ele, independentemente de onde Ele me guiar, esse será um dia feliz para mim! E assim será para todos que amam Sua vinda. Vocês sabem, amados, que nosso Senhor deixou em Seu testamento que estaremos com Ele em Sua glória. Ouçam essa cláusula retirada de Seu testamento: "Pai, a minha vontade é que onde eu estou, estejam também comigo os que me deste, para que vejam a minha glória que me conferiste". Ó amados, vocês que sabem que serão um com Jesus, crucificados com Ele, com Ele ressuscitados, assentados com Ele no Lar celestial; vocês, tenho certeza, encontrarão algo ainda mais divino no Céu do que jamais encontraram quando aquela doce frase for verdadeira para vocês: "As que estavam apercebidas entraram com ele para as bodas". Nosso Senhor Jesus, em pessoa, nos escoltará ao nosso Lar na glória! Ele nos conduzirá às fontes de elevada bênção, pois como o ancião disse a João em Apocalipse: "...pois o Cordeiro que se encontra no meio do trono os apascentará e os guiará para as fontes da água da vida". Esse, parece-me, é o cerne da alegria celestial. O Céu é como o cacho de uvas de Escol, mas a essência, o sumo, a doçura do cacho consiste neste fato: que estaremos "para sempre com o Senhor". Ah! Meus irmãos e irmãs, como poderíamos esperar ir para as bodas se não formos com Ele — escondidos nele, cobertos por Sua justiça, lavados em Seu sangue? João viu uma grande multidão que nenhum homem poderia contar, de todas as nações, tribos, povos e línguas, em pé diante do trono de Deus e diante do Cordeiro. Deles também disse o ancião: "São estes os que vêm da grande tribulação, lavaram suas vestiduras e as alvejaram no sangue do Cordeiro, razão por que se acham diante do trono de Deus e o servem de dia e de noite no seu santuário; e aquele que se assenta no trono estenderá sobre eles o seu tabernáculo". Ninguém objetará a entrada na glória daqueles que vão com Ele! Mesmo o Deus puro e santo não levantará questionamento quanto à nossa entrada se formos com Seu Filho! Todas as exigências da justiça divina serão completamente satisfeitas pelo fato de adentrarmos com Ele. Cobertos com Sua justiça, adornados com Sua beleza, inseparavelmente unidos à Sua pessoa, o amado de Sua alma, entraremos com Ele às bodas, e ninguém pensará na necessidade de nos excluir.

Sinto-me tentado a ater-me sobre tema tão jubiloso quanto esse, mas não devo e não posso, pois vocês podem meditar nele para contentamento de seu coração quando estiverem em casa. Para minha mente há doçura indescritível nestas palavras: "As que estavam apercebidas entraram *com ele* para as bodas".

Em seguida, vejam como foi *extremamente alegre* entrada: "As que estavam apercebidas entraram com ele *para as bodas*". Não era sua porção ficarem do lado de fora da porta, ouvir a música e desfrutar da luz que pode ter fluído quando aquela foi aberta por poucos segundos; elas "entraram com ele para as bodas". Não era intenção de nosso Senhor nos dizer nessa parábola qual a posição que os santos terão no Céu. A parábola quer ensinar certas lições e as explica muito claramente. Se tentasse nos ensinar tudo, poderíamos perder a lição mais importante de todas. No entanto, de outras passagens sabemos que entraremos com Cristo nas bodas não apenas como meros espectadores de Sua alegria, como amigos do Noivo que muito se regozijam em Sua alegria, mas entraremos com Ele para participar de Seu júbilo. Lembre-se sempre de que, por mais que sejamos pecadores e indignos de honra tão distinta, o Senhor Jesus diz a toda alma que crê: "Tenho desposado vocês a mim mesmo, para serem meus para todo o sempre". Ó, palavras incomparáveis! Você, cristão, entrará com Ele naquelas bodas celestiais, como parte daquela maravilhosa noiva, a esposa do Cordeiro, que então encontrará sua felicidade consumada para sempre com seu glorioso Marido! Que misericórdia é possuir graça suficiente para poder crer nisso, visto que é necessário muito mais fé para que tal distinção seja a porção daqueles que por um tempo eram herdeiros da ira como os outros, e que, por seus pecados merecem ser lançados no profundo do inferno! No entanto, amados, não há alturas no Céu que não poderemos escalar. Não há alegrias diante do trono de Deus das quais não participaremos! Não estaremos presentes nas bodas meramente como servos de Cristo, ou curiosos, ou como convidados de honra. Estaremos lá para tomar parte da maior de todas as alegrias e glórias, nós mesmos — todo o tempo objeto desse amor tão profundo, dessa íntima comunhão mais especial, mais querida e próxima com nosso amado! Para sempre seremos um com Cristo pelos laços matrimoniais. Não, mais ainda! Pois até mesmo os laços conjugais são usados apenas como uma humilde metáfora da eterna união entre nossa alma e Cristo. "Grande *é* este mistério", disse o apóstolo Paulo referindo-se ao casamento, "mas eu me refiro a Cristo e à igreja". "*As que* estavam apercebidas entraram com ele para as bodas", diretamente à mesa do banquete para participar de todas as delícias reunidas em todas as eras, trazidas de todos os domínios do grande Rei, para fazer uma grande celebração pelo maior de todos os dias, em favor do qual todos os outros dias existiram, incluindo o próprio Dia do Julgamento!

Mesmo na Terra nós sempre acertadamente associamos o mais elevado grau de alegria quando é o que deve ser. Se há alguma alegria sobre a Terra que pertença naturalmente a nós, como seres de carne e osso, é em relação ao nosso dia de casamento. A cerimônia nupcial de um casal que se ama é aguardada com grande expectativa e rememorada com lembranças cheias de carinho. Embora muitos ventos de frustrações e destruição possam, nos anos seguintes, cair sobre o relacionamento que começou no dia do casamento, mesmo assim, esse dia em si é sempre figura e emblema de alegria. Então vejam o que é o Céu para o povo de Deus: é um casamento, uma festa perpétua, um banimento de tudo o que é doloroso, uma reunião de tudo que é alegre. Um casamento na Terra, bom, sabemos o que é isso; mas um casamento no *Céu*, quem pode descrevê-lo? Somos bem familiarizados com o que é o matrimônio entre homens e mulheres, porém, essa união da qual estou tentando falar é o casamento entre o Cristo de

Deus com Seu povo remido! O matrimônio terreno é contraído entre dois pecadores, contudo, o casamento celestial é a união dAquele que é todo puro e santo, com outros a quem Ele purificou de toda mácula, ou mancha, ruga ou coisa semelhante, e assim a preparou para essa união eterna!

"*As que* estavam apercebidas entraram com ele para as bodas". Essas palavras soam aos meus ouvidos e ao meu coração como o ressoar dos sinos nupciais. Ouçam-nos! Essas pessoas estiveram na batalha, lutando como bons soldados de Jesus Cristo, mas logo "entraram com ele para as bodas". Estiveram na vinha do seu Senhor, labutando entre os fardos e o calor do dia, o Sol os fitou, e eles ficaram bronzeados e amorenados pelo calor causticante. Porém, no tempo certo "entraram com ele para as bodas". Algumas vezes viram seu Senhor por um período, depois, por um tempo, deixaram de vê-lo, mas "entraram com ele para as bodas". Às vezes se afastaram dele, e as trevas os cercaram. Sim, e imprudentemente caíram no sono quando deveriam ter vigiado, todavia "entraram com ele para as bodas". Ó, a *bênção* de estar onde todo o mal findou para sempre e toda a alegria começou para nunca terminar — todo pecado e imperfeição apagados pelo precioso sangue de Cristo — e toda a santidade e perfeição sendo colocadas sobre nós para todo o sempre! Tudo isso e muito mais leio nas palavras "*As que* estavam apercebidas entraram com ele para as bodas".

Depois vem esta pequena frase que é tão terrível para os ímpios, mas, ó, tão doce para os agraciados: "e fechou-se a porta". Essas palavras demonstram que a entrada dos justos no Céu é *eterna*. A porta foi fechada por dois propósitos, contudo, mais importante, conforme entendo, para *encerrar* os santos no lado de dentro! E antes que ela possa ser aberta para deixar que os maldosos entrem, ela teria que ser aberta para deixar que os santos saíssem. Estas duas declarações do Senhor permanecem lado a lado: "E irão estes para o castigo eterno, porém os justos, para a vida eterna". Se você negar a eternidade de uma, deverá negar a eternidade da outra, visto ser a mesma palavra em cada caso! Você precisará arrombar a porta que é a segurança dos santos que estão dentro, antes de que possa haver uma transformação nos ímpios que estão do lado de fora — e isso jamais acontecerá! A alegria dessa cerimônia nupcial é eterna! Isso está implícito na afirmação do Senhor: "As que estavam apercebidas entraram com ele para as bodas; e fechou-se a porta".

Eu gostaria que vocês notassem quem são esses que entraram com o Noivo. De acordo com o texto, são os *preparados*, os que estavam apercebidos: "As que estavam apercebidas entraram com ele para as bodas". Não existe qualquer pessoa dentre os filhos dos homens que esteja naturalmente pronta para entrar nas bodas. Antes que possam entrar, precisam passar por uma tremenda mudança. Na realidade precisam nascer de novo! Pensem por um momento sobre que tipo de criaturas somos por natureza, muito inadequados para entrar com Cristo às núpcias celestiais. Agora considere o que Cristo é: tão brilhante, puro e santo. Quem será capaz de entrar no Céu para estar eternamente como o Noivo? Ó minha alma, você é apenas poeira e cinzas, e o Senhor é o Sol da justiça! Ó minha alma, você é, por causa do pecado, comparável a um monte de estrume! E seu Salvador é perfeição infinita. Você poderá estar "apercebida" para entrar com Ele para as bodas? Não antes que o mesmo Deus, que se tornou homem para que pudesse estar apto para ser seu Noivo, a torne santa a fim de que possa ser encontrada para estar casada com Ele para sempre!

Uma grande transformação, que está muito além de qualquer poder seu de realizar, tem que ser efetuada em você antes que possa entrar com Cristo às bodas! Você deve, primeiramente, ser renovado em sua natureza ou não estará preparado. Deve ser justificado na justiça de Cristo e deve revestir-se de Suas vestimentas nupciais, de outra forma não estará apercebido. Ou, voltando à parábola diante de nós, deve ter uma lâmpada, e esta deve ser alimentada com óleo celestial, continuando a brilhar ou não estará pronto. Nenhum filho das trevas pode entrar naquele lugar da luz divina! Você deverá ser transportado das trevas para Sua maravilhosa luz, do contrário jamais estará preparado para entrar com Cristo às núpcias e para estar eternamente com Ele.

Amados irmãos e irmãs no Senhor, oro para que vocês sempre vigiem por sua prontidão para entrar nas bodas. Estão prontos agora? Se, neste momento, a voz da trombeta do arcanjo tocar, ou se agora, como tem acontecido ultimamente com certos amados amigos seus, vocês forem acometidos de paralisia ou de apoplexia [N.E.: Derramamento de sangue ou serosidade dentro de um órgão ou tecido; ou acidente vascular cerebral.] e, de uma hora para outra, morressem, estariam prontos para a grande transformação? Estão preparados para ir com Cristo ao grande casamento? Eu os aconselharia a não somente estarem prontos em todas as grandes coisas, mas também a estarem prontos nas pequenas e em tudo que diz respeito a seu relacionamento com seu Senhor. Talvez vocês ainda não tenham se revestido de Cristo publicamente por meio do batismo. Assim, quanto a isso, ainda não estão prontos. Não retardem a obediência à ordem de Cristo, lembrando-se de Suas palavras: "Quem crer e for batizado será salvo". Com sua boca confessem o Senhor Jesus, se em seu coração já creram nele. Não desconsidere qualquer dos mandamentos de Cristo! Talvez você jamais tenha participado da Ceia do Senhor. Se este for o caso, não creio que possam se chamar de "prontos" para ir com Cristo para as bodas. Quem sabe você chame essas coisas de pequenas, e realmente o são quando comparadas com o principal que já mencionei. Contudo, eu não gostaria que você morresse negligenciando nem um dos mandamentos de Cristo. Você ainda não orou com seus meninos e meninas, certo? Bem, então você não está pronto. Ainda não escreveu seu testamento e não colocou sua casa em ordem. Eu gostaria que você tivesse todas as coisas bem preparadas, pois uma pequena não prontidão pode atrapalhar muito nos seus momentos de despedida. Ainda não cumpriu aquilo que está próximo a ser um voto com Deus; ainda não realizou o que deve pela geração presente. Ainda não falou com aquele amigo ímpio e o avisou, como seu coração lhe disse que fizesse há pouco tempo. Eu gostaria de ter você, meu irmão ou irmã, em tal estado que, se você caísse morto em seu caminho para casa esta noite, os outros lamentariam, mas você seria grato porque sua morte súbita foi glória repentina! Whitefield [N.E.: Evangelista itinerante inglês (1714–70).] dizia que não gostava de ir dormir à noite se tivesse deixado suas luvas fora de seu chapéu, onde as encontraria na manhã seguinte. É jubiloso sentir que está tudo bem entre Deus e minha alma, entre mim e minha esposa e filhos, e com tudo ao meu redor. Deixe que a morte venha quando quiser! Que a doce carruagem mova-se lentamente — como a canção do Jubilee Singers [N.E.: Grupo de cantores fundado em 1871, composto de alunos afroamericanos da Universidade Fisk, em Nashville, Tenessee, EUA.] estranhamente o coloca — e que ela transporte minha alma para o país celestial onde irei com Ele às bodas.

Estejam apercebidos, queridos amigos, estejam apercebidos! Especialmente estejam apercebidos na grande questão da salvação, porém vejam que estejam apercebidos em *tudo*. Vocês sabem que, quando estão indo ver um amigo especial, ou alguém importante, vestem seu melhor casaco e tudo que os tornará arrumados para vê-lo. Depois, quando estão perto da porta desse amigo ou da mansão do grande homem, percebo que tiram qualquer poeirinha da rua que possa ter sido soprada sobre sua indumentária, assim estão preparados para encontrá-lo quando ele aparecer. Desta forma, em assuntos *espirituais*, mesmo que estejam trajados com sua melhor vestimenta, ainda assim pode haver necessidade de uma limpezinha e terão de fazê-la para que possa ser dito a seu respeito, sem que haja o que o restrinja: "As que estavam apercebidas entraram com ele para as bodas; e fechou-se a porta".

Li em um panfleto americano, um pequeno esboço escrito por um cavalheiro que, por ter de frequentemente cruzar os grandes lagos, tinha o hábito de levar consigo uma boia salva-vidas para qualquer necessidade. Uma noite, enquanto dormia, um alarme tocou, ele correu ao deque com sua boia salva-vidas em sua cintura, mas descobriu que não havia razão para o medo. Desceu as escadas novamente e, à medida que se deitou, teve algo semelhante a um sonho, embora fosse um devaneio da sonolência e tinha este formato: pensou que estivesse a bordo de um grande navio no qual estávamos todos flutuando no mar aberto da vida, e que uma grande tempestade se levantou. Havia alguns homens no deque com as boias salva-vidas em sua cintura. Haviam rido deles enquanto o clima estava bom e o mar calmo. No entanto, enquanto estavam lá, com o navio agitado e os mastros esticados, não havia quem zombasse deles. Pelo contrário, muitos invejavam a calma paz que repousava sobre seu semblante. Vocês sabem quem são esses homens e qual é a perfeição deles. A fé em Jesus é a grande boia salva-vidas. Que a tempestade venha quando vier; a fé em Cristo nos capacitará a atravessar toda inundação até que cheguemos às felizes praias celestiais!

Enquanto esse cavalheiro permanecia no deque e observava ao seu redor, ouviu um homem dizer: "Eu teria comprado uma dessas boias. Vivia do outro lado da rua da loja onde eram vendidas, e meus amigos sempre me diziam que era melhor eu logo adquirir uma. Eu queria isso, mas adiei-o e comecei a entendê-lo um pouco tarde demais. Assim, fui obrigado a vir sem ela, embora devesse possuir uma". O cavalheiro viu esse homem ser levado pela corrente, da mesma forma que os demais que não possuíam a boia. Sua boa intenção não conseguiu salvar-lhe a vida. Não há dúvida de que há aqui muitos que deveriam adquirir a boia salva-vidas *espiritual* e dizem que desejam fazê-lo agora mesmo. Ah, o Céu tem se enchido com pessoas que creem em Jesus, e o inferno com aqueles que *queriam* crer em Jesus, mas não o fizeram! Essa é a diferença entre as duas classes, mas que diferença fará entre eles quando morrerem! Estas são as pessoas que lotarão os corredores do inferno: homens e mulheres que queriam crer no Salvador, contudo jamais o fizeram. Viveram do outro lado da rua onde essas boias salva-vidas eram adquiridas e desejaram tê-las, porém não as tinham quando a última grande tempestade sobreveio e assim se perderam, perderam-se para sempre!

Houve outro homem que disse: "Já cruzei esse mar tantas vezes sem ter uma boia que achei que poderia correr o risco mais uma vez". Ele também foi levado pela corrente. E há alguns de vocês, meus ouvintes, que dizem: "Já vivi 20, 30, 40, 50, 60 ou 70 anos e ainda não morri! Correrei o risco mais um ano". Realmente, hoje em dia, ninguém parece envelhecer. Você conhece um homem de 75 ou 80 anos, e ele acha que será velho um dia, mas ele conhece alguém que viveu até os 99 e acha que alcançará a mesma idade. Ouvi falar de um fazendeiro idoso que queria comprar o campo do seu vizinho. Ele tinha 80 anos e seu vizinho era 5 anos mais novo, assim, quando seu vizinho não lhe vendeu a terra, o mais velho disse: "Ah, bom, tudo bem! Você é velho e posso comprá-la quando você morrer"! Eis aqui um homem que era 5 anos mais velho que o outro e, mesmo assim, compraria o campo do mais jovem quando este morresse! São essas pessoas que dizem: "Tenho navegado esses mares por tanto tempo sem uma boia salva-vidas que arriscarei fazê-lo por mais um pouco de tempo". Desta maneira eles também estão perdidos!

Houve outro homem que correu ao seu baú para pegar sua boia salva-vidas. Abriu a tampa e pegou a boia, mas percebeu que esta estava estragada e bem imprestável. O fato é que ela era de má qualidade quando ele a comprou e, depois de carregá-la por aí consigo, cansou-se de tão inútil apêndice que o jogou no baú. E agora que realmente precisava ser preservado da tempestade, ela já não tinha mais utilidade para ele. Você está aqui, senhor, você sabe! Costumava professar sua religião. Já teve sua boia salva-vidas, assim pensava, mas não era de qualidade ou você a teria agora. Ela era daquele tipo que *parecia* ser a correta, e você a usou por um tempo. Você costumava vir na reunião de oração e até se tornou membro da igreja! Seguiu com sua religião por um período, mas o que aconteceu com ela? Onde estava na noite passada? Repito a pergunta: *Onde estava na noite passada*? Se o diabo se apossou de você e o levou para seus domínios, não haveria alguém para bradar: "Pare, ladrão!" enquanto ele fugia com você, pois saberia que o diabo apenas tomara sua propriedade que encontrara em suas premissas! Ainda assim durante um tempo você professou sua religião, assentava-se à mesa da Comunhão. Possivelmente foi até mesmo batizado. Contudo, onde está sua boia salva-vidas agora? Ela se foi! Que Deus os salve, vocês que se tornaram desviados, a menos que também se provem como apóstatas! Se você se desviou, então retorne, retorne, retorne enquanto ainda há tempo, enquanto ainda há esperança para você! E se jamais foi convertido, que Deus comece Sua obra da graça em seu interior agora mesmo!

Havia outro a bordo que tinha a boia salva-vidas e ele parecia muito contente quando a vestiu, mas, quando as ondas o expulsaram do navio, ele flutuou por alguns momentos e depois afundou. O fato é que sua boia era uma imitação! Alguém lhe disse que o outro tipo era tão caro e que havia uma que parecia ainda melhor. A verdade é que houve um sussurro de que ela não resistiria aos testes necessários, mas o homem não se preocupou muito com isso, visto que sua boia parecia tão boa quanto a genuína, e ele possuía o crédito de estar na companhia daquelas pessoas sensíveis que possuíam a verdadeira. Assim sua boia respondeu muito bem *até que ele chegou ao insurgente mar*. Da mesma maneira, deve haver alguns de vocês aqui que têm uma boia salva-vidas falsa. São membros de uma igreja, chegam-se à mesa da Comunhão, todos os respeitam. Porém, como se sairão no avolumado Jordão com uma religião fingida? O que farão quando o coração e a carne falharem? Ó, antes que seja tarde demais, que Deus leve embora toda a falsidade de vocês e lhes dê a legítima piedade — um coração novo e um espírito reto!

À medida que o cavalheiro olhava ao seu redor, viu ainda mais um entre os passageiros: um jovem que se agarrava a outro que vestia a boia salva-vidas. Clamava: "Deixe-me segurá-lo! Sua boia salva-vidas não será suficiente para salvar-nos a ambos?". Contudo, o outro respondeu: "Ela é o bastante para somente um. Mantém apenas uma pessoa flutuando". Então, o cavalheiro ponderou na parábola das dez virgens que o Senhor contara e no que as néscias disseram às sábias: "Dai-nos do vosso azeite, porque as nossas lâmpadas estão-se apagando". No entanto, as sábias replicaram: "Não, para que não nos falte a nós e a vós outras!". Portanto, lembremo-nos de que nada nos beneficiará, a não ser a devoção *pessoal*. A religião dos demais não lhes será de qualquer valia! A mensagem de nosso Senhor a todos nós é: "importa-vos nascer de novo", e não existe algo do tipo novo nascimento por procuração. Vocês precisam voar para encontrar refúgio em Jesus, e não há qualquer pessoa que possa fazer isso por vocês. Devem, pelo poder do Espírito Santo, confiar em Cristo por si próprios! Ninguém pode crer em seu lugar!

Alegro-me de que haja muitos aqui que têm a boia salva-vidas do genuíno evangelho. Permanecendo em Cristo Jesus não temem —

Não há condenação que devam temer,
Quando Jesus é tudo o que decidiram ter.

Podem, sem qualquer tremor, enfrentar dilúvios, ou as chamas, ou a voraz profundidade! Podem até mesmo estar

Sem temor do inferno e da morte terrível,

sabendo que em paz aportarão das pacíficas costas celestiais, de onde jamais partirão!

2. Estou quase agradecido por ter apenas poucos minutos para trabalhar na segunda parte de meu assunto: OS DESPREPARADOS E SUA EXCLUSÃO. Tentarei dizer muito em poucas palavras e lhes peço que deixem que cada palavra encontre guarida em vocês.

Então, quando foi essa exclusão? "...e fechou-se a porta". Ela não ficou entreaberta, foi fechada! Tão firmemente fechada que havia uma separação completa entre as convidadas que entraram e as tardias virgens néscias que ficaram para fora.

Todavia, *essa separação era perfeitamente justa*. As virgens tolas deveriam ter estado lá na hora. Deveriam ter entrado com o noivo. Não era sua função assisti-lo e acompanhá-lo ao lar? O tempo de entrar havia chegado em sua plenitude: era o tempo correto e adequado. O noivo dera aquela noite a todas para que se preparassem, e elas ainda reclamaram do atraso antes que ele viesse; assim, quando a porta enfim se fechou, era tarde demais. Tiveram todo o tempo para obter o óleo e guarnecer suas lâmpadas. Não foi como se o noivo tivesse vindo na primeira vigília da noite e elas dissessem: "Não tivemos tempo de abastecer nossas lâmpadas". Não! Não foi assim. Da mesma forma, caros amigos, vocês têm toda esta vida, todos estes anos de longo sofrimento e clamor paciente de nosso Senhor — e a porta somente se fechará quando chegar sua última hora. Ó, sejam sábios antes que seja tarde demais!

Quando a porta foi fechada, a *exclusão foi definitiva*. Em toda minha pesquisa na Palavra de Deus, nunca encontrei qualquer tipo de esperança de que a porta, uma vez cerrada, seria aberta novamente. Pode haver uma "grande esperança" à qual alguns se entregam, mas lhes imploro que jamais arrisquem sua alma sobre essa plataforma apodrecida, pois não há qualquer passagem nas Escrituras que a garanta! Mesmo que houvesse, de qual grande esperança vocês necessitam, além daquela que o próprio evangelho assegura? Por que não se preparam para entrar com Cristo às bodas? Por que se demorar do lado de fora? O que pode haver na gélida madrugada que lhes tentaria a se atrasarem com o risco de nunca conseguirem adentrar a porta? Se houvesse qualquer grande esperança, como a que iludiu a tantos, ainda assim seria um risco absurdo confiar-se a ela. Também aqueles que, de qualquer forma, falam de aniquilação ou restauração não lhes oferecem coisa alguma que possa encantá-los a se afastarem da fé imediata em Cristo, uma salvação imediata e eterna por meio dele. Em seu próprio entendimento, deveria deixar de ser algo horrendo o fato de no mundo porvir não haver atos aprovados de perdão. Por que jogar fora a certeza de uma salvação presente e da imediata libertação da maldição, que podem obter agora mesmo e que obterão instantaneamente se crerem em Jesus, por causa de um tolo devaneio de que talvez a porta da misericórdia possa ser aberta depois de muito tempo de pranto, choro e ranger de dentes? Não! Antes, preparem-se para entrar com Cristo às bodas, pois, assim como o Senhor vive, não posso livrar minha alma de toda a responsabilidade a menos que eu lhes diga que, à medida que leio mais e mais a Bíblia, tenho cada vez mais certeza de que, quando aquela porta se fechar, ela jamais será aberta a qualquer alma vivente! Onde a morte os encontrar, o julgamento os achará, e lá permanecerão pela eternidade! Oro para que vocês não arrisquem seu destino eterno, mas que "[busquem] o Senhor enquanto se pode achar, [invoquem-no] enquanto está perto. Deixe o perverso o seu caminho, o iníquo, os seus pensamentos; converta-se ao Senhor, que se compadecerá dele, e volte-se para o nosso Deus, porque é rico em perdoar".

Quem eram essas pessoas que ficaram de fora quando a porta foi fechada? *Levavam o nome de virgens*, mesmo assim a porta se fechou para elas. Não eram alheios, nem mendigos de rua. Não eram infiéis, ou agnósticos, mas membros da igreja! Eram chamados de virgens, no entanto a porta lhes foi cerrada. Também possuíam lâmpadas — lâmpadas que antes brilhavam tão reluzentes quanto as outras. Por um momento, não havia diferença entre o pavio de suas lâmpadas e o das lâmpadas das sábias, mesmo assim ficaram de fora. Possuíam pelo menos um pouco de óleo e por algum tempo foram companheiras das virgens sábias. Saíram com elas a encontrar o noivo, e as virgens sábias talvez nunca suspeitassem de que as demais fossem néscias, até que, no meio da noite, elas descobriram, tarde demais, que suas lâmpadas estavam se apagando. Ó, senhores! Ó, senhores, beberemos do mesmo cálice da Comunhão e comeremos do mesmo pão da mesa do Senhor, sendo lembrados de Seu corpo partido e sangue derramado, e, mesmo assim, alguns de nós estarão para sempre no lado de dentro com Deus enquanto outros estarão eternamente trancados para fora porque não receberam o Espírito Santo, por não terem o secreto estoque interior do óleo da graça? Que por Sua graça, Deus não o permita!

Vejam que essas pessoas *agiram de forma muito semelhante à daqueles que entraram com o noivo*! Saíram a encontrar o noivo, percorreram a mesma estrada e o mesmo tanto que as demais caminharam e foram dormir da mesma maneira que as demais! Acordaram como as outras e igualmente começaram a preparar suas lâmpadas. A situação delas parecia ser a de filhas de Deus e pareciam ter muitas marcas da eleição da graça. Contudo, não a possuíam, nem estavam nela, pois não tinham óleo em suas lâmpadas, nem graça, nem habitação do Espírito Santo, nem ação especial daquele que opera nos santos o querer e o efetuar de acordo com Sua boa vontade. Eram tão semelhantes à noiva de Cristo, que somente o Noivo poderia dizer qual a diferença, até que veio a meia-noite e essa diferença ficou explícita a todos os observadores!

Também me parece que essas pessoas que foram trancadas para fora *eram aquelas que sabiam algo sobre a oração*. Aquela noite não foi a primeira que elas utilizaram o clamor agonizante: "Senhor, senhor, abre-nos a porta!". Provavelmente estavam *habituadas* às reuniões de oração. Estavam onde as pessoas chamavam Cristo de "Senhor" e elas mesmos usaram essa fórmula. Talvez disseram em sua mente: "Senhor, Senhor! Porventura, não temos nós profetizado em teu nome, e em teu nome não expelimos demônios, e em teu nome não fizemos muitos milagres?". No entanto, a porta se fechou para elas, e elas, do lado de fora, sabendo do que acontecia lá dentro, rangeriam os dentes ainda mais por não poderem entrar! A porta foi fechada para aqueles que viam a luz de Deus, mas cuja lâmpada se apagara! Carregaram em suas mãos as mesmas lâmpadas que lhes dera direito a reivindicar um lugar na procissão, mas elas se apagaram. Assim sendo, não possuíam direito a qualquer lugar e a porta se fechou para eles! Ah, vocês que meramente *professam* a religião, ficarão trancados para fora da porta da misericórdia? Vocês o farão se negligenciarem obter aquele óleo secreto da graça que só pode ser concedido pelo Espírito Santo!

Antes que chegue outro domingo, seu pregador pode morrer, como já aconteceu com outros irmãos. Talvez eu jamais tenha outra oportunidade de falar a vocês que são meramente confessores da religião e de lhes avisar para que se assegurem de serem também possuidores, e que realmente tenham a graça de Deus em sua alma. Ou, possivelmente, algum de vocês seja tomado sem aviso prévio, como já aconteceu com nossos amigos. Suponham que possa me abordar no outro mundo e dizer: "Pregador, nós o ouvimos constantemente. Ouvimos tudo que veio de seus lábios. Viemos até mesmo nas quintas-feiras à noite para lhe ouvir, contudo você profetizava suavemente sobre nós, dizendo: 'Paz, paz, quando não há paz'". Oro a Deus para que eu não tenha sangue de homem algum nas orlas de minhas vestimentas naquele último dia tremendo. Portanto, proponho-lhes que agora mesmo escapem da ira vindoura! Fujam para Cristo, fujam para Sua amada cruz e fitem Suas feridas sangrando, pois:

Há vida para quem olhar ao Crucificado.

Fujam de seus pecados, fujam de si mesmos! Fujam de qualquer busca mundana que os enrede e coloquem sua confiança em Jesus Cristo, e este crucificado, e digam de coração:

*Jesus, Teu sangue e Tua retidão
minha beleza e minha vestimenta gloriosa são.*

"Entrarei contigo às bodas, e quando a porta se fechar, estarei do lado certo dela —

*Distante do mundo de pranto e pecar,
Eternamente com Deus ficar."*

Que o Senhor nos salve a todos, por amor ao Seu nome! Amém.

Este sermão foi pregado no Metropolitan Tabernacle, em Newington, na noite de 21 de maio de 1885.

3

UMA GRANDE NEGOCIAÇÃO

O reino dos céus é também semelhante a um que negocia e procura boas pérolas; e, tendo achado uma pérola de grande valor, vende tudo o que possui e a compra.
(Mateus 13:45,46)

Um mercador se empenha para fazer negócio de forma a obter lucro. Quer ele negocie com pérolas ou com grãos, não espera obter riquezas por meio do trabalho. Isso ele deixa para aqueles que comem seu pão com o suor de seu rosto. Ele busca ganhar o seu por meio do suor do seu cérebro. Depende não tanto da força do trabalho, mas do conhecimento, das habilidades, da vantagem que o conhecimento superior do artigo com que trabalha lhe traz. Assim, esse mercador é, no princípio e em certa medida, uma imagem daquele que busca a Cristo. Jesus e Sua salvação não são conquistados. Não são buscados como resultado do labor. Obtém-se Cristo por meio do conhecimento. O que dizem as Escrituras? "...o meu Servo, o Justo, com o seu conhecimento, justificará a muitos...", isto é, por meio de seu conhecimento de Cristo, eles se tornam justificados. Isso é, sem dúvida, outra forma de abordar o sistema da salvação que nos foi declarado nos seguintes termos: "Como ouvirão, se não há quem pregue?". A obra começa com o ouvir o pregador, depois continua para o crer no que ouviu, e, por meio da fé, você é salvo. Isso é virtualmente o conhecimento — aquele comunicado pelo mensageiro de Deus ou por Sua Palavra — o conhecimento ouvido e em que se crê. Assim, os homens chegam ao conhecimento dAquele a quem conhecer é vida eterna, pois, quando um homem conhece a Cristo e o compreende de forma que lhe entrega o coração, é salvo. Então, na medida em que o mercador busca sua vantagem por meio do conhecimento superior, ele se torna um tipo do homem que é salvo por intermédio do conhecimento da glória de Deus diante de Jesus Cristo.

No entanto, não me alongarei nessa analogia, mas, de uma vez, procederei a falar do mercador desta parábola, pois aqui temos um emblema adequado dos que se apossam de Cristo e descobrem que Ele é seu tudo em todos. Observemos esse mercador enquanto ele faz quatro coisas: primeiro, *procura*; depois, *acha*; em seguida, *vende* e, em quarto, *compra novamente*.

1. Primeiramente nós O OBSERVAREMOS ENQUANTO ELE ESTÁ PROCURANDO. "O reino dos céus é também semelhante a um que negocia e procura boas pérolas". Esse é diferente do homem apresentado no versículo 44 desse mesmo capítulo de Mateus, que acidentalmente descobriu um tesouro enquanto trabalhava no campo. Ele estava procurando por algo e acabou encontrando o tesouro. Esse é o homem a quem Deus, em Sua infinita sabedoria, salva, embora estivesse até esse momento indiferente e descuidado. O do nosso texto é de um tipo mais nobre. Tem uma disposição superior de mente — sua constituição mental é totalmente diferente. Ele busca por boas pérolas, algo que seja bom, não exatamente procura por uma pérola de grande preço, visto que, inicialmente ele não sabia dela. Mesmo assim, busca pérolas e encontra uma específica como consequência de sua investigação.

Agora, perceba que ele, como um investigador, *tem sua mente desperta e empenhada*. Está pensando em algo — pensa em pérolas. Seu coração ocupa-se com seu empreendimento. Suas energias estão comprometidas com ele. Todos os seus pensamentos estão na direção de pedras preciosas. Ó, quem dera que conseguíssemos despertar os homens para o exercício da faculdade de pensar, e que estes depois dirigissem, regulassem e controlassem seus pensamentos! Mas, refletir é uma ocupação que muitas pessoas desgostam. São frívolos. Não conseguimos fazê-los ponderar sobre qualquer coisa. Por que as pessoas são apreciadoras tão passionais da leitura de romances e tão raramente leem histórias verdadeiras que são tão interessantes quanto os romances e que têm muito mais capacidade de trazer satisfação e de passatempo? É porque a mente dos homens é frívola. Um conto sem valor — uma história tola de uma moça apaixonada — os absorverá por uma hora inteira. No entanto, tudo o que for sólido e digno de se conhecer parece ter pouco encanto sobre seu cérebro superficial. Muitas mentes jamais decolam. Muitos homens trabalham com tanto afinco com suas mãos e sofrem tal fatiga do trabalho corporal que têm pouca capacidade de pensar muito. Ao mesmo tempo, há outros que dissipam seu tempo e consomem sua vida em ócio até que fiquem finalmente desqualificados para qualquer reflexão mais vigorosa. São preguiçosos e indolentes. Sua própria alma está contaminada com podridão. Seu cérebro não funciona. Parecem viver em uma eterna letargia e devaneio. Ah, se os homens fossem sábios; se fossem ponderados! Feliz era o pregador que sabia que se dirigia a uma congregação profundamente inteligente e cuidadosa! Ele poderia esperar que os punhados de boa semente cairiam no sulco rapidamente e produziriam colheita abundante. A mente desse mercador estava desperta. Ele tinha algo diante de si.

Igualmente evidente é que *ele tinha um objetivo fixo e definido*. Entregara-se à "caça" de pérolas e esse era o único objetivo de sua vida. Se você o conhecesse e dissesse: "O que você procura?", num instante ele lhe diria: "Busco boas pérolas. Você tem alguma para me vender?". Certamente teria a resposta rápida. Porém, pergunte a muitos dos homens com quem se encontra: "Senhor, qual o motivo do seu viver?", e ele talvez lhe diga qual é seu empreendimento ou sua profissão. Contudo, se o pressionasse com a pergunta: "Qual seu principal objetivo na vida?", ele não gostaria de admitir que vive somente para se divertir, buscando seu próprio prazer. Dificilmente gostaria de admitir que vive para apropriar-se, captar e construir uma fortuna. Dificilmente saberia como lhe responder. Muitos jovens estão nessa condição. Não possuem um objetivo definido. Você não seria um bom capitão se não soubesse para qual porto está se dirigindo. Sua vida será miserável, rapaz, se você sair por aí como um aprendiz e mais tarde como um mestre que não tem alvo ou fim definido. Diga a si mesmo: "Posso viver apenas para duas coisas. Posso viver para Deus ou para o diabo. Qual dos dois farei agora?". Tenha sua mente estável e firmemente resolvida sobre qual deles será. Vou explicar o mais claramente possível como fez Elias quando disse: "Se o Senhor é Deus, segui-o; se é Baal, segui-o". Se o mundo, a carne e o diabo são dignos de serem servidos, persiga a carreira do sensualista e diga que é isso mesmo. Permita-se saber onde está. Contudo, se Deus merece ser servido e sua alma vale a pena ser salva, busque isso. Mas não se arraste por este mundo buscando seu prazer, e sem coragem de dizer a si mesmo: "Ego, você está vivendo para si mesmo". Tenha um objetivo definido e distinto, ou suas energias vitais serão desperdiçadas e seus dias mais produtivos serão dissipados imprudentemente.

Em seguida: esse mercador *tinha um objetivo que, de forma alguma, era ordinário*. Algumas pessoas podem se empenhar por tijolos e pedras, ou por grãos, ou madeira. Ele buscava pérolas. Era um mercador buscando pérolas e estas das melhores que pudesse encontrar.

Não se aventurava por pérolas marinhas comuns, ou do tipo que se encontra nos rios escoceses, mas buscava boas pérolas. Estabeleceu um alvo elevado no que tangia à sua linha de ação. Entrou num excelente empreendimento. Eu pediria a Deus que muitos que não encontraram a Cristo tivessem bom senso suficiente, e este aspergido pela graça, para dizer: "Vou me empenhar por algo bom. Minha vida não será do tipo inferior" —

As vidas dos grandes homens nos relembram
Que podemos fazer nossa vida sublime.

É um bom prenúncio quando um rapaz tem dentro de si inspiração como esta: "Minha vida também será sublime. Não buscarei objetivos medianos ou inferiores. Não cultivarei qualquer gosto depravado ou abjeto. Procurarei apenas o que possa recomendar à minha consciência, algo que traga reflexos quando eu vier a morrer, algo que carregue minha marca legítima quando tiver que avaliá-lo no mundo vindouro". Ó, jovem mercador, se está para começar um empreendimento, recomendo-lhe esse de buscar boas pérolas. Busque a verdade, a honra, a temperança, a paz, o amor, e busque aquilo que o fará bom, fiel e correto. Logo lhe direi onde encontrá-lo, mas agora basta ensinar-lhe uma ambição louvável por tudo que é honesto e de boa reputação e um desejo ardente em seu coração por aquilo que sua consciência recomenda.

O mercador saiu a procurar por pérolas e *o fez com diligência*. Ele buscava boas pérolas. Não abriu uma loja e disse: "Tragam pérolas para cá, se quiserem", mas saiu a procurá-las. Quão longe viajou, não sei; mas o negociante oriental percorre distâncias imensas. Você pode conhecer Nijni-Novgorod [N.T.: Importante cidade russa e grande centro comercial no século 19.], no sul da Rússia, com comerciantes que já estiveram ao redor de todo o globo buscando o que desejavam, homens que nem sempre viajam pelas ferrovias, que andam qualquer distância para obter o artigo que propuseram em suas mentes, e com o qual negociam. A distância não lhes parece empecilho. Ah, e quando um homem tem um objetivo nobre diante de si e diz: "Antes de eu morrer, vou realizar algo que será correto, verdadeiro e benéfico para meus companheiros", ele enfrenta as dificuldades que desconcertariam outros. Oro a Deus para que tenha a perseverança para levá-lo adiante e que possa dizer: "Há algo correto a ser aprendido?. Aprendê-lo-ei, mesmo que me custe o que for de cuidados e labutas, de dores de cabeça e de coração partido, de adquirir experiência e de consumir o óleo da meia-noite. Se houver algo a ser feito que seja bom e verdadeiro, fá-lo-ei independentemente do risco, pois busco boas pérolas".

E à medida que procurava, *usava o discernimento*. Quando somos muito diligentes e desejosos, estamos em perigo iminente de sermos facilmente enganados. Porém, esse homem que buscava boas pérolas não era como uma senhora que tem conhecimento da natureza das pérolas, mas um mercador que reconhecia uma pérola quando a via. Sabia de seu caráter e de seu valor. Sabia quais eram embaçadas, quais possuíam suave radiância e quais eram as valiosas. Sim, caros amigos, e peço a Deus que se Ele colocar no coração de qualquer irmão ou irmã aqui para que viva para o correto e verdadeiro, dê-lhe grande discernimento, pois há muita falsidade no mundo e você pode rapidamente apossar-se do que parece ser bondade substancial, e que no final seja apenas sombra. Não apenas busque por pérolas, mas busque as melhores. Empenhe-se pelas boas. Sim, lance sua alma para que encontre as melhores.

Esse mercador, evidentemente, *entrou nesse negócio com expectativas moderadas*. Procurava por pérolas. Precisavam ser de tamanho e pureza tolerável. Ele, com certeza, esperava comprar muitas delas. Era isso que procurava: boas pérolas (no plural). Não contava que poderia ter sorte suficiente para esbarrar com uma pérola gigantesca que valeria o resgate de um imperador. Por isso ele não buscava, embora desejasse que assim fosse. Se alguém dissesse: "Você gostaria de encontrar uma pérola grande?", ele responderia: "Eu gostaria muito! Seria infinitamente melhor do que encontrar grande quantidade das pequenas". Dificilmente ele esperaria por isso, portanto, não o procurou. No entanto, estava pronto para aceitá-lo se viesse a ocorrer. Assim, meus caros amigos, estou falando de uma classe de pessoas — e espero que haja um grande número de seus representantes aqui — que querem tudo o que puderem obter do que é bom e verdadeiro. Vocês precisam ser moderados em tudo. Precisam ter um caráter imaculado. Lembro que esse era meu desejo quando pensei, pela primeira vez, na vida que tenho além daqui. Antes de eu conhecer o Senhor, costumava pensar: "Que eu seja preservado da desonestidade, que possa ser guardado da falsidade, de um espírito malicioso, que eu possa ter um coração que pende para o correto e verdadeiro". Essas eram as pérolas que eu desejava. Naquela época eu não sabia que poderia encontrar algo que incluiria todas essas pérolas menores e muitas outras mais. Mesmo assim, é bom quando há um desejo como esse no coração, especialmente de algum rapaz. Desejo que esteja no coração dos mais velhos, se até agora não encontraram uma pérola de grande valor.

Assim, demonstrei-lhes que o homem estava procurando. Pergunto-me se ele veio a esse templo nesta noite e se está assentado entre esta assembleia. Talvez não seja um homem, mas uma mulher, uma mercadora. Elas também negociam. Lídia, a vendedora de púrpura, sem dúvida era uma negociadora admirável, e no empreendimento divino do qual falamos agora não há diferença. Bem, vocês ainda não conhecem o Senhor, caros amigos, mas precisam procurar tudo que é excelente. Até aí tudo bem.

2. Passemos ao estágio seguinte e observemos o que esse homem ENCONTRA. Ele comprava pérolas em toda parte. Onde fosse perguntava às pessoas se elas possuíam alguma pérola. Percorreu

ruelas até as regiões pobres das grandes cidades e vasculhou entre os judeus daqueles dias, vivendo entre os cantos mais imundos da cidade. Queria saber se possuíam pérolas. Era pérolas de madrugada, pérolas ao meio-dia e pérolas à noite. Se alguém gritasse: "Pérolas!", debaixo de sua janela à noite, ele desceria as escadas num instante para pegá-las. Era determinado quanto ao seu artigo e assim aconteceu de se deparar com uma pérola que jamais esperara ver. Era mais do que imaginara. Peço a Deus que alguns aqui, cujo coração está honestamente procurando o que é correto, possam encontrar o Cristo que tem em si mais do espírito de temperança, sinceridade, verdade e filantropia do que pode ser encontrado em qualquer outro lugar. Que possamos encontrar Aquele que *é* a verdade e cuja doutrina é santidade perfeita e vida eterna. Será mais do que esperariam encontrar, mas quão alegres ficarão quando o encontrarem.

Certamente, se alguém estivesse no caminho de encontrar uma pérola excelente, seria esse homem. Ele procurava por boas pérolas e não por *aquela* pérola, mas estava na fila das pérolas e assim, se alguém descobrisse a melhor delas, era provável que fosse ele. "Estando no caminho [...] encontrou-o o Senhor" [N.T.: Êxodo 4:24.], foi dito na antiguidade. Se você desejar o que é correto, e verdadeiro, e bom, confio que o Senhor Jesus se manifestará a você e que você dirá: "É exatamente isso por que eu procurava! Tenho anelado e ansiado por ela, e aqui está!".

Essa descoberta foi *admirável* ao mercador. Ele não encontrou boas pérolas, encontrou o que era muito melhor: a pérola. E para ele esta continha todas as pequeninas que ele anteriormente estivera procurando. Fale e permita que todos os homens saibam que todo o bem debaixo da Lua — tudo o que é verdadeiro, tudo o que é respeitável, tudo o que é justo, tudo o que é puro, tudo o que é amável, tudo o que é de boa fama, se alguma virtude há e se algum louvor existe — encontra-se no ensinamento do Senhor Jesus Cristo e nos será dado e aperfeiçoado em nós quando nos submetermos a Ele e fizermos dele nosso tudo em tudo. Aquele que é cristão, se for um perfeito cristão, tem todas as coisas boas no Único. Se há algo que deva ser louvado e enaltecido pelo filósofo ou pelo sábio, você o encontrará no exemplo do Mestre, e Ele nos dará graça para manifestá-lo em nós mesmos.

Desta forma, esse homem *encontrou tudo numa só*. Não sei qual o valor daquela pérola. O valor estimado não é fornecido. Sabemos apenas que ele achou que valia tudo o que possuía e saiu para vender todos os seus bens para comprá-la. E, certamente, achou que ela valia por todas as demais pérolas que já buscara, pois abriu mão de tudo por uma pérola, fica claro que, dali em diante, abandonaria a procura por pérolas menores já que não tinha mais nenhum capital. Mas achou que aquela pérola valia mais do que todas as demais e mais do que tudo o que possuía. Sim, garanto que achou seu valor bem maior do que todas as suas posses. Não teria vendido tudo o que tinha armazenado para comprá-la se não tivesse noção de que ela valeria mais de dez vezes o preço, e que, assim que pagasse por ela, teria feito sua fortuna e seria mais rico do que um avarento poderia sonhar. É assim que os negociantes de tais coisas se asseguram de fazer suas transações. Bem, não consigo lhes descrever o quanto um homem que encontra Cristo valoriza seu Senhor. Contudo, de uma coisa sei: o mundo inteiro comparado a Ele parece nada para um cristão uma vez que este encontre seu Senhor e Mestre. "Ó, que Cristo tenho!", ele diz. Mas não consegue dizer quão querido, quão inconcebivelmente precioso o Cristo de Deus é para sua alma.

Com relação ao achado, precisamos ressaltar a seguir que o homem, tendo-a encontrado, *decidiu adquiri-la*. Depois de achar a pérola de grande valor, ele não questiona se deveria comprá-la ou não. Se não tivesse saído honestamente a buscar por pérolas, teria protestado contra o preço. Contudo, como era intencional em sua procura por pérolas, assim que a encontrou disse: "Preciso obtê-la. Posso abrir mão das pequenas, se for necessário, mas devo comprá-la". E é maravilhoso quando o Senhor traz a mente humana a esse ponto. "Vejo que em

Cristo há tudo de que necessito: perdão para meu pecado, purificação para minha natureza, graça para sustentar meu caráter e para me tornar perfeitamente aceitável ao Céu. Há tudo que preciso em Cristo, e devo obtê-lo. *Devo* tê-lo. Esse é o final, qualquer que seja o preço, o que quer que me custe, devo tê-lo e o terei".

Agora, embora a parábola não o diga em tantas palavras, fica perfeitamente claro que a pessoa com quem ele negociava estava disposta a vender. Quando encontrou a pérola de grande valor, comprou-a, o que não poderia ter feito se o outro não estivesse pronto a vendê-la. Ainda que o Senhor, em Sua misericórdia, não venda Sua graça, mas a conceda gratuitamente, a maneira pela qual Ele a disponibiliza é aqui descrita sob a figura de venda. Se você quiser Cristo, deverá tê-lo, caso esteja disposto a chegar aos termos que Deus estabelece. Falarei sobre isso agora. Se você deseja essa pérola de grande valor, não há motivo no mundo por que ela não possa ser sua hoje à noite. Se agora encontrou Aquele que é "o mais distinguido entre dez mil" e "totalmente amável" e o valoriza como quem não pode ser feliz sem Ele, Jesus se tornará sua porção instantaneamente. Se, após ouvir de Cristo, seu desejo for para Ele com tudo que sua alma possa precisar e estiver pronto a dizer: "Não sairei desta casa de oração até que Cristo seja meu", não há obstáculo para que possua esse presente inestimável. Sim, até mesmo Deus, o Pai, está desejoso de que você tenha Seu Filho unigênito para ser sua pérola desde agora e para sempre.

3. Depois de haver descrito o investigador e o que ele encontra, devemos prosseguir para descrevê-lo VENDENDO. Vendeu tudo o que possuía. Levou bastante tempo para granjeá-lo e, não duvido, tinha prazer em acumular. Porém, agora tinha grande prazer em vendê-lo. "Compre minha fazenda", diz a um. "Venha! Compre-a." "Não sei se quero comprar fazendas", diz o outro. "Não custa nada, não custa nada." "Todavia, vamos chegar a um acordo. Preciso de dinheiro e o terei." E lá se vai a mobília da casa, uma após a outra, um item após outro. Devem ir. Livre-se de todos eles. Foi venda rápida. Ele precisa de dinheiro. Deve se desfazer de todos os bens; tudo deve ir embora em favor da pérola. Ainda que ele não diga a ninguém seu motivo, aquela pérola estava em sua mente e coração, e tudo mais deve ir embora. Está mais alegre em se livrar de suas posses do que esteve ao obtê-las. Que se vão ao melhor preço que conseguirem, mas devem ir, pois ele deve obter a pérola. Bem, agora, Jesus Cristo deve ser obtido, porém há muita coisa que o homem deve abrir mão se quiser algum dia chamar Cristo de seu.

"Do que, então", diz alguém, "do que devo abrir mão?". Bem, deve haver uma liquidação esta noite de todo um conjunto de *velhos preconceitos*. Algumas vezes, quando a verdade, como se encontra em Jesus, vem à mente de um homem, ele a repele porque é muito diferente daquilo que aprendeu desde que era criança. E a noção é que seria melhor seguir a religião de seus pais. Se tiver sido um bosquímano africano [N.T.: Povos de cultura *khoisan* que habitam a África meridional.], terá adorado a ídolos. Se nasceu um industão [N.T.: Região geográfica e histórica ao sul da Ásia.], deve ter adorado Juggernaut [N.T.: Deus indiano que exigia sacrifício humano.], conforme essa teoria. Mas é grande misericórdia quando um homem diz: "Agora entendo que Jesus, o Filho de Deus, morreu no lugar dos pecadores que creem nele e que devo simplesmente crer nele e assim serei salvo. Sob essa fé recebo uma nova natureza, e sou nascido de novo pelo Espírito Santo, e, deste momento em diante, torno-me discípulo e servo de Cristo. Eu o farei, agora", diz esse homem. "É contrário ao que me disseram até o momento. Fui levado a pensar que eram minhas boas obras que me salvariam. Ouvi que a graça estava nos sacramentos, mas, por fim, percebi que Deus ensina em Sua Palavra que a salvação é pela fé em Jesus Cristo, e eu a obterei. Venderei meus preconceitos. Que eles saiam de mim".

Depois disso, você *deve liquidar sua justiça*. Ela não lhe trará muito, mas ouso dizer que você acha que ela é algo excelente. Até agora, você tem sido um bom homem e sua estima de si próprio é que, quanto aos mandamentos, "Tudo isso tenho observado desde a minha juventude". E, aliado a uma boa frequência na igreja, ou assiduidade na casa de reunião, com algumas orações extras no Natal e Sexta-feira da Paixão, mais uma dose dos sacramentos, você se sente aceitavelmente em boa forma. Você deve liquidar ou se livrar dessa sua velha traça de justiça da qual se orgulha porque homem algum pode se salvar por meio da justiça de Cristo enquanto confia na sua própria. Venda-a, cada retalho dela. E, se ninguém a comprar, de qualquer forma você deve se desfazer dela. Sem dúvida não vale nem para ser colocada entre os mais imundos trapos, pois é pior do que eles.

E livre-se de tudo o mais que você tiver até agora, embora mereça vanglória. Você sabe tanto! Bem, seria melhor liquidar o que sabe, pois, a menos que um homem se torne pequeno como uma criança, ele não pode entrar no reino dos Céus. Você é notável, imagina que não esteja no molde comum, visto que tem grande força de vontade e pode forçar seu caminho para o Céu. Precisa se livrar dessa pequena arrogância, pois essa sua força será sua fraqueza. É somente quando estamos fracos em nós mesmos que podemos ser fortes em Cristo. Você se alegra em fazê-lo? Liquidará todos os antigos preconceitos e toda a velha justiça? Está indo, indo... já se foi! Deixá-los-á irem embora, ou tem algum valor reservado? Deixe-os ir. São escória e esterco e quanto antes partirem melhor, pois aí poderá comprar a pérola, mas não antes disso.

Sim, há alguns homens que terão de abrir mão de muito daquilo que chamam de prazer, *prazer pecaminoso*. Nenhum prazer que seja honesto, que seja realmente benéfico a nós, deve nos ser negado —

A religião jamais foi desenvolvida
para nos trazer menos prazeres.

Ela os amplia ainda mais. Contudo, qualquer prazer que tenha sabor de pecado deve ser abandonado. Venha, você pode vender tudo isso? Esse misturar-se com companhias irresponsáveis, tudo que se aproxime da obscenidade, que tenha relação com a gratificação das vis paixões carnais — venha, em nome de Cristo, você pode renunciar a isso? Bem, se não puder, naturalmente não poderá obter a pérola. Se quer ter o mundo, não pode ter Cristo. Se pode encontrar prazer nos assombrosos pecados, você pertence a seu pai, o diabo, e faz as obras dele. Mas saia disso! Renuncie a tudo. Essas coisas precisam ser liquidadas se queremos obter a pérola.

E depois, em alguns casos, o homem precisa abandonar muito da honra e satisfação da vida que advém da estima de seus colegas. Chegou a este ponto: "Se me tornar cristão, eles me ridicularizarão"? Bem, você não pode suportar com um pouco de desgraça por amor a Cristo? "Mas se eu for um cristão zeloso, terei que me deparar com todo tipo de calúnia." Que assim seja! E você não pode renunciar ao aplauso dos homens em nome de Cristo? Deixe que os cães dilacerem seu caráter até os pedaços, desde que você esteja correto diante dele e que sua motivação seja pura. "Sim, mas sei o que é. Receberei a indiferença da sociedade se eu me tornar um cristão profundamente zeloso. A senhora Fulana de Tal, por quem tenho grande respeito, cuja boa opinião não seria, de forma alguma, perda, não mais me reconheceria." Muito bem, você poderia colocar tudo isso na balança e dizer: "Venderei tudo isso, deixarei que tudo vá embora para que eu possa ter minha pérola"? Não é digno de Cristo o homem que se envergonhe de permanecer na mesma família que Ele, ou de ir com Ele para a prisão e a morte. Devemos amá-lo a ponto de considerar uma honra a afronta em Seu nome, da mesma forma que Moisés considerou o opróbrio em nome de Cristo como riqueza maior do que os tesouros do Egito.

"Bem, você já levou o suficiente, com certeza!" Sim, mas aquele "caçador" de pérolas vendeu tudo o que tinha, e você ainda tem um pouco restando. Ainda lhe resta algumas prospectivas. Se você se tornar cristão, seu velho tio o excluirá de seu testamento. Sabe muito bem que se for ouvir o evangelho em "tal" lugar, será muito provável que seja demitido de seu emprego. "Mas *devemos* viver", diz alguém. Isso não está, de forma alguma, claro em minha mente. Sei que devemos morrer, porém, quanto a "devemos viver", não tenho tanta certeza. É infinitamente melhor morrer do que fazer algo desonroso. Se Jesus Cristo é nosso Mestre, devemos nos contentar em deixar ir as melhores prospectivas, e todas as coisas que encorajam nosso sucesso nesta vida devem ser secundárias em nossa consideração. Devemos sempre buscar primeiro o reino de Deus e Sua justiça. Sim! E até mesmo aquele amor que ansiamos deve ir embora por amor a Cristo. As companhias que são prazerosas devem ser abandonadas por amor a Ele. E, se tudo isso for feito, ainda não será suficiente. Aquele que tem a Cristo deve renunciar a si mesmo e a tudo o que possui. Eu deveria duvidar sobre se sou um seguidor de Cristo, caso não tivesse renunciado em minha alma a tudo o que sou e a tudo o que tenho por Ele, para que pudesse ser para sempre Seu. Ele comprou-nos por preço e não é certo que nós lhe demos um braço, um olho, um pé e metade do coração. Quem é verdadeiro cristão é inteiramente cristão. O que quer que tenha de talento, ou de riqueza que possua, ele não vê como se lhe pertencesse, mas como tudo pertencendo a seu Mestre. E está preparado para usar tudo para a glória de seu Mestre e para abrir mão de tudo se for necessário para o sustento do Seu reino. O mercador vendeu tudo o que tinha.

Acho que vejo você recuar. "Isso é difícil demais!" Muito bem, se você não quer comprar a pérola, veja bem — isso é o mesmo que dizer, que não quer fazer sua fortuna, pois comprar a pérola foi o que fez a riqueza do mercador — se não acha que a pérola valha a pena, oro para que você não a obtenha. Não é possível estimar o valor intrínseco de Cristo, Seu verdadeiro valor. Não lançamos pérolas aos porcos. Se você não quer o Senhor, há muitos que o desejam. Ele não precisa vir lhe implorar que você seja Seu cliente. Deus não permita que você o recuse, mas, se não quiser o Senhor, então diga-o. Apenas diga-o, e faça-o de forma definitiva e distinta: "Não quero ter nada a ver com Ele".

Mas aquele homem foi e vendeu tudo o que tinha. Digo-lhe que ele ficou feliz em agir assim. Achou que o homem que comprou sua fazenda estava lhe fazendo um favor. "Pegue-a", disse, "bem, vou deixá-lo adquiri-la abaixo do preço se você apenas me der o dinheiro. Preciso muito desse dinheiro". Na realidade não ousou dizer-lhe tal coisa por temor de que ele aumentasse o preço, mas em seu coração falava: "Desejo tanto obter aquela pérola, que ficaria comprometido com qualquer um que tirasse esse estoque de minhas mãos". Assim, se realmente deseja Cristo, em vez de necessitar que Ele lhe incite a dispor desses pobres efeitos que descrevi, você deve livrar-se deles para que Cristo possa ser seu. Que o Espírito de Deus trabalhe em você essa firme resolução.

4. Agora, a última coisa é a COMPRA. Ele vendera tudo o que possuía e pagara os siclos [N.T.: Antiga moeda em Israel.] para que pudesse adquirir a pérola, e assim a compra. Era uma aquisição bem ponderada, uma negociação deliberada. Ele não viu a pérola e apressou-se em vender seus bens e estimar o valor dela. Não, viu-a porque era um buscador de pérolas. Conheceu a pérola assim que a viu, embora ouso dizer que ele não tenha falado ao vendedor tudo o que vira nela. Disse a si mesmo: "Esta é uma pérola maravilhosa. Se eu conseguir o dinheiro — meu pequeno estoque não trará mais do que 500 libras [N.T.: Equivalente a aproximadamente £ 55.000,00 atualmente.] — mas, se eu puder obtê-la por esse valor, serei um homem feito". E assim ponderou. E não precisou refletir muito sobre o assunto. Ó, se uma alma pudesse somente conhecer a Cristo, ela não pensaria duas vezes antes de desejar obtê-lo. Se os homens não fossem tão tolos, se apenas tivessem a luz do Céu para ver o valor do

meu Senhor e Mestre, em vez de termos que estar aqui neste púlpito implorando, persuadindo e encontrando novas palavras de recomendação, creio que diriam somente: "Fale-nos sobre Ele. Desejamos tê-lo. O que Ele quer de nós? O que podemos fazer por Ele? Ao que podemos nos submeter para que possamos nos assegurar de que teremos Aquele que perdoa todos os pecados e que concede salvação perfeita e imediata a todos que confiam nele? Desde que possamos ter o Cristo de quem está escrito: 'Todo o que nele crê […] tenha a vida eterna', ficaremos satisfeitos". Essa é uma compra ponderada.

E foi uma *compra imediata*. Ele não foi para casa e disse: "Vou pensar a respeito". Não! Conhecia aquela pérola e disse: "Se eu permitir que me escape entre os dedos, jamais encontrarei algo semelhante novamente. Se outra pessoa conseguir essa negociação, terei perdido a oportunidade de minha vida". Assim, ele somente toma tempo suficiente para ir vender sua fazenda, as poucas terras que possuía e a sua pequena propriedade. Volta rapidamente com seu dinheiro, temendo apenas que outra pessoa tivesse entrado no meio e oferecido mil ou duas mil libras que tivesse conseguido angariar, e que ele perdesse a pérola. Desta forma, quem vem a Cristo corretamente pode até deliberar sobre isso, mas o fim de sua deliberação deve ser muito breve. "Se devo obtê-lo, que eu o faça. Se eu puder saber que meus pecados foram perdoados, que eu o saiba. Por todos os meios que eu puder ter paz com Deus — se devo me tornar filho de Deus e herdeiro do Céu — se minha alegria eterna puder ser garantida, que ela o seja! Como isso acontece? Vamos, diga-me de uma vez. Não quero deixar meu assento até que encontre aquilo de que você fala". Foi uma negociação ponderada e imediata.

E depois foi também *cheia de júbilo*. Tenho certeza de que seus olhos piscaram enquanto dava o dinheiro. Gostaria de ter uma foto da face dele quando, enfim, adquiriu a pérola. Agora, obtivera aquilo pelo qual viajara por todo o mundo, só que muito melhor. Recebeu sua pérola e, ouso dizer, estava pronto para saltar de alegria em pensar que havia se preparado com seu dinheiro. Ah! E quando uma alma obtém Cristo é

Dia feliz, dia feliz,
Meus pecados Ele lavou!

É o começo do deleite para a alma quando pode dizer: "Jesus é meu. Sei que é. A graça me habilitou a apossar-me dele".

E, ó, que *compra enriquecedora* foi essa que esse homem fez. Logo que recebeu a pérola, em vez de pensar em sua propriedade, pensou em si mesmo: "Ora, recebi 100 vezes mais bens do que tinha. Embora tenha renunciado a um pedaço de terra, agora posso comprar meio estado, se eu quiser, com essa pérola que adquiri". Igualmente, irmãos e irmãs, se vocês renunciaram a tudo por Cristo, tenho certeza de que o Senhor Jesus Cristo lhes trouxe amplas recompensas. Alguns anos atrás, alguém bem excêntrico anunciou que buscava pessoas que saíram perdendo por terem obedecido os mandamentos de Deus, que se alguém tivesse perdido algo por causa do amor a Cristo, lhe escrevesse, pois ele o compensaria. O estranho anúncio apareceu por alguns meses em um de nossos periódicos religiosos. Todavia o mais estranho é que ninguém jamais respondeu. Achei que alguém poderia ter inventado um caso desses, mas ninguém o fez. Não se pode inventar um caso desses: não há perdedores em Cristo. "Mas", diz alguém, "os mártires perderam, não perderam?". Bem, eles estão lá em cima, pergunte a eles. Enquanto você os observa de pé com suas coroas de rubi, todos brilhando à luz de Deus, eles lhe dirão:

O mais belo entre os filhos da luz,
duplamente brilhante, em meio aos que brilham,

pois reputam ser honra terem sido permitidos entregar sua vida por amor a Jesus. Ó, não há perda quando se negocia com Jesus. Você ganhará 500% a mais nessa troca, esteja certo disso. Não! Será 1.000%, porque, como Ele disse: "ninguém há que tenha deixado casa, ou irmãos, ou irmãs, ou mãe, ou pai, ou filhos, ou campos por amor de mim e por amor do evangelho, que não receba, já no presente, o cêntuplo [...] e, no mundo por vir, a vida eterna".

Foi uma *compra definitiva*. O mercador, de acordo com a parábola, nunca mais foi comprar pérolas. Ele disse: "Não! Comprei uma pérola de grande valor e agora sairei deste empreendimento". E, uma vez que o homem encontra a Cristo, ele não procura nada mais. Se Jesus Cristo é meu, encontro nele mais do que tudo. Esse homem não precisa mais de objetivos secundários. Todos os seus desejos descansam e se satisfazem com a plenitude que há em Cristo Jesus. Ele deixa o mercado de "caçar" pérola porque encontrou todas as pérolas que poderia necessitar. E foi também uma *compra da qual nunca se arrependeu*. A parábola não diz que ele voltou ao vendedor e disse: "Aqui está. Tome sua pérola e deixe-me ter de volta minha casa e minhas terras". Não! Estava feito! O grande negócio estava concretizado. Ele nunca desejou desfazê-lo. Com sua pérola de imenso valor, era um homem rico, compatível para rivalizar com um príncipe, e sentiu que isso era suficiente. Como são bem-aventurados aqueles que dizem: "Isso é suficiente!" e podem se regozijar, bendizer e magnificar o Senhor —

Descansa agora, meu antes dividido coração!
Ancorado neste porto jubiloso, descansa!
Quem nas cinzas encontraria satisfação,
quando a fartura dos anjos alcança?

No entanto, permitam-me colocar apenas uma palavra de exortação. Cuidem, queridos irmãos mercadores, que, ao comprar uma pérola, comprem uma de boa qualidade — uma que seja de grande valor. Conheço alguns espíritos nobres, a quem admiro e sobre quem prontamente lamentei, que foram heroicos em sua procura por aquilo que lhes parecia perfeitamente verdadeiro e que fizeram sacrifício de tudo o que possuíam por isso, mas que foram enganados. Agarraram-se ao anticristo em vez do Cristo e saudaram a mentira infernal que lhes sobreveio revestida de anjo de luz. Cuidem, cuidem para que obtenham Cristo e Sua verdade conforme revelados nas Escrituras e uma segunda vez em seu próprio coração pelo Espírito Santo, porque tudo o que for menos do que Cristo se provará uma fraude e o enganará. Há alguns anos, uma das maiores pérolas jamais encontrada ficou em poder de um russo. Era muito grande, na verdade do tamanho de um ovo e com formato de pera. Ele a comprou, e quem a possuía anteriormente ignorava seu valor. Era um homem rico e guardou-a preparando-lhe um local que, embora simplório no exterior, era suntuosamente mobiliado por dentro. Ele levava seus hóspedes até uma câmara interior que após destrancada tinha uma mesa de mármore em cujo centro havia uma caixa que para ser destravada precisaria de várias chaves, a leitura de um alfabeto e daí para diante. Por fim, via-se a pérola. Aquele homem era muito relutante em permitir que ela saísse de suas mãos, tendo em vista seu grande valor. O imperador da Rússia ofereceu um valor altíssimo por ela e prometeu-lhe honra e cargos, mas o homem não se separava dela. Contudo, aconteceu do dono da pérola estar envolvido — se de fato ou não, não sei — em uma conspiração e precisou deixar sua casa em São Petersburgo. Levou consigo somente a pérola e veio a Paris suficientemente rico por possuí-la. Certo dia, o duque de Brunswick, que era seu único rival em riqueza, veio com outros para ver a joia. O proprietário a destrancou com muito cuidado e após deliberação. Quando a abriu, observou-se que ficou pálido repentinamente. Parecia que a morte o atingira. Homem infeliz! Sua pérola havia se tornado embaçada, como acontece às vezes. Fora tomada de alguma enfermidade, o que ocorre com as pérolas, se posso falar assim. Em pouco tempo se tornaria pó. Deixara de ter qualquer valor, e ele de milionário tornara-se um indigente. Não obstante ele havia comprado uma boa pérola. Há apenas uma pérola que jamais ficará embaçada e durará bem durante toda a eternidade, e esta é o Filho de Deus, "o único que possui imortalidade". Se você o obtiver, terá esperança divina que jamais o desapontará. Todavia, se sua esperança está em sacerdotes ou ligada ao sacramentalismo, ou a qualquer outra esperança, exceto aquela na qual Cristo é o primeiro e o último, o princípio e o fim, você poderá sacrificar o que quiser, mas sua melhor expectativa terminará em amarga decepção. Que o Senhor conceda que nenhum de nós seja assim tão empacado em sua própria autoconfiança, que tal confusão vazia caia sobre o nosso espírito.

"Ouvi-me vós, os que procurais a justiça, os que *buscais* o Senhor". A voz de Jesus é ouvida nesta parábola do reino no sentido de descrever e direcionar os que buscam. Essas pessoas não representam uma pequena fração de uma assembleia como esta. Na verdade, seria estranho se os *buscadores* não estivessem majoritariamente representados aqui, e em cada estágio da procura ansiosa. Estou certo de que alguns de vocês viram a pérola que desejam brilhando diante de seus olhos. Pergunto-me quantos de vocês resolveram vender tudo o que têm para comprá-la. Mas quem, entre todos, já a tomou para si e se regozija de possuí-la? Não há dúvida de que esses entre vocês irão se regozijando por seu caminho. Mas não retornarão e darão glória a Deus? Não teremos a alegria de saudá-lo aqui na comunhão do reino de Sua graça? Que o Senhor permita que seja assim por amor a Jesus. Amém!

Este sermão foi pregado no Metropolitan Tabernacle, em Newington.

4

O GRÃO DE MOSTARDA — UM SERMÃO PARA O PROFESSOR DE ESCOLA DOMINICAL

E dizia: A que é semelhante o Reino de Deus, e a que o compararei? É semelhante ao grão de mostarda que um homem, tomando-o, lançou na sua horta; e cresceu e fez-se grande árvore, e em seus ramos se aninharam as aves do céu. (Lucas 13:18,19 ARC)

Não tentarei explicar completamente essa pequena, mas importante, parábola. Uma exposição mais abrangente pode ser deixada para outra ocasião. A parábola pode ser entendida como se relacionando a nosso Senhor, que é a semente viva. Você também sabe que Sua Igreja é a árvore que brota dele e como ela cresce e estende seus galhos até que cubra todo o mundo. De um homem, Cristo Jesus, desprezado e rejeitado pelos homens, morto e sepultado, assim oculto entre os homens — dele, digo — surge a multidão que ninguém pode contar! Eles se disseminam, como uma árvore que cresce ao lado do ribeiro de águas, e produzem abrigo gracioso e alimento espiritual. Chamo-a de importante parábola, e assim é, porque tem um mundo de ensinamentos dentro do menor parâmetro. A parábola é em si como um grão de mostarda, mas seus significados são como uma grande árvore.

Nesta época do ano, os professores de Escola Dominical se reúnem para orar por bênção em seu trabalho, e os pastores são convidados para trazer uma palavra que os encoraje em seu serviço abnegado. Vou alegremente atender essa solicitação. Portanto, meu discurso não será uma explanação completa da parábola, mas uma adaptação da mesma para incentivar aqueles que estão envolvidos no admirável trabalho de ensinar aos jovens o temor do Senhor. Nenhum serviço jamais foi tão importante; negligenciá-lo seria falha grave. Alegramo-nos em encorajar nossos amigos em seu trabalho de amor. Nessa parábola, lança-se luz sobre o trabalho daqueles que ensinam o evangelho. Primeiramente, perceba que é uma tarefa simples: "É semelhante ao grão de mostarda que um homem, tomando-o, lançou na sua horta". Em segundo, observe o que resultou dela: "e cresceu e fez-se grande árvore, e em seus ramos se aninharam as aves do céu".

1. Primeiramente, PERCEBA QUE É UMA TAREFA SIMPLES. O trabalho de ensinar o evangelho é como o lançar um grão de mostarda em uma horta.

Observe, inicialmente, o que esse anônimo fez: "É semelhante ao grão de mostarda que um homem, tomando-o". Ele o tomou em suas mãos para dar-lhe o uso adequado. Um grão de mostarda é algo muito pequeno para merecer uma exposição pública. O homem que o toma em sua mão é quase o único que o observa. Era apenas um grão de mostarda, mas o homem o vê antes em sua própria mente como um objeto distinto com o qual lidar. Não o semeia em um grande campo, mas, por ser apenas um grão de mostarda, planta-o em sua horta. É bom que aquele que ensina conheça o que explanará, que tenha a verdade de Deus de forma distinta aos olhos de sua mente enquanto o detém entre seus dedos. Pouco virá do ensino, a menos que a verdade seja vista com clareza e distintamente reconhecida pelo professor antes que este confie nela. Pode ser uma verdade simples, mas, se alguém a assumir, entender, apropriar-se dela e a amar, ele fará algo dela. Amados, antes de tudo, que nós agarremos o evangelho, que creiamos nele, que o apreciemos e o valorizemos acima de tudo, pois a verdade de Deus é viva enquanto é amada, e nenhuma mão é tão adequada para semeá-la quanto a mão que firmemente se apropria dela.

Além disso, nesta pequena parábola, percebemos que esse homem possuía uma horta: "É semelhante ao grão de mostarda que um homem, tomando-o, lançou na sua horta". Alguns cristãos não têm horta, ou seja, nenhuma esfera pessoal de serviço. Pertencem ao clã dos cristãos, anseiam por ver todos saindo para cultivar o mundo inteiro, mas não se envolvem de forma particular e pessoal. É prazeroso ser aquecido pelos sermões missionários e zelar pela salvação das nações. Contudo, no fim das contas, o resultado dessa determinação teórica pelo mundo todo não significa muito. Da mesma maneira que não haveria horticultura se não tivéssemos as hortas, não haveria trabalho missionário a não ser que *cada pessoa* tivesse uma missão. É dever de todo crente em Cristo, assim como o primeiro homem, Adão, ter uma horta para cuidar e cultivar. Há milhões de crianças nas Escolas Dominicais. Graças a Deus por isso! Mas você tem uma classe? Toda a igreja na obra de Cristo! Que teoria gloriosa! Você está desperto e trabalhando para seu Senhor? Será um tempo maravilhoso quando todo crente possuir seu lote e o semear com a semente da verdade de Deus. O deserto e os lugares solitários florescerão como a rosa quando cada cristão cultivar suas próprias roseiras. Onde mais deveria esse homem não identificado semear sua mostarda se não em sua horta? Ela estava perto dele e lhe era querida, então, é lá que ele vai. Ensinem seus filhos, falem a seus vizinhos, busquem a conversão daqueles que Deus lhes confiou de forma especial.

Possuindo uma horta e essa semente, o homem a semeou, e da mesma forma simples é a questão da instrução. Você tem muitas sementes em uma caixinha. Lá estão elas! Veja! Pegue essa caixa neste mesmo dia daqui a um ano, e as sementes estarão iguais. Coloque-as nessa caixa seca por sete anos, e nada acontecerá. A verdade não é para ser guardada para nós; ela deve ser anunciada e defendida. Há um antigo adágio: "A verdade é poderosa e prevalecerá". Esse provérbio é verdadeiro em certo sentido, mas precisa ser temperado com uma pitada de sal. Se você jogar a verdade fora e deixá-la sem voz, ela não prevalecerá. Nem mesmo contenderá. Quando prevaleceram as grandes verdades? Ora, quando homens valentes persistiram em declará-las! Espíritos ousados assumiram a causa que inicialmente era impopular; falaram dela com tanto zelo e com tanta frequência que, em longo prazo, essa causa demandou atenção. Persistiram até que ela tivesse triunfado amplamente. A verdade de Deus é poderosa e tem prevalecido, contudo não sem as pessoas que lhe deram vida e voz. Nem mesmo o evangelho, se não for ensinado, prevalecerá. Se a verdade revelada for colocada de lado e mantida em silêncio, ela não crescerá. Veja como, através da Era das Trevas, o evangelho permaneceu adormecido em velhos livros nas bibliotecas dos monastérios até que Lutero e seus companheiros Reformadores o trouxeram para fora e o semearam na mente dos homens!

Esse homem simplesmente a lançou em sua horta. Não a envolveu em folhas douradas ou a adornou de qualquer forma; ele a colocou no chão. A despida semente entrou em contato com o solo nu. Ó, professores, não tentem fazer o evangelho ter boa aparência; não o revistam com suas belas palavras ou elaboradas explanações. A semente do evangelho deve ser colocada no coração do jovem da forma como ela é. Ensine a verdade de Deus com relação ao Senhor Jesus às mentes infantis, faça que elas saibam não o que você pode dizer a respeito da verdade, mas o que a verdade diz por si mesma! É maldade pegar o evangelho, fazer dele um cabide e pendurar nele nossas velhas roupas. Ele não é um barco para ser carregado com os pensamentos humanos, elegantes especulações, recortes de poesias e belos contos. Não, não! O evangelho é o pensamento de Deus; em si mesmo é a mensagem que a alma necessita; é o próprio evangelho que crescerá. Pegue uma verdade de Deus, especialmente aquela grande doutrina de que a humanidade está perdida e que Cristo é o único Salvador, e cuide de colocá-la na mente. Ensine com simplicidade a grande verdade divina de que aquele que nele crer tem vida eterna, e que o Senhor Jesus levou nossos pecados em Seu próprio corpo no madeiro e sofreu por nós, o Justo pelos injustos — digo, pegue essas verdades de Deus, firme-as na mente e veja o que virá disso! Semeie a verdade divina; não suas *reflexões* sobre a verdade de Deus, não seus *adornos* a ela, mas a própria verdade! Isso deve ser colocado em contato com a mente, pois a verdade é a semente, e a mente humana é o solo para que ela cresça.

Essas minhas observações são muito simples e banais; e, mesmo assim, tudo depende da operação simples que descrevi. Quase tudo já foi tentado na pregação ultimamente, exceto a simplicidade das alegres boas-novas e do sacrifício expiatório. As pessoas têm falado sobre o que a igreja pode fazer e do que o evangelho pode fazer; somos informados quanto às provas do evangelho ou das dúvidas acerca dele, e daí para adiante. Porém, quando nos darão o próprio evangelho? Amigos, devemos ir direto ao ponto e ensinar o *evangelho* — pois essa é a semente viva e incorruptível que permanece para sempre. É fácil trazer um sermão sobre a semente de mostarda, dar às crianças uma degustação da pungência da mostarda, dizer-lhes como ela cresce, que tipo de árvore a produz e como os pássaros cantariam pousados em seus galhos; no entanto, isso não é semear a semente de mostarda! É muito bom que falemos sobre a *influência* do evangelho, a *ética* do cristianismo, o *poder* enaltecedor do amor de Cristo, e assim por diante. Mas é do *próprio evangelho* que necessitamos, o qual exerce essa influência. Semeie a semente — fale às crianças da doutrina da cruz, do fato de que, pelas feridas de Jesus, somos sarados e de que, pela fé nele, somos justificados. Não é preciso falar *sobre* o evangelho, mas do *próprio evangelho*. Devemos continuamente trazer a palavra viva do Deus vivo para falar ao coração dos homens. Ó, que haja o auxílio do Espírito Santo nisso! Ele nos ajudará porque se deleita em glorificar a Jesus.

O empreendimento descrito na parábola é insignificante: o homem tomou o minúsculo grão e o colocou em sua horta. É um afazer comum sentar-se com uma dúzia de crianças ao seu redor, abrir sua Bíblia e contar-lhes a desgastada história de como Jesus veio ao mundo para salvar os pecadores. Nenhum fariseu se levantaria e tocaria a trombeta quando fosse ensinar às crianças. É mais provável que ele apontasse para os pequenos no Templo e dissesse com desprezo: "Ouviram o que foi dito?". Esse é um empreendimento humilde, mas, para a semente de mostarda e para o homem na horta, o semear é assunto totalmente relevante. O grão de mostarda jamais crescerá, a menos que seja colocado no solo. O dono da horta jamais terá uma colheita de mostardas a menos que plante a semente. Querido professor de Escola Dominical, não se esgote de seu humilde trabalho visto que ninguém pode medir sua importância! Diga aos meninos e meninas sobre o Filho de Deus que viveu, amou e morreu para que os ímpios pudessem ser salvos. Encoraje-os à fé imediata no poderoso Salvador para que possam ser salvos logo. Conte-lhes sobre o novo nascimento e como a alma humana é renovada pelo Espírito Santo, sem cuja obra divina ninguém pode adentrar no reino do Céu. Lance a semente de mostarda e nada além dela, se quiser produzir mostarda. Ensine o evangelho da graça divina e nada além dele, se quiser ver a graça crescendo no coração de seus jovens.

A SEGUIR, consideremos o que o homem semeou. Vimos que ele semeou; e o que foi que semeou? Foi apenas uma semente, e uma muito pequena — tão, tão pequena que os judeus costumavam dizer: "Tão pequeno quanto um grão de mostarda". Assim sendo, o Salvador fala dela como a menor das sementes, o que em termos absolutos pode não ser assim, mas de acordo com o dito comum era. Nosso Senhor não estava ensinando botânica, mas falava de uma parábola popular. Sim, o evangelho parece muito simples: Creia a viva! Olhe para Jesus no lugar do pecador! Olhe para Ele crucificado, da mesma forma que Israel olhava para a serpente erguida em uma haste. É a própria simplicidade; de fato, o evangelho é tão simples que os de status superior ficam cansados dele e procuram por algo mais difícil de compreender. Hoje em dia, as pessoas são como aquele que gostava de ouvir as Escrituras "apropriadamente confusas". Ou como o outro que dizia: "Você precisa ouvir nosso pastor prescindir da verdade". Semear a semente é um trabalho muito comum para os modernos; eles exigem novos métodos. No entanto, amados, não devemos correr atrás de vãs invenções; nosso trabalho é semear a Palavra de Deus na mente das crianças. Você e eu devemos ensinar a todos a simples verdade de que Jesus Cristo veio ao mundo para salvar pecadores, e que todo o que nele crer não perecerá, mas terá vida eterna. Não sabemos nada mais entre os adultos ou crianças; continuamos a semear essa única semente, aparentemente tão pequena, tão insignificante. Eles falam com desdém: "Qual pode ser o resultado moral da pregação de tal evangelho? Não seria certamente melhor discursar sobre a moral, sobre assuntos socioeconômicos e sobre a ciência?". Ah, amigos, se vocês quiserem fazer algum bem nestes dias, não os impediremos de o fazer, mas nossa fé é que 100 vezes mais pode ser efetuado pelo evangelho, pois ele "é o poder de Deus para a salvação de todo aquele que crê". O evangelho não é inimigo de qualquer coisa boa, ao contrário, é a força pela qual as boas coisas devem ser promovidas! Tudo que for puro, honesto e de boa reputação é fomentado por esse Espírito que é originado em nós pelo simples evangelho de Cristo. Mas, lembrem-se: as conversões não vêm de artigos sobre a moral, mas pelo ensino da salvação em Cristo. A purificação e o enaltecimento de nossa raça não serão efetuados pela política ou pela ciência, mas pela palavra de nosso Senhor que vive e permanece para sempre! Para trazer as maiores bênçãos sobre nossa juventude em crescimento, devemos nos esforçar para implantar na mente dos jovens a fé no Senhor Jesus. Que haja poder divino nesse trabalho!

Entretanto a semente, embora muito pequena, era *viva*. Há uma grande diferença entre um grão de mostarda e um fragmento de cera do mesmo tamanho. A vida repousa nessa semente. O que é vida, não sei dizer. Ainda que você pegasse um microscópio, não poderia observá-la. É um mistério, mas é essencial à semente. O evangelho tem algo em si que não é prontamente descoberto pelo inquiridor filosófico, se ele efetivamente o perceber. Peguem uma máxima de Sócrates ou Platão e indaguem se alguma tribo ou nação já foi transformada do barbarismo para a cultura. A máxima de um filósofo pode ter influência mensurável sobre uma pessoa em determinada direção correta, mas quem jamais ouviu que todo o caráter de alguém tenha sido transformado por alguma observação de Confúcio ou Sócrates? Confesso que eu nunca ouvi algo assim. Os ensinamentos humanos são estéreis. Porém, no evangelho — com toda sua simplicidade e trivialidade — há vida divina e esta faz toda a diferença. O ser humano nunca pode rivalizar com Deus, pois falta-lhe essa chama da vida. É melhor pregar cinco palavras da Palavra de Deus do que cinco milhões de palavras da sabedoria humana. As palavras dos homens podem parecer mais sábias e mais atraentes, mas não há vida celestial nelas. Na Palavra de Deus, por mais simples que ela seja, habita a onipotência como a do Deus de cujos lábios elas procedem.

Para falar a verdade, qualquer semente é muito abrangente. O que se encontra dentro da semente de mostarda? Ora, há tudo o que procede dela. Deve ser assim. Cada galho e folha, cada flor e semente por vir estão, em sua essência, totalmente no interior da semente. Precisarão se desenvolver, mas está tudo lá. E assim, quanto mais se encontra concentrado dentro do simples evangelho? Olhem para ele! Em seu interior, encontra-se a regeneração, o arrependimento, a fé, a santidade, o zelo, a consagração, a perfeição. O Céu se esconde no interior do evangelho. Como um filhote de passarinho em seu ninho, a glória habita na graça divina. Inicialmente, podemos não ver todos os seus resultados, na verdade, não os veremos antes que tenhamos semeado o grão e o visto crescer. No entanto, está tudo lá. Você crê nisso, jovem professor? Já percebeu o que tem em mãos quando segura o evangelho da graça de Deus? É a coisa mais maravilhosa embaixo do céu. Você crê no evangelho que ensina? Discerne que dentro de suas aparentemente tênues linhas se encontram contidos o Eterno, o Infinito, o Perfeito, o Divino? Assim como no bebê em Belém estava o Deus Eterno, assim dentro do simples ensino "Creia e viva" há todos os elementos da bênção eterna para o povo, a ilimitada glória de Deus. Essa pequena semente, o evangelho de Deus, é muito abrangente.

E por essa razão é tão maravilhoso — uma criação divina. Convoque seus químicos; traga-os com todos os seus recipientes e seu fogo. Selecione uma comissão com os maiores químicos vivos, analíticos ou de outro tipo, como quiser. Instruídos senhores, vocês podem gentilmente nos fazer um grão de mostarda? Podem pegar uma semente dessas, pesá-la e analisá-la, desta forma podem determinar todos os seus ingredientes. Até aí tudo bem; seu trabalho não começou bem? Agora peguem um simples grão de mostarda. Daremos uma semana a vocês. É tarefa bem pequena. Vocês têm todos os elementos da mostarda lá em seu pilão. Façam-nos um grão vivo. Não estamos pedindo uma tonelada. Apenas uma semente ser-nos-á suficiente. Grandes químicos, vocês ainda não fizeram coisa tão pequena? Passou-se um mês. Pedimos um grão de mostarda, e onde está ele? Não o fizeram em um mês? O que estão fazendo? Deveríamos dar-lhes 7 anos? Sim, com todos os laboratórios do reino a seu dispor, todas as substâncias conhecidas como seu material e as minas de carvão de todo o mundo como seu combustível — mãos à obra! O ar fica enegrecido pela fumaça e as correntes de água correm imundas com os seus detritos; mas onde está a semente de mostarda? Isso desconcerta o sábio. Eles não conseguem fabricar uma semente viva. Não! E ninguém pode fazer um evangelho, ou sequer um novo texto de evangelho. Os pensadores desta Era não poderiam confeccionar outra vida de Cristo para corresponder aos quatro evangelhos que já possuímos. Vou além — não poderiam criar um novo incidente que seria congruente com os fatos que já conhecemos. Muitos dos atuais autores de romance podem forjar histórias imaginárias em sua bigorna — que eles escrevam o quinto evangelho — digamos o evangelho de acordo com Pedro ou André. Que eles nos deem isso! Nem começarão a tarefa. Quem escreverá um novo salmo, ou uma nova promessa? Os químicos inteligentes provam sua sabedoria quando dizem de uma vez: "Não! Não podemos criar uma semente de mostarda". E os pensadores mais sábios igualmente confessarão que não podem fazer outro evangelho. Meus eruditos irmãos estão se esforçando para criar um novo evangelho para o século 19 [N.T.: Quando este sermão foi pregado.], mas vocês, professores, farão melhor se prosseguirem com o antigo. Os homens modernos não conseguem pôr vida em sua teoria. Esta Palavra viva é o dedo de Deus. Aquele simples grão de mostarda deve ser criado por Deus, ou não será criado de forma alguma. Ele deve colocar vida no evangelho ou este não terá poder sobre o coração. O evangelho dos professores de Escola Dominical, aquele do "Creia e viva", ainda que possa ser desprezado pelos homens, tem em si a vida concedida por Deus. Vocês não podem criar outro que o supere, pois não poderão colocar vida em sua invenção. Vá em frente e use a única verdade viva com suas crianças porque nada mais tem a vida de Deus em si.

Gostaria que vocês observassem essa pequena tarefa de semear o grão enquanto respondemos à pergunta: o que ela representava para aquele homem? Era um ato muito natural. Ele semeou. É muito normal que ensinemos aos outros aquilo que nós mesmos cremos. Não compreendo como alguns, que confessam serem cristãos, nunca comunicam a fé a outros. Gostaria que os jovens de nossas igrejas reunissem outros jovens em torno de si e lhes falassem de Jesus, a quem amam, fosse tão natural como para um jardineiro colocar as sementes no solo que ele preparou.

Semear um grão de mostarda é um ato sem altos custos. Apenas uma semente — ninguém consegue encontrar uma moeda pequena o bastante para expressar seu valor. Não sei quantos grãos o homem possuía — certamente não eram poucos —, mas ele tomou apenas um grão dentre eles e lançou-o em sua horta. Ele não esvaziou o erário com essa despesa. Essa é uma das excelências da Escola Dominical: ela não exaure a igreja de pessoas ou dinheiro. No entanto, muito resulta dela, e não diminui os recursos de nossa Sião. É realizada de forma gratuita, discretamente, é sacrifício de vida e mesmo assim que fonte de bênção ela é!

Ainda, era um ato de *fé*. Semear é sempre um ato de fé porque momentaneamente você abre mão e não recebe nada em troca. O fazendeiro pega sua semente de milho selecionada, lança-a no solo de seu campo. Ele poderia fazer muitos pães com ela, mas lança-a fora. Somente sua fé o salva de ser tido com um louco — ele espera que ela produza 50 vezes mais. Se você nunca tiver visto a ceifa, pensará que a pessoa que enterra o bom trigo enlouqueceu. Se nunca tiver ouvido as conversas, pode parecer absurdo estar constantemente ensinando aos meninos e meninas a história do homem que foi pregado ao madeiro. Pregamos e ensinamos como obra de fé, e lembrem-se: será apenas como um ato de fé que ele corresponderá a seus propósitos. A regra da colheita é: "seja feito conforme a tua fé". Creia, querido professor, creia no evangelho. Creia no que está fazendo quando fala dele; creia que brotarão grandes resultados de causas pequenas. Continue semeando seu grão de mostarda da salvação pela fé esperando e crendo que o fruto de seu trabalho virá.

Era um ato que não trazia honra ao semeador. O Salvador relatou que o homem pegou o grão de mostarda e o semeou, mas milhares de pessoas já haviam feito o mesmo durante a metade de sua vida e não foram mencionadas. Ninguém sequer falou em sua honra, meu amigo, embora você tenha ensinado a verdade de Deus. Querido professor, permaneça semeando, embora ninguém observe sua diligência ou louve sua fidelidade. Semeie a semente da preciosa verdade na horta da mente das crianças, pois muito mais resultará desse ato do que você ousaria esperar!

Parece-me que nosso Senhor escolheu o grão de mostarda nesta parábola, não porque seus resultados seriam os maiores possíveis para uma semente; um carvalho ou um cedro crescem muito mais. Ele a escolheu porque é o maior resultado comparativamente com o tamanho da semente. Siga a analogia. Venha para essa escola e veja. O jovem zeloso está ensinando a um menino, uma dessas criaturas selvagens das ruas. Há enxames deles em cada quadra. Uma dúzia de jovens turcos ou árabes das ruas estão diante dele. Ele lhes ensina o evangelho. Tarefa pequena, não é? Sim, muito pequena. Mas o que pode vir disso? Pense em quanto mais pode alegremente brotar desse algo tão pequeno! O que o jovem ensina? Somente uma verdade elementar. Não o desdenhe. É a verdade, mas é meramente o alfabeto dela. Ele não trata de nada profundo da teologia. Apenas diz: "Cristo Jesus veio ao mundo para salvar pecadores. Querido menino, creia no Senhor Jesus e viva". É tudo o que ele diz. Pode alguma coisa boa vir de Nazaré? O professor está ensinando a única verdade de forma muito simplória — pelo menos é o que *ele* pensa. Pergunte-lhe, quando ele terminar, o que ele acha de seu próprio ensino e lhe responderá: "Não me sinto bom para ensinar". Sim, o ensino daquele rapaz é lamentado e, em sua própria avaliação, é pobre e fraco, mas há vida na verdade que ele transmite, e os resultados eternos se seguirão — resultados dos quais falarei na segunda parte de meu sermão. Que o bom Espírito me ajude a assim falar de forma a encorajar meus amados amigos que, à semelhança de Cristo, entregaram-se à tarefa de ensinar às crianças.

2. Por segundo, indaguemos: O QUE RESULTOU DESSA TAREFA?

Primeiramente ela cresceu. Era isso que o semeador esperava que acontecesse; ele lançou a semente no solo esperando que ela crescesse. Não é razoável supor que ele a teria semeado se não esperasse que ela brotasse. Caro professor, você sempre semeia com esperança, confia que a Palavra viverá e crescerá? Se não, creio que seu sucesso não seja provável. Tenha a expectativa de que a verdade de Deus crie raízes, expanda-se e cresça. Ensine a verdade com zelo e espere que a vida que há dentro dela desvelará suas maravilhas.

Contudo, mesmo que o semeador esperasse o crescimento, ele não poderia, por si só, tê-la feito crescer. Depois que colocou a semente no solo, poderia regá-la, orar para que Deus fizesse o Sol brilhar sobre ela, mas não poderia diretamente produzir o seu desenvolvimento. Somente Aquele que criou a semente poderia fazê-la crescer. O crescimento é a continuidade do poderoso ato pelo qual a vida foi inicialmente concedida. O colocar a vida na semente é obra divina, e o trazer a vida que vem da semente também o é. Essa é uma questão dentro do escopo de nossa esperança, mas muito além de nosso poder.

É maravilhoso que a semente cresça. Não a vemos diariamente, deveríamos nos surpreender mais com o crescimento da semente do que com todas os enigmas dos mágicos. Uma semente crescendo é um milagre divino. Você vê um pedaço de terra próximo a Londres coberto com uma horta familiar. Depois de poucos meses, retorna e vê ruas, uma praça pública, uma igreja e uma grande população. Diz a si mesmo: "É admirável que todas essas casas tenham surgido em poucos meses". E isso não é, de forma alguma, tão estupendo quanto um campo arado se tornar coberto com pés de milho de 1,5 metro. E tudo isso sem vagões trazendo material, ou ferramentas para transformá-lo em uma colheita. Sem o ruído de martelo; sem o tinir da colher de pedreiro, tudo aconteceu sem o trabalho manual dos homens. Maravilhem-se com o crescimento da graça divina. Vejam como cresce, se aprofunda e se fortalece! O crescimento na graça é uma maravilha do amor divino. Uma pessoa se arrepender por meio do evangelho, crer em Jesus, ser totalmente transformada, ter esperança do Céu, receber o poder de ser feita filha de Deus — tudo isso é assombroso! E embora esteja acontecendo debaixo de nossos olhos, falhamos em admirá-lo como deveríamos. O crescimento da santidade em criaturas tão decaídas como nós é alvo de admiração dos anjos, o deleite de todos os seres inteligentes.

Para o semeador, esse crescimento é muito prazeroso. Quão jubiloso é ver a semente da graça divina crescer nas crianças! Você não se lembra de quando, pela primeira vez, semeou a mostarda e o agrião em sua infância? Como na manhã seguinte foi e remexeu a terra para ver o quanto ela havia crescido? Como ficou satisfeito quando viu os primeiros brotinhos amarelos e depois uma folha e outra! É assim com o verdadeiro professor — ele ou ela fica ansioso para ver o crescimento e investiga avidamente à procura dele. O que se esperava aconteceu, e é muito prazeroso para aquele professor, seja lá o que venha a representar para os outros. Uma pessoa insensível diz: "Ah, não acho nada das emoções daquela criança. É só uma impressão passageira, logo ela esquecerá". O professor não acha isso. O frio crítico afirma: "Não acho muita coisa do pranto dessa criança. As lágrimas das crianças estão sempre muito próximas à superfície". Mas o professor está cheio de esperança de que essas lágrimas sejam a verdadeira tristeza pelo pecado e uma busca sincera pelo Senhor. O questionador inquire: "Não significa nada uma criança dizer que entrega seu coração a Jesus. Os infantes acham que creem muito rapidamente. São facilmente induzidos". As pessoas falam assim porque não amam as crianças e não vivem com o desejo de salvá-las. Se você se compadece das crianças, ficará muito feliz com qualquer sinal de esperança e vigiará por qualquer evidência da vida divina neles. Se você é um florista, verá mais do progresso de suas plantas do que se não fosse jardineiro e não tivesse interesse em tais coisas. Pensem, então, no que diz meu texto: "cresceu". Ó, que haja uma oração agora mesmo de todos vocês: "Senhor, faz o evangelho crescer onde quer que ele cair! Quer o pregador o espalhe ou o professor o semeie; quer caia entre os idosos ou os jovens. Senhor, faz o evangelho crescer!". Orem seriamente por isso, amigos! *Vocês* não podem fazê-la crescer, mas podem prevalecer com Deus para que Ele a abençoe para Sua honra e louvor.

Depois de haver começado a crescer, ela se tornou uma árvore. Lucas diz: "fez-se grande árvore". Ela já era grande em si mesma, mas sua grandeza se viu principalmente quando em comparação com o tamanho da semente. O crescimento foi grande. Aqui está o espantoso: não em que tenha se tornado em árvore, mas em que, sendo um grão de mostarda, tenha se tornado uma grande árvore. Percebem a ênfase da parábola? Já o expus diante de vocês. Ouçam! Foi apenas uma palavra: "menino querido, olhe para Jesus" [N.T.: Testemunho de conversão do próprio Charles Spurgeon aos 16 anos.]. Somente essa palavra, e uma alma foi salva, seus pecados perdoados, seu ser total foi transformado, um novo herdeiro do Céu nasceu! Veem o crescimento? Uma *palavra* produz salvação! Um grão de mostarda se torna uma grande árvore! Um pequeno ensinamento traz vida eterna! Isso não é tudo: a professora, com muita oração e lágrimas, levou sua aluna para casa e lhe apelou para que viesse a Cristo, e a menina foi convencida a submeter seu coração ao senhorio de Cristo Jesus. Uma vida santa e celestial brotou daquele apelo. Vejam! Ela se torna uma menina atenciosa, uma esposa amorosa, uma mãe graciosa, uma matrona em Israel, como Dorcas, entre os pobres, ou Ana, com seu Samuel. Que grande resultado veio de tão pequena fonte! As palavras de um professor foram pronunciadas entre lágrimas; não poderiam ser impressas, pois eram tão simplórias e infantis, mas foram, nas mãos de Deus, os meios de formar uma vida mais doce, mais modesta e mais bela!

Um menino era tão selvagem quanto qualquer desordeiro de nossas ruas. Um professor ajoelhou-se ao seu lado com seu braço apoiado no pescoço do garoto. Clamou a Deus em favor dele e insistiu com ele por Deus. Esse garoto se converteu e, como jovem empregado, foi um exemplo no escritório; como pai, foi um orientador para sua família; como homem de Deus, era luz para todos os que o cercavam; como pregador da justiça, embelezou a doutrina de Deus, seu Salvador, em todas as coisas. Há muito mais que eu poderia descrever, mas vocês podem trabalhar essa ideia tão bem quanto eu. Tudo o que se pode desejar pode brotar de uma simples conversa de um humilde cristão com um jovem. Um grão de mostarda se torna uma grande árvore, poucas palavras de santa admoestação podem produzir uma vida nobre.

No entanto, isso é tudo? Amados, nosso ensinamento pode preservar almas das mais profundas trevas da habitação dos perdidos. Uma alma abandonada a si mesma pode se apressar para a insensatez dos vícios, deles para a teimosia e dela para a determinada decisão de perecer. Porém, por meio do ensino amoroso, tudo isso muda. Resgatado do poder do pecado, como um cordeiro resgatado de entre as mandíbulas do leão, o jovem não será mais vítima do vício, mas buscará as coisas santas e celestiais. O inferno perdeu sua presa e vê que lá em cima os amplos portões celestiais receberam uma alma preciosa! "Tantos como a areia da praia" (HC 509) chegarão aos portões da Nova Jerusalém que para lá foram levados pela Escola Dominical. Aqueles que antes eram tolos estão agora com vestes brancas, lavados no sangue do Cordeiro. Ouçam suas canções de louvor! Podem continuar ouvindo-os, pois essas canções nunca cessarão! E tudo isso brotou de um breve discurso de um trêmulo irmão que se levantou num domingo à tarde para encerrar a aula e falar um pouco da cruz de Jesus. Ou veio de uma gentil irmã que nunca havia falado em público e, mesmo assim, foi capacitada a exortar uma moça que estava ficando volúvel e parecia que provavelmente se desviaria. É maravilhoso que uma alma que esteja tomando a estrada para o Céu ou para o inferno possa ser levada, de acordo com os propósitos de Deus, a se inclinar diante dos esforços de um frágil, mas fiel, professor! Vocês veem como o grão de mostarda cresceu até tornar-se uma grande árvore.

Essa grande árvore se tornou um abrigo: "em seus ramos se aninharam as aves do céu". Na realidade, a mostardeira cresce muito no Oriente. O tipo mais comum pode ter entre 13 e 16 metros de altura, mas há uma espécie que cresce tanto quanto uma árvore da floresta. Provavelmente havia alguma destas últimas na região assombreada onde nosso Senhor estava falando. A mostardeira que crescia em vários lugares da Palestina era de dimensões surpreendentes. Quando a árvore cresceu, os pássaros vieram a ela. Aqui temos influências inesperadas. Pensem nisso. Aquele homem pegou um grão de mostarda que vocês teriam dificuldade em ver se eu a erguesse aqui. Quando a tomou e a colocou em sua horta, tinha qualquer ideia de atrair os pássaros para ela? Ele não. Você desconhece tudo o que está fazendo quando ensina a uma criança o caminho da salvação por meio de Jesus Cristo. Quando você tenta trazer uma alma a Cristo, sua ação tem acoplados a si dez mil ganchos e estes podem engatar-se em inúmeras coisas. O santo ensino é a abertura de um poço. E ninguém sabe de todos os efeitos que essas águas poderão produzir naquela localidade. Parece não haver ligação entre o semear do grão de mostarda e os pássaros, mas esses viajantes alados logo fizeram uma feliz relação. Parece não haver conexão entre ensinar um menino e o amansar dos canibais da Nova Guiné, mas vejo uma relação bem possível. As tribos da África Central podem ter seu destino moldado por sua instrução a uma criancinha! Quando John Pounds [N.T.: (1766–1839) Sapateiro e professor inglês que ajudou a fundar centros de educação gratuita para as crianças pobres da Inglaterra.] subornou um garoto com uma batata quente para que ele viesse e aprendesse a ler a Bíblia, tenho certeza de que não tinha ideia alguma das *Ragged Schools* [N.T.: Literalmente, Escolas Mal-acabadas. Prédios de estrutura simples, quase sem acabamento, que proviam gratuitamente educação, alimentação, vestimenta e abrigo para as crianças carentes. John Pounds foi um de seus fundadores.] em Londres, mas há uma linha clara entre causa e efeito em toda essa questão. A batata quente poderia ser o emblema da *Ragged Schools Union*! Quando Nasmyth [N.E.: David Nasmyth (1799–1839), escocês, fundador do *City Mission Movement* (Movimento Missionário na Cidade) que atuou no Reino Unido, Europa e Estados Unidos.] foi de casa em casa visitando as favelas de Londres, não creio que ele tenha visto em seu ato a fundação da *London City Mission* (Missão na Cidade de Londres) e todas as *Country Town Missions* (Missões das Cidades do Interior). Ninguém pode afirmar quais serão os finais de seus começos, o crescimento de sua semeadura. Prossiga fazendo o bem de formas pequeninas e um dia se surpreenderá com os grandes resultados. Faça a próxima coisa que estiver diante de si; faça-a bem feito; faça-a para o Senhor e deixe os resultados com Sua ilimitada liberalidade de amor, mas espere colher pelo menos 100 vezes mais!

Não sei quantas galinhas vieram ciscar debaixo daquela árvore de mostarda. Quantos pássaros por dia, ou por ano, vieram e encontraram um lugar de descanso, e colheram as sementes que tanto amavam, não consigo dizer. Ninguém consegue mensurar quantos receberão uma bênção por meio de alguém que se converteu. Agora é o tempo dos romances, nossa literatura está saturada com contos religiosos ou não. Que histórias poderão ser contadas com relação aos benefícios concedidos, direta ou indiretamente, por um único homem ou mulher de Deus! Quando você tiver escrito uma história eletrizante sobre determinado assunto, posso lhe garantir que posso emparelhá-la com algo ainda melhor! Um único indivíduo pode espalhar bem-aventuranças por todo o continente e cingir o mundo com bênçãos.

Mas o que é isso que ouço? Vejo essa mostardeira, ela é uma árvore muito maravilhosa. Mas não apenas a vejo, eu ouço! Música! Música! Os pássaros! Os pássaros! É madrugada; o Sol nem bem nasceu, que torrentes de canções! É assim que se produz música? Devo semear o grão de mostarda e colher canções? Achei que deveríamos comprar um órgão, ou violino ou algum instrumento eólico ou de cordas para que a música pudesse ser produzida, mas há um novo plano! Nabucodonosor tinha suas trombetas, pífaros, harpas, cítaras, saltérios, gaita de foles e todo tipo de música, mas todos aqueles sons misturados não podiam rivalizar com a melodia dos *pássaros*! Devo semear o grão de mostarda agora e receber a música da forma como Deus escolher. Amigos, quando vocês ensinam a seus filhos o evangelho do Senhor Jesus, estão semeando música do Céu. Toda vez que falam sobre o fluir do perdão comprado com o sangue, estão preenchendo os coros da glória com doces vozes que, dia e noite, cantarão canções de devotada gratidão ao Nome Eterno. Vá em frente, então, se este será o resultado. Se as exaltadas harmonias celestiais dependem de um simples ensinamento de uma *Ragged School*, que nunca interrompamos nosso serviço sagrado.

Tendo dito tanto, agora encerro com essas três observações práticas. Não fomos altamente honrados pelo fato de que a nós foi confiado algo tão maravilhoso como o evangelho? Se essa é uma semente que traz tanto em si mesma, e que ela muito produzirá caso seja usada adequadamente, somos benditos e felizes por termos tais boas-novas para proclamar! Esta manhã, eu pensava enquanto acordava com a umidade e a chuva e sentindo meus ossos reclamarem: "Estarei feliz quando, daqui a mais quatro domingos, tiver viajado e estiver livre para descansar um pouco em um clima mais quente". Esgotado mentalmente e fatigado no espírito, eu me recompus com esta reflexão: "Que trabalho abençoado tenho a fazer! Que evangelho glorioso tenho de pregar! Devo ser um homem muito feliz por ter tão alegres torrentes para levar aos meus companheiros". Disse a mim mesmo: "Eu sou mesmo!". Bem, amado professor, no próximo domingo, quando você deixar sua cama e disser: "Tive uma semana de trabalho pesado, eu quase poderia desejar que não precisasse ir para minha aula", responda a si mesmo assim: "Mas sou uma pessoa feliz por ter de falar às crianças sobre Cristo Jesus. Se tivesse que lhes ensinar aritmética ou carpintaria, eu poderia me cansar disso. Porém, falar sobre Jesus, a quem amo, ora, é alegria eterna!".

Que estejamos encorajados a semear a boa semente em tempos ruins. Se não virmos o evangelho prosperando em outro lugar, não nos desesperemos. Se não houvesse mais sementes de mostarda no mundo e eu só tivesse um grão dela, deveria estar ainda mais ansioso por semeá-la. Você pode produzir qualquer quantidade se somente uma semente crescer. Hoje em dia não há muito evangelho — a igreja renunciou a ele — muitos pregadores falam sobre tudo, menos sobre a viva verdade divina. Isso é triste! Mas é uma forte razão para que você e eu ensinemos o evangelho mais do que nunca. Frequentemente penso com meus botões que outros homens podem ensinar socialismo, fazer palestras, ou reunir um conjunto de violinistas para poder formar uma congregação, mas eu pregarei o evangelho. E o pregarei mais do que nunca, se eu puder. Firmar-me-ei ainda mais naquele ponto cardeal. Os outros podem se atentar às miudezas, eu, porém, me manterei com o Cristo crucificado. Àqueles de grande habilidade que estão observando os eventos deste dia eu diria: "Permitam a um pobre tolo continuar a pregar o evangelho". Amados professores, sejam tolos em nome de Cristo e guardem o evangelho! Não temam. Ele tem a vida em si, e ela crescerá. Apenas traga-o para fora e deixe-o crescer. Às vezes, temo que possamos preparar demais nossos sermões e discursos, com o propósito de *nos* fazer brilhar. Se for assim, somos como o homem que tentou cultivar batatas. Nunca as cultivou e muito se admirou disso "porque", disse ele, "muito cuidadosamente eu as fervi por horas". Então, é muito possível que extraiamos toda a vida do evangelho e coloquemos muito de nós mesmos naquilo que Cristo não abençoará.

E, por último, estamos comprometidos a fazê-lo. Se tanto vem de tão pouco, temos o compromisso de ir fazê-lo. Ultimamente as pessoas querem 10% de seu dinheiro. Hordas de tolos são facilmente enredados por qualquer esquema, ou especulação, ou sociedade de responsabilidade limitada que lhes prometa trazer imensos dividendos! Eu gostaria de lhes fazer sábios convidando-os para um investimento *garantido*. Semeiem o grão de mostarda e cultivem uma árvore; falem de Cristo e salvem uma alma, e esta será uma bênção por eras e uma alegria a Deus por toda a eternidade. Já houve algum investimento como esse? Que prossigamos com ele. Se a eternidade depende de nossa simples palavra, que a falemos de todo o nosso coração. A vida, a morte, o inferno e mundos desconhecidos estão nos lábios do zeloso professor do evangelho de Jesus; que jamais cessemos de falar dele enquanto houver fôlego em nosso corpo. Que o Senhor os abençoe! Amém e amém.

Este sermão foi pregado no Metropolitan Tabernacle, em Newington, na manhã de 20 de outubro de 1889.

5

OS SERVOS INÚTEIS

E o servo inútil, lançai-o para fora, nas trevas.
Ali haverá choro e ranger de dentes. (Mateus 25:30)

Assim também vós, depois de haverdes feito quanto
vos foi ordenado, dizei: Somos servos inúteis, porque
fizemos apenas o que devíamos fazer. (Lucas 17:10)

Disse-lhe o senhor: Muito bem, servo bom e fiel;
foste fiel no pouco, sobre o muito te colocarei;
entra no gozo do teu senhor. (Mateus 25:21)

Há uma linha muito tênue entre a indiferença e a sensibilidade mórbida. Alguns homens parecem não sentir ansiedade santa. Investem o talento que seu Mestre lhes deu na Terra, deixam-no lá e desfrutam seu prazer e sossego sem qualquer remorso. Outros professam tanta ansiedade de estarem certos que chegam à conclusão que nunca o serão e caem sob um pavor de Deus, vendo Seu serviço como penoso e Ele mesmo como um senhor rigoroso — embora eles nunca o digam abertamente. Entre essas duas linhas há um caminho tão estreito como o fio da navalha, que somente a graça de Deus nos capacita a identificar. É igualmente livre da falta de cuidado e da escravidão e consiste em um senso de responsabilidade corajosamente gerado pelo auxílio do Espírito Santo. O caminho certo normalmente está entre os extremos. É o estreito canal entre a rocha e a voragem. Há um caminho sagrado que corre entre a autocongratulação e o desalento, uma trilha muito difícil de encontrar e de se manter nela. Há grandes perigos na consciência de que você fez algo bem feito e que está servindo a Deus com toda sua capacidade, pois você pode vir a pensar que é merecedor, digno de ser colocado entre os príncipes de Israel. O perigo de ficar engrandecido dificilmente pode ser supervalorizado. Uma cabeça entontecida traz a queda.

Contudo, igualmente temível, por outro lado, é a sensação de indignidade que paralisa todos os esforços, fazendo-o sentir que é incapaz de qualquer coisa que seja excelente ou boa. Sob esse impulso, homens têm fugido do serviço a Deus para uma vida de solidão. Sentem que não poderiam se comportar valentemente nos embates da vida e, portanto, escapam do campo de batalha antes que a luta comece para se tornar ermitões e monges. Como se fosse possível fazer a perfeita vontade de Deus não fazendo absolutamente nada e livrar-se das tarefas para as quais nasceram por meio de um modo não natural de existência. Bendito é o homem que encontra o caminho reto e estreito entre a consideração exagerada de si mesmo e a concepção rígida de Deus, entre a autoestima e o encolher-se timidamente diante de todos os esforços. Meu desejo é que o Espírito de Deus possa guiar nossa mente ao áureo meio-termo onde as santas graças se misturam e os contendentes vícios, igualmente naturais ao nosso malvado coração, fiquem excluídos. Que o Espírito de Deus abençoe nossos três textos e os três assuntos sugeridos por eles para que possamos nos corrigir e depois, pela infinita misericórdia, possamos ser preservados íntegros até o grande dia de prestação de contas.

Leiamos Mateus 25:30: "E o servo inútil, lançai-o para fora, nas trevas. Ali haverá choro e ranger de dentes".

1. Neste nosso primeiro texto, temos o VEREDITO DA JUSTIÇA sobre o homem que não usou seu talento. Ele é aqui classificado como "servo inútil" porque foi preguiçoso, inútil e sem valor. Ele não trouxe rentabilidade ao capital de seu senhor, nem lhe prestou qualquer serviço sincero. Não cumpriu fielmente a confiança que repousava sobre ele, como fizeram seus companheiros.

Percebam, primeiramente, que *essa pessoa inútil era um servo*. Ele jamais negou que o fosse. Foi por sua posição como servo que ele se tornou possuidor de seu único talento e ele nunca objetou a essa posse. Se fosse capaz de receber mais, não há motivo pelo qual não devesse ter dois ou cinco talentos, pois as Escrituras nos dizem que o senhor concedeu a cada homem conforme a sua habilidade de servir. Possuía a habilidade de gerenciar o que seu senhor lhe dera, mesmo no ato de enterrar o talento e de aparecer diante dele para lhe prestar contas. Isso torna a questão ainda mais perscrutável para você e para mim, pois nós também professamos ser servos do Senhor nosso Deus. O julgamento deve começar na casa de Deus, isto é, com aqueles que estão na casa do Senhor como filhos e servos. Portanto, observemos bem nossas ações. Se o julgamento começa conosco, "qual será o fim daqueles que não obedecem ao evangelho de Deus? E, se é com dificuldade que o justo é salvo, onde vai comparecer o ímpio, sim, o pecador?". Se esse, em nosso texto, é o julgamento dos servos, qual será o julgamento dos inimigos? Esse homem reconheceu que era servo até o último minuto e, embora fosse impertinente e imprudente o bastante para expressar a opinião mais maldosa e difamatória sobre seu senhor, ele não negou sua posição ou o fato de que seu talento pertencia ao senhor, uma vez que afirmou: "Aqui tens o que é teu". Ao falar dessa maneira, foi mais longe do que alguns cristãos confessos porquanto estes vivem como se o cristianismo fosse todo relacionado a comer a gordura e beber o doce, e nada tivesse a ver com o serviço. Como se a religião tivesse muitos privilégios, mas não preceitos; e como se, quando os homens são salvos, eles se tornassem vadios licenciados para quem é uma questão de honra magnificar a livre graça enquanto ficam parados ociosos o dia inteiro no mercado. Infelizmente conheço alguns que jamais fizeram o mínimo por Cristo e ainda assim o chamam de Mestre e Senhor. Muitos de nós reconhecem que somos servos, que tudo o que temos pertence ao nosso Mestre e que temos o compromisso de viver por Ele. Até aí, tudo bem. Mas podemos ir até aí e, mesmo assim, no final sermos encontrados como servos inúteis e, assim, sermos lançados nas trevas exteriores onde prantearemos e rangeremos os dentes. Que prestemos atenção nisso!

Esse homem, embora servo, *avaliava mal seu senhor* e não apreciava seu serviço. Ele disse: "Sabendo que és homem severo, que ceifas onde não semeaste e ajuntas onde não espalhaste". Certos cristãos que roubam a Igreja têm a mesma disposição mental. Não ousam dizer que se arrependem de ter se unido à Igreja, mas agem de forma que todos poderiam concluir que, se isso pudesse ser desfeito, eles não o repetiriam. Não encontram prazer no serviço de Deus, mas continuam nessa rotina como se fosse por hábito ou uma árdua obrigação. Entram no espírito do irmão mais velho [N.T.: Referência à parábola do filho pródigo.] e dizem: "Há tantos anos que te sirvo sem jamais transgredir uma ordem tua, e nunca me deste um cabrito sequer para alegrar-me com os meus amigos". Sentam-se no lado sombrio da piedade e nunca se deleitam no Sol que brilha a pino sobre ela. Esquecem-se do que o pai disse a esse filho mais velho: "Meu filho, tu sempre estás comigo; tudo o que é meu é teu". Ele devia ter tido muitas festas, tantos cordeiros e cabritos quanto quisesse, não lhe fora negado bem algum. A presença de seu pai deveria ter sido sua alegria e prazer, muito melhor do que todas as festanças com amigos. Seria assim se ele tivesse fundamentado corretamente isso em seu coração. O homem que escondeu seu talento carregava em si o espírito muito mais perverso e petulante do que o irmão mais velho, mas o princípio é o mesmo e devemos nos preocupar em eliminá-lo desde o começo.

Esse servo inútil considerava seu senhor como alguém que ceifava onde nunca semeara e ajuntava onde não espalhara. Queria dizer com isso que seu mestre era rígido, severo, injusto e alguém difícil de agradar. Julgava seu senhor como sendo alguém que esperava mais de seus servos do que teria qualquer direito de esperar e, tal era seu ódio por sua conduta injusta, que ele resolveu dizer-lhe na cara o que pensava dele. Esse espírito pode lentamente se infiltrar na mente dos cristãos. Temo que esteja sendo incubado em muitos agora mesmo, pois não estão satisfeitos com Cristo. Se quiserem prazer, saem da igreja para obtê-lo; suas alegrias não estão dentro do círculo do qual Cristo é o centro. Sua religião é uma obrigação, não seu deleite. Seu Deus é seu pavor, não sua alegria. Não se regozijam no Senhor e, portanto, Ele não lhes concede o desejo de seu coração e eles ficam cada vez mais descontentes. Não podem clamar-lhe: "Deus, que é minha grande alegria", assim o Senhor é um terror para eles. A devoção é-lhes um compromisso horrível, gostariam de poder escapar dela com a consciência aliviada. Não dizem isso a si mesmos, mas podemos ler estas palavras nas entrelinhas: "Que cansaço isso é!". Não surpreende que, quando as coisas chegam a esse ponto, o cristão se torne um servo inútil, pois quem pode fazer um trabalho que detesta tanto? O serviço forçado não é desejável. Deus não deseja escravos para honrar Seu trono. Seria melhor que o servo que não tem prazer em sua situação fosse embora. Se não estiver feliz com seu Mestre, seria melhor que encontrasse outro visto que o relacionamento mútuo deles será desagradável e improdutivo. Quando se chega a isso, que eu e você estejamos descontentes com nosso Deus e não satisfeitos com Seu trabalho, seria melhor que procurássemos por outro senhor, se é que algum deles nos receberá, pois certamente seremos inúteis ao Senhor Jesus por nossa falta de amor a Ele.

Perceba, a seguir, que, embora esse homem não estivesse fazendo nada por seu senhor, *ele não pensava de si mesmo como um servo inútil*. Não exibiu autodepreciação, nem humildade ou contrição. Era extremamente autoconfiante e disse, sem corar: "Aqui tens o que é teu". Compareceu diante de seu senhor sem apresentar pedidos de perdão ou desculpas. Não se uniu àqueles que fizeram tudo e disseram: "Somos servos inúteis". Sentia que havia tratado com seu mestre conforme merecia a justiça do caso. Na verdade, em vez de reconhecer qualquer erro, começou a acusar seu senhor. É assim com os falsos crentes. Não fazem ideia de que são hipócritas. Esse pensamento nem lhes passa pela mente. Não têm noção de que são infiéis. Faça uma alusão a isso e veja como eles se defendem. Se não estiverem vivendo como deveriam, exigem que se lhes tenha piedade em vez de os culpar; a culpa está na Providência. É por causa das circunstâncias. Isso é culpa deles mesmos e de ninguém mais. Não fazem nada e mesmo assim sentem-se mais tranquilos do que aqueles que fazem tudo. Enterraram o problema e esconderam seu talento e perguntam sem constrangimento algum: "O que mais você quer? Deus é tão exigente a ponto de esperar que eu lhe traga mais do que Ele me deu? Sou tão agradecido e tão devoto quanto Deus me faz ser, o que mais Ele exigirá?". Veja, não há o encurvar-se até o pó com um sentimento de imperfeição, mas um arrogante lançar em Deus toda a culpa e isso também sob a pretensão de honrar Sua graça soberana! Ai de mim, que o homem seja capaz de torturar a verdade em tão presunçosa falsidade.

Atentem bem ao fato de que o veredito da justiça, no fim das contas, pode ser exatamente o contrário do que falamos de nós mesmos. Aquele que com arrogância se vê como um servo produtivo pode ser encontrado como inútil, e aquele que com modéstia se julga infrutífero pode terminar ouvindo de seu Mestre: "Muito bem, servo bom e fiel". Temos pouca habilidade, devido às deficiências de nossa consciência, de formar uma estimativa correta sobre nós mesmos. Frequentemente nos avaliamos como ricos, abastados e não precisando de coisa alguma quando, de fato, estamos pobres, cegos e nus. Esse era o caso desse servo inútil; ele se envolveu com o conceito de que era mais justo do que o seu senhor e tinha um argumento para alegar o qual ele acreditava que o isentaria de toda a culpa.

Deveria nos despertar muita sondagem de coração quando percebemos *o que esse servo inútil fez, ou melhor, o que ele não fez*. Ele cuidadosamente depositou seu capital onde ninguém o pudesse encontrar e roubar; e esse foi todo o seu serviço. Devemos observar que ele não gastou aquele talento consigo mesmo ou o usou em negociações em seu próprio benefício. Não era um ladrão, ou se apropriou indevidamente da quantia colocada sob sua responsabilidade. Nisso ele supera muitos que professam serem servos de Deus, mas que vivem apenas para si próprios. Qual seja o pequeno talento que tenham, eles o usam para seu próprio lucro e nunca para atender os interesses de seu Senhor. Têm o poder de obter dinheiro, mas esse dinheiro nunca é em prol de Cristo; nem lhes ocorre tal ideia. Todos os seus esforços são para si mesmos, ou, para usar outras palavras que expressam exatamente o mesmo, *em favor de* suas famílias. Lá está um homem que tem o dom do discurso eloquente e ele o usa não por Cristo, mas por si mesmo, a fim de ganhar popularidade e poder chegar a uma posição respeitável. O único alvo e objetivo de seu mais ardente discurso é trazer grãos para seu próprio moinho e ganhos para sua propriedade. Por toda parte se vê, entre os que confessam Cristo, os que estão vivendo para si mesmos. Não são adúlteros ou bêbados. Longe disso! Nem são ladrões ou esbanjadores. São do tipo de pessoas decentes, ordeiras e discretas, no entanto, do começo ao fim, tudo tem a ver com o seu eu. O que é isso além de um servo inútil? O que aproveita para mim um servo que trabalhe duro em favor de si mesmo e nada em meu favor? Um cristão professo pode labutar até se tornar rico, um conselheiro municipal

[N.T.: Atualmente algo como um vereador.], um prefeito, um membro do Parlamento, um milionário, mas o que isso prova? Ora, que podia trabalhar e que realmente trabalhou bem por si mesmo e, se durante todo esse tempo, ele fez pouco ou nada por Cristo, é ainda mais condenável por seu próprio sucesso. Se tivesse trabalhado por seu Senhor como o fez em seu próprio favor, o que poderia ter realizado? O servo inútil na parábola não era tão ruim assim e, mesmo assim, foi lançado nas trevas exteriores. O que, então, será de alguns de vocês?

Além disso, o servo mau não esbanjou seu talento. Não o desperdiçou em autoindulgência e maldades, como o filho pródigo, que gastou sua riqueza em viver luxuriante. Ó, não! Era muito melhor do que o pródigo. Não desperdiçaria nem centavos. Era totalmente a favor de poupar e não correr riscos. Assim que recebeu o talento, ele o enrolou em um guardanapo e o escondeu na terra — depositou-o em um banco, na realidade, um banco que não trazia lucros. Nunca tocou um centavo dele para festejar ou divertir-se, portanto, não poderia ser acusado de ser um esbanjador com o dinheiro de seu senhor; em tudo isso ele foi superior àqueles que rendem suas forças ao pecado e usam suas habilidades para gratificar as suas culposas paixões e as de outros.

Aflijo-me ao acrescentar que alguns que se autodenominam servos de Cristo expõem sua força para minar o evangelho que professam ensinar. Falam contra o santo nome pelo qual foram denominados e assim usam seu talento contra seu Mestre. Esse homem não fez assim; era mal o suficiente em seu coração por qualquer outra coisa, mas nunca se tornou abertamente um traidor tão baixo. Nunca se empenhou para aprender a fim de levantar dúvidas desnecessárias ou para resistir às simples doutrinas da Palavra de Deus. Isso ficou reservado para os mestres desses últimos dias — dias que produzem monstros desconhecidos para tempos em que há pouca instrução.

O talento desse homem não fora desperdiçado sob seus cuidados, estavam da mesma forma como o recebeu, e ele, portanto, considerou que havia sido fiel. Ah! Mas isso não é o que Deus chama de fidelidade — permanecer onde está. Se você acha que possui a graça e apenas guarda o que tem, sem angariar mais, será o mesmo que esconder seu talento sob a terra e fazer dele algo estéril. Não basta reter, você precisa progredir. O capital pode estar lá, mas onde está o lucro? Viver sem alvo ou propósito além de manter sua posição é ser um servo mau e negligente, já condenado. Enquanto meditamos sobre esse assunto, que possamos dizer-lhe: "Senhor, este sou eu?".

Seu senhor o chamou de "servo mau". Então é algo ruim ser inútil? Com certeza a maldade deve significar alguma ação positiva. Não! Não fazer o que é certo é ser mau; não viver para Cristo é ser mau; não ter utilidade alguma no mundo é ser mau; não trazer glória ao nome do Senhor é ser mau; ser preguiçoso é ser mau. Está claro que há muitas pessoas maldosas no mundo que não gostam de ser assim chamadas. "Mau e negligente" — essas são duas palavras que são pronunciadas juntamente pelo Senhor Jesus, cujo discurso é sempre sábio. Um menino em idade escolar foi inquirido por seu professor: "O que você está fazendo, John?". Instigado, pensou em ser muito claro ao dizer: "Não estava fazendo nada, senhor". Mas o mestre respondeu: "Foi por isso que eu o instiguei, porque você deveria estar fazendo a lição que coloquei diante de você". Não lhe será desculpa por fim declarar: "Eu não estava fazendo nada, senhor". Aqueles que estão à mão esquerda não foram dispensados sob maldição justamente por não terem feito nada? Não está escrito: "Amaldiçoai a Meroz, diz o Anjo do SENHOR, amaldiçoai duramente os seus moradores, porque não vieram em socorro do SENHOR, em socorro do SENHOR e seus heróis"? Aquele que não faz nada é um "servo mau e negligente".

Esse homem foi condenado às trevas exteriores. Observe isso. Ele foi condenado a ficar como estava, pois o inferno, de certa forma, pode ser descrito como o grande Capitão dizendo: "Fique como está"! "Continue o injusto fazendo injustiça, continue o imundo ainda sendo imundo". No outro mundo existe a permanência do caráter.

Santidade eterna é Céu, mal contínuo é inferno. Esse homem estava fora da família de seu senhor. Achou que seu senhor fosse um mestre severo e assim provou não o amar; e que não era parte de sua casa. Seu coração estava fora dali e seu senhor lhe disse: "Permaneça fora". Além disso, estava nas trevas. Tinha conceitos equivocados sobre seu mestre, pois este não era um homem austero e rígido. Ele não ajunta onde não espalhou e não ceifa onde não semeou. Portanto, seu senhor disse: "Você está voluntariamente nas trevas; permaneça lá nas trevas exteriores". Esse homem era invejoso. Não podia suportar a prosperidade de seu senhor. Rangia os dentes ao pensar nisso. Foi sentenciado a continuar naquele estado de mente e a ranger seus dentes eternamente. A punição eterna é uma concepção terrível, a permanência do caráter num espírito imortal, "Continue o injusto fazendo injustiça". Ao mesmo tempo que o caráter dos ímpios será permanente, ele também será mais e mais desenvolvido dentro dos seus limites. O que há de mau se tornará pior e, sem que haja o que o restrinja, o mal será ainda mais vil. No mundo porvir, onde não há os obstáculos da existência da Igreja e do evangelho, o homem desenvolverá uma ainda mais abominável maturidade de sua inimizade com Deus e um grau ainda mais horrendo de consequente sofrimento. A aflição é ligada ao pecado. Quando vive em pecaminosidade, o homem necessariamente vive em desgraça, visto que o mal é como o mar turbulento que não pode se aquietar, cujas águas lançam de si lama e lodo. Como será estar eternamente fora da família de Deus! Nunca ser filho de Deus! Para sempre nas trevas! Jamais ver a luz do santo conhecimento, pureza e esperança! Ranger os dentes eternamente com doloroso desprezo e aversão de Deus, para quem odiar é inferno! Ó, pela graça de ser levado a amar Aquele para quem amar é Céu. O servo inútil teve um salário horrível para receber quando seu senhor o avaliou, mas não podemos dizer que ele bem o mereceu? Teve a devida recompensa por suas obras. Ó, nosso Deus, concede--nos que essa não seja a porção que cabe a qualquer um de nós!

2. Agora devo chamar sua atenção para o segundo texto: "Assim também vós, depois de haverdes feito quanto vos foi ordenado, dizei: Somos servos inúteis, porque fizemos apenas o que devíamos fazer" (Lucas 17:10).

Esse é o VEREDITO DA AUTO-HUMILHAÇÃO proferido pelo coração dos servos que laboriosamente cumpriram com a totalidade do trabalho do dia. Essa é parte da parábola que tencionava censurar qualquer noção de autoimportância e mérito humano. Quando o servo estava arando ou alimentando o gado, seu mestre não lhe diz: "Sente-se aqui e eu vou servi-lo, pois estou em grande débito com você". Não, seu senhor ordenou-lhe que preparasse o jantar e o servisse. Seus serviços são devidos, portanto, seu mestre não o elogia como se ele fosse uma maravilha e um herói. Ele apenas está cumprindo seu dever quando persevera desde a luz da manhã até o pôr do sol e, de forma alguma, aguarda ter seu trabalho exaltado em admiração ou recompensado com pagamento extra e humildes agradecimentos. Nem nós deveríamos nos gabar de nossos serviços, mas pensar modestamente sobre eles, confessando que somos servos inúteis.

Qualquer que seja a dor provocada pela primeira parte de meu discurso, creio que ela apenas nos preparou melhor para entrar mais profundamente no espírito de nosso segundo texto. Ambos os textos estão gravados em meu coração com caneta de ferro por uma ferida cruel infligida quando eu estava muito frágil para suportá-la. Quando estava demasiadamente adoentado no Sul da França e profundamente entristecido meu espírito — tão profundamente depressivo e enfermo que não imaginava como sobreviver —, uma dessas pessoas maldosas que normalmente caçam os homens públicos, especialmente pastores, enviou-me uma carta cheia de animosidades, diretamente endereçada "àquele servo inútil, C. H. Spurgeon". Nela, havia panfletos dirigidos aos inimigos do Senhor Jesus, com passagens destacadas e sublinhadas e com notas aplicando-as a mim. Quantos Rabsaqués [N.T.: 2 Reis 18:27-37 e Isaías 36:12-20.] já me escreveram em seu tempo! Geralmente leio-as com a paciência que vem da prática e depois elas vão alimentar a lareira. Não estou buscando isenção desse aborrecimento, nem normalmente o acho difícil de suportar, mas, no momento em que meu espírito estava abatido e eu em dor terrível, essa carta injuriosa me feriu a alma. Virei-me na cama e perguntei: "Então, sou um servo inútil?". Lamentei-me imensamente e não conseguia levantar minha cabeça ou encontrar descanso. Revi minha vida e vi suas enfermidades e imperfeições, mas não sabia como colocar meu caso até que esse segundo texto veio para meu alívio e respondeu o veredito de meu coração ferido. Disse a mim mesmo: "Espero não ser um servo inútil no sentido que essa pessoa pretende me chamar, mas com certeza o sou no outro sentido". Lancei-me a meu Senhor e Mestre mais uma vez com um senso mais aprofundado do significado do texto do que jamais percebera anteriormente. Seu sacrifício expiatório me reviveu e, em humilde fé, encontrei descanso. A propósito, pergunto-me por que qualquer ser humano pode encontrar prazer em tentar infligir sofrimento sobre os que estão enfermos e abatidos, mesmo assim existem os que se deleitam em fazê-lo. Com certeza, se não houver espíritos malignos lá embaixo, há alguns aqui em cima e os servos do Senhor Jesus recebem provas de sua atividade. Permitam-me, então, se já sentiram dor pelo primeiro texto, levá-los ao ponto o qual eu pessoalmente cheguei quando, por fim, pude agradecer a Deus por aquela carta e sentir que foi um remédio salutar para meu espírito.

Isso, que é colocado em nossa boca como uma confissão de que somos servos muito inúteis, serve para nos repreender quando achamos que somos alguém e que fizemos algo digno de elogios. Nosso texto serve para nos censurar se achamos que temos feito o suficiente, que já suportamos o fardo e o calor do dia por um tempo longo e que fomos mantidos em nosso posto além do nosso turno. Se concluímos que realizamos um bom dia de trabalho na ceifa e devemos ser convidados para descansar em casa, esse texto nos reprova. Se sentimos um anseio exagerado por conforto e desejamos que o Senhor nos dê alguma recompensa extraordinária no presente pelo que temos feito, o texto nos causa embaraço. Esse é um espírito orgulhoso, não filial, infrutífero... e deve ser derrubado com mão firme.

Primeiro, *de que forma podemos ter sido úteis a Deus?* Como bem disse Elifaz: "Porventura, será o homem de algum proveito a Deus? Antes, o sábio é só útil a si mesmo. Ou tem o Todo-Poderoso interesse em que sejas justo ou algum lucro em que faças perfeitos os teus caminhos?". Se ofertamos a Deus de nossos bens, ele se torna nosso devedor? De que maneira nós enriquecemos aquele a quem pertence toda prata e ouro? Se entregamos nossa vida com a devoção dos mártires e missionários por amor a Ele, o que é isso para o Senhor cuja glória enche o Céu e a Terra? Como podemos sonhar em colocar o Eterno como nosso devedor? O espírito com atitude correta diz com Davi: "Digo ao Senhor: Tu és o meu Senhor; outro bem não possuo, senão a ti somente. Quanto aos santos que há na terra, são eles os notáveis nos quais tenho todo o meu prazer". Como pode um homem pôr seu Criador sob obrigação com ele? Que não adoremos de forma tão blasfema!

Caros irmãos, devemos lembrar que *qualquer serviço que possamos render-lhe é uma questão de débito de nossa parte.* Espero que nossa moralidade não tenha decaído tanto a ponto de assumirmos para nós mesmos o crédito de ter pagado nossas dívidas. Não encontro homens de negócio orgulhando-se de si mesmos dizendo: "Paguei mil libras esta manhã a tal pessoa". "Bem, você deu isso para ele?" "Não, isso tudo era o que eu lhe devia." Isso é grande coisa? Já chegamos a um estágio tão baixo de moralidade espiritual que começamos a achar que temos feito algo grandioso quando damos a Deus o que lhe é devido? "Sabei que o Senhor é Deus; foi ele, e não nós." Jesus Cristo nos comprou, não somos de nós mesmos porque fomos comprados por preço. Também entramos em aliança com Cristo e nos entregamos a Ele voluntariamente. Não fomos nós batizados em Seu nome e em Sua morte? Independentemente do que façamos, será aquilo que Ele tem direito de reivindicar de nossas mãos por nossa criação, redenção e nossa confissão de rendição a Ele. Quando tivermos perseverado no árduo trabalho de arar até que não haja mais campo sem ser cultivado, quando tivermos feito o agradável trabalho de alimentar as ovelhas e tivermos terminado servindo a mesa da Comunhão para nosso Senhor, quando tivermos feito tudo, não teremos feito mais do que era nosso dever. Por que nos vangloriamos, então, ou clamamos por uma desobrigação, ou buscamos louvor?

Acima disso há a reflexão de que, infelizmente, *em tudo o que fazemos somos inúteis por sermos imperfeitos*. No trabalho de arar, temos hesitado; no alimentar do gado, tem havido rudeza e esquecimento; no servir da mesa, as provisões têm sido indignas do Senhor ao qual servimos. Como deve ser nosso serviço para Aquele sobre quem lemos: "Eis que Deus não confia nos seus servos e aos seus anjos atribui imperfeições"? Algum de vocês pode olhar retroativamente para seu serviço a seu Senhor com satisfação? Se puder, não posso dizer que o invejo, pois não sinto a menor empatia por você, ao contrário, tremo por sua segurança. Quanto a mim, sinto-me compelido a dizer com confiança solene que não estou satisfeito com nada que já fiz. Quase desejo viver novamente minha vida, mas agora me arrependo de que meu orgulhoso coração me permita sentir assim, já que há probabilidade de que eu poderia fazer pior na segunda vez. Reconheço com gratidão tudo o que a graça tem feito por mim, mas, quando fiz algo por mim mesmo, peço perdão por tê-lo feito. Oro para que Deus perdoe minhas orações, porquanto têm sido cheias de falhas. Suplico que Ele perdoe até mesmo essa confissão porque ela não é tão humilde quanto deveria ser. Rogo para que lave minhas lágrimas, purifique minhas devoções e que me batize no verdadeiro sepultamento com meu Salvador para que eu possa ser esquecido em mim mesmo e ser lembrado apenas nele. Ah, Senhor, tu sabes como nos distanciamos da humildade que deveríamos sentir. Perdoa-nos nisso. Todos nós somos servos inúteis, e, se nos julgares pela Lei, devemos ser lançados fora.

Mais uma vez, não podemos nos elogiar de forma alguma, mesmo que sejamos bem-sucedidos no trabalho de nosso Deus *porque estamos em dívida com a abundante graça do Senhor por tudo o que temos feito*. Se cumprimos todo nosso dever, não teríamos feito nada se Sua graça não nos tivesse capacitado para isso. Se nosso zelo não conhece descanso, é Ele que mantém o fogo aceso. Se fluem nossas lágrimas de arrependimento, é Ele quem golpeia a rocha e traz dela a água. Se há alguma virtude, algum louvor, alguma fé, algum ardor, se há a semelhança com Cristo, somos obra de Sua mão, criados por Ele, portanto, não ousamos tomar uma partícula de louvor para nós mesmos. Damos-te, grande Deus, daquilo que de ti recebemos! Se algo é digno de Tua aceitação, já era Teu de antemão. Desse modo, mesmo os melhores ainda são servos inúteis.

Se temos um motivo especial de arrependimento por causa de algum erro evidente, devemos ser sábios de ir com espírito humilde e confessar a falha, depois prosseguir no trabalho diário em espírito laborioso e esperançoso. Sempre que se sentir angustiado porque não consegue fazer o que deveria, sempre que vir as falhas de seu serviço e se condenar por isso, o melhor a fazer é ir e fazer algo a mais na força do Senhor. Se não serviu Jesus adequadamente até agora, vá e faça melhor. Se cometeu um erro crasso, não diga a todos que nunca mais tentará de novo, ao contrário, faça duas boas ações e compense por sua falha. Diga: "Se eu puder evitar, meu bendito Senhor e Mestre não será mais um perdedor por minha causa. Não vou lamentar demais o passado, mas vou corrigir o presente e despertar para o futuro". Irmãos, tentem ser mais úteis e peçam por mais graça. O trabalho do servo não é se esconder num canto do campo e chorar, mas prosseguir arando. Não é balir com as ovelhas, mas alimentá-las e assim provar seu amor a Jesus. Você não deve ficar na cabeceira da mesa e dizer: "Não coloquei a mesa para meu Mestre tão bem quanto eu desejei".

Não! Vá e prepare melhor a mesa. Tenha coragem! Afinal de contas, você não está servindo um Mestre rude e, embora possa chamar a si mesmo de servo inútil, tenha bom ânimo, pois em breve um veredito mais bondoso será pronunciado sobre você. Você não é seu próprio juiz para o bem ou para o mal. Outro Juiz está às portas e, quando Ele vier, pensará melhor de você do que sua própria humildade lhe permite pensar acerca de si mesmo. Ele o julgará pela regra da graça e não pela Lei e acabará com todo o temor que vem de um espírito legalista que paira sobre você com asas de vampiro.

3. Assim chegamos ao terceiro texto: "Disse-lhe o senhor: Muito bem, servo bom e fiel; foste fiel no pouco, sobre o muito te colocarei; entra no gozo do teu senhor" (Mateus 25:21).

Tentarei não pregar sobre aquela palavra de ânimo, mas direi apenas uma palavra ou duas acerca dela. Esse texto é grandioso demais para ser tratado no final de um sermão. Encontramos o Senhor dizendo àqueles que haviam usado seu talento laboriosamente: "Muito bem, servo bom e fiel". Esse é o VEREDITO DA GRAÇA. É bendito o homem que julgou a si mesmo um servo infiel; e bendito é aquele a quem seu Senhor dirá: "servo bom e fiel".

Observe aqui que o "Muito bem" do Mestre *é em consequência da fidelidade*. Não é: "Muito bem, servo bom e brilhante!", pois talvez o homem jamais tenha brilhado aos olhos daqueles que apreciam o fulgor e o brilho. Não é: "Muito bem, servo grandioso e distinto" porque é possível que ele não tenha sido conhecido além do vilarejo onde nasceu. Conscientemente esse homem fez seu melhor no "pouco" e nunca desperdiçou uma oportunidade de fazer o bem fielmente e assim se provou fiel.

O mesmo elogio foi feito ao homem com dois talentos e a seu companheiro com cinco. Suas ocupações eram muito diferentes, mas a recompensa foi a mesma. O "Muito bem, servo bom e fiel" foi recebido e desfrutado por cada um deles. Não é doce pensar que, embora eu possa ter apenas um talento, a mim não será negado o elogio de meu Senhor? É sobre minha fidelidade que Ele fixará Seu olhar e não sobre a quantidade de meus talentos. Posso ter cometido muitos erros e confessado minhas falhas com grande pesar, mas Ele me elogiará do mesmo modo como fez com a mulher a quem disse: "Ela fez o que pôde". É melhor ser fiel na escola infantil do que infiel numa nobre classe de rapazes. É melhor ser fiel sobre 40 ou 60 pessoas na aldeia do que ser infiel em uma paróquia de uma cidade grande, com a consequência de milhares se perderem. É melhor ser fiel numa reunião em um chalé, falando do Cristo crucificado a 50 aldeões do que ser infiel em um prédio suntuoso onde milhares se congregam. Oro para que vocês sejam fiéis em render a Deus tudo o que são e têm. Enquanto viverem, quaisquer que sejam suas falhas, não sejam indecisos ou de mente dividida; em vez disso sejam fiéis nas intenções e desejos. Este é o cerne do louvor do Juiz: a fidelidade do servo.

Esse veredito foi *dado pela graça soberana*. A recompensa não foi de acordo com o trabalho visto que ele havia sido "fiel no pouco", mas foi colocado "sobre o muito". O veredito em si não é sob a regra das obras, mas de acordo com a lei da graça. Nossas boas obras são evidência da graça dentro de nós. Nossa fidelidade, portanto, como servos, será evidência de termos um espírito amoroso com relação ao nosso Mestre — desse modo evidenciando que nosso coração foi transformado e que fomos levados a amar Aquele por quem anteriormente não tínhamos afeição. Nossas obras são prova de nosso amor, por conseguinte, permanecem como evidência da graça de Deus. O Senhor primeiro nos dá a graça e depois nos recompensa por ela. Ele age em nós e por fim considera o fruto como se fosse obra nossa. Desenvolvemos nossa salvação porque "Deus é quem efetua em vós tanto o querer como o realizar, segundo a sua boa vontade". Se um dia Ele disser "Muito bem" para você ou para mim, será por causa de Sua própria graça enriquecedora e não em razão de nossos méritos. E, sem dúvida, é aqui que todos devemos vir e nos manter, pois a ideia de que temos qualquer mérito pessoal logo nos fará encontrar falhas em nosso Mestre e Seu serviço como sendo austero e difícil.

Algumas vezes admiro como os homens que negam a doutrina da salvação pela graça como uma questão na teologia, porém admitem-na em suas devoções. Entram em controvérsia contra ela, mas inconscientemente creem nela. Um caso extremo é o do Cardeal Bellarmine, que era um dos mais inveterados inimigos da Reforma e um renomado antagonista aos ensinamentos de Martinho Lutero. Citarei um trecho de uma de suas obras (*Inst. Do Justification*, Lib. v., c.1). Em suma, ele diz: "Por conta da natureza incerta de suas próprias obras e do perigo da vanglória, o curso mais seguro é colocar toda nossa confiança na misericórdia e na amorosa bondade de Deus". Você falou bem, Cardeal, e, desde que o curso mais seguro é o que escolheríamos, colocaremos toda nossa confiança na misericórdia e na amorosa bondade de Deus. Conta-se que — e creio nisso pela excelência da fonte — esse grande homem, que, durante toda sua vida, louvara a salvação pelas obras, enquanto morria, suspirou uma oração em latim, e sua a tradução seria algo como: "Suplico, Deus, a ti que pesas não nossos méritos, mas o perdão gratuito de nossas ofensas, que me recebas entre Teus santos e Teus eleitos". Está Saul também entre os profetas? No final, Bellarmine orou como um calvinista? Casos como esse fazem que haja a esperança de que muitos outros serão salvos numa igreja apóstata. Graças a Deus muitos outros são muito melhores do que seu credo e em seu coração creem no que negam como teólogos polêmicos. Quer seja assim ou não, sei que, se eu sou salvo ou recompensado, deve ser somente pela graça, pois não pode haver outra esperança. Quanto àqueles que fizeram muito pela Igreja de Cristo, sabemos que dispensarão todo louvor, dizendo: "Senhor, quando foi que te vimos com fome e te demos de comer? Ou com sede e te demos de beber?". Todos os servos fiéis do Senhor cantarão: "Non nobis domine". Não a nós. Não a nós.

Por último, irmãos, com que alegria infinita Jesus encherá nosso coração se, por meio da graça divina, contentarmo-nos o bastante ao ouvi-lo dizer: "Muito bem, servo bom e fiel". Ó, se permanecermos até o fim, apesar das tentações de Satanás, da fraqueza de nossa natureza e dos embaraços do mundo, e mantivermos nossas vestes sem manchas mundanas, pregando Cristo de acordo com a medida de nossa habilidade e ganhando almas para Ele, que honra será! Que felicidade ouvi-lo dizer: "Muito bem". A música dessas duas palavras terá em nós efeito de Céu. Como será diferente do veredito de nossos companheiros que com frequência acham falhas nisto ou naquilo, embora façamos nosso melhor. Nunca conseguiríamos agradá-los, mas agradamos nosso Senhor. Os homens sempre interpretam mal nossas palavras e julgam mal nossas motivações, mas Deus põe tudo na perspectiva dizendo "Muito bem". Pouco significará, então, o que os demais tiverem dito. Nem mesmo as palavras lisonjeiras de amigos ou as rudes condenações dos inimigos terá qualquer peso quando Ele disser: "Muito bem!". Sem qualquer orgulho, receberemos esse elogio porque mesmo então nos reconheceremos como sendo servos inúteis. Como o amaremos por colocar tanta estima sobre os copos de água que demos a Seus discípulos e sobre o serviço modesto que tentamos lhe entregar! Que condescendência dizer "Muito bem" sobre algo que achamos ter sido feito de forma tão precária!

Oro para que os servos de Deus aqui — que nesta manhã começaram uma sondagem em si mesmos e foram adiante confessando suas imperfeições — que agora encerrem se regozijando no fato de que, se cremos em Cristo Jesus e realmente somos consagrados a Ele, terminaremos esta vida e iniciaremos a próxima com o abençoado veredito "Muito bem!". Cuidem apenas para que estejam entre aqueles que estão fazendo tudo e sendo fiéis. Ouço algumas pessoas falarem contra o sentimento de autojustiça, a quem eu diria: "Você não precisa falar muito sobre esse assunto, porque não lhe diz respeito já que você mesmo não tem justiça da qual se orgulhar". Ouço outros falando contra a salvação por obras que não correm o perigo de cair nesse erro porque as boas obras e a vida deles são duas coisas que não andam lado a lado. O que admiro é ver um homem como Paulo, que viveu para Jesus e estava disposto a morrer por Ele dizendo ao final de sua vida: "Mas o que, para mim, era lucro, isto considerei perda por causa de Cristo. Sim, deveras considero tudo como perda, por causa da sublimidade do conhecimento de Cristo Jesus, meu Senhor; por amor do qual perdi todas as coisas e as considero como refugo, para ganhar a Cristo e ser achado nele, não tendo justiça própria, que procede de lei, senão a que é mediante a fé em Cristo, a justiça que procede de Deus, baseada na fé". Sigam em frente, irmãos, e não pensem em descansar até que seu dia de trabalho esteja findo. Sirvam ao Senhor com toda sua força. Façam mais do que os fariseus, que esperavam ser salvos por seu zelo. Façam mais do que seus irmãos esperam de você e então, quando tiverem feito tudo, depositem-no aos pés de seu Redentor com a confissão: "Sou um servo inútil". É para esses que misturam fidelidade com humildade e ardor que Jesus dirá: "Muito bem, servo bom e fiel! Entra no gozo de teu Senhor".

Este sermão foi pregado no Metropolitan Tabernacle, em Newington, na manhã de 6 de junho de 1880.

6

O BOM SAMARITANO

E eis que certo homem, intérprete da Lei, se levantou com o intuito de pôr Jesus à prova e disse-lhe: Mestre, que farei para herdar a vida eterna? Então, Jesus lhe perguntou: Que está escrito na Lei? Como interpretas? A isto ele respondeu: Amarás o Senhor, teu Deus, de todo o teu coração, de toda a tua alma, de todas as tuas forças e de todo o teu entendimento; e: Amarás o teu próximo como a ti mesmo. Então, Jesus lhe disse: Respondeste corretamente; faze isto e viverás. Ele, porém, querendo justificar-se, perguntou a Jesus: Quem é o meu próximo?
Jesus prosseguiu, dizendo: Certo homem descia de Jerusalém para Jericó e veio a cair em mãos de salteadores, os quais, depois de tudo lhe roubarem e lhe causarem muitos ferimentos, retiraram-se, deixando-o semimorto. Casualmente, descia um sacerdote por aquele mesmo caminho e, vendo-o, passou de largo. Semelhantemente, um levita descia por aquele lugar e, vendo-o, também passou de largo. Certo samaritano, que seguia o seu caminho, passou-lhe perto e, vendo-o, compadeceu-se dele.

E, chegando-se, pensou-lhe os ferimentos, aplicando-lhes óleo e vinho; e, colocando-o sobre o seu próprio animal, levou-o para uma hospedaria e tratou dele. No dia seguinte, tirou dois denários e os entregou ao hospedeiro, dizendo: Cuida deste homem, e, se alguma coisa gastares a mais, eu to indenizarei quando voltar. Qual destes três te parece ter sido o próximo do homem que caiu nas mãos dos salteadores? Respondeu-lhe o intérprete da Lei: O que usou de misericórdia para com ele. Então, lhe disse: Vai e procede tu de igual modo. (Lucas 10:25-37)

Nosso texto é a totalidade da história do samaritano, mas, como é muito longo, suponho eu, para o bem de nossa memória, vamos considerar a exortação no versículo 37 como sendo nosso tema principal: "Vai e procede tu de igual modo".

Há certas pessoas no mundo que não permitirão ao pregador falar sobre nada além daquelas declarações doutrinárias acerca do caminho para salvação, conhecidas como "o evangelho". Se o pregador insistir sobre alguma virtude ou graça prática, eles logo dirão que não está pregando o evangelho, que o mensageiro se tornou legalista e que foi um mero mestre moral.

Não nos surpreendemos em absoluto com esse criticismo, pois percebemos claramente que o próprio Senhor Jesus Cristo frequentemente estava sob ele. Leia o Sermão do Monte e julgue se certas pessoas estariam contentes em ouvir algo como aquilo lhes sendo pregado no *Shabbat*. Elas o condenariam como contendo pouco do evangelho e demais sobre as boas obras. Nosso Senhor era um excelente pregador prático. Frequentemente fazia discursos nos quais respondia aos inquiridores, ou dava direção aos que buscavam orientação, ou censurava os ofensores. Dava proeminência a verdades práticas como alguns de nossos ministros não ousariam imitar. Jesus nos fala repetidamente sobre a maneira de como devemos viver com relação ao nosso próximo e estabelece grande ênfase sobre o amor que deveria reluzir por todo o caráter cristão.

A história do bom samaritano, que está diante de nós agora, é um desses casos. Nela, nosso Senhor explica um assunto que surgiu do seguinte questionamento: "Que farei para herdar a vida eterna?". A pergunta é legítima e a resposta vai direto ao ponto. No entanto, que nunca nos esqueçamos de que o que a Lei exige de nós o evangelho produz em nós. A Lei nos diz o que devemos ser, e é objetivo do evangelho nos erguer a tal condição. Portanto, o ensino de nosso Salvador, embora eminentemente prático, é sempre evangélico. Mesmo expondo a Lei, Ele sempre lhe dá uma concepção de evangelho.

Duas finalidades são apresentadas quando Ele estabelece um alto padrão de dever. Em uma delas, Jesus destrói a autojustiça que reivindica haver cumprido a Lei ao fazer o homem perceber a impossibilidade da salvação pelas suas próprias obras. Na outra, ele chama os crentes a se afastarem de todo contentamento meramente relacionado com uma vida decente e com as rotinas da religião exterior e os encoraja a buscarem o grau mais elevado de santidade — na verdade, a buscarem a excelência de caráter que somente a graça pode conceder.

Esta manhã, confio que, embora eu me apegue bastante aos pontos práticos, serei guiado pelo Espírito da Santidade e não serei culpado de legalismo, nem permitirei que qualquer um de vocês seja levado a ele. Não sustentarei que o amor a nosso próximo seja uma condição para salvação, mas um fruto dela. Não falarei da obediência à Lei como o caminho para o Céu, mas lhes mostrarei o caminho que deve ser seguido pela fé que age por meio do amor.

Vamos de uma vez à parábola, então.

1. Nossa primeira observação será que O MUNDO ESTÁ REPLETO DE AFLIÇÃO.

Esta é apenas uma história entre milhares baseadas em uma ocorrência infeliz. "Certo homem descia de Jerusalém para Jericó e veio a cair em mãos de salteadores". Ele saiu para uma curta jornada e quase perdeu a vida na estrada. Nunca estamos a salvo de problemas. Eles nos encontram até mesmo ao pé da lareira da família e nos fazem sofrer pessoalmente ou por aqueles parentes mais queridos. Entram em nossas lojas e escritórios e nos provam. Quando saímos de casa, tornam-se nossos companheiros de viagem e compartilham a estrada conosco. "Porque a aflição não vem do pó, e não é da terra que brota o enfado. Mas o homem nasce para o enfado, como as faíscas das brasas voam para cima".

Frequentemente as maiores aflições *não são ocasionadas por falha do sofredor.* Ninguém poderia culpar o pobre judeu de que, quando descia a Jericó para fazer negócios, os salteadores o acossaram e exigiram seu dinheiro, e de que quando o homem ofereceu resistência eles o feriram, despiram-no e o deixaram quase morto. Como ele poderia ser culpado? Para ele foi mero infortúnio.

Creiam-me, há muito pesar no mundo que não é resultado do vício ou da estupidez das pessoas que o enfrentam — ele vem da mão de Deus para o sofredor, não porque seja mais pecador do que os outros, mas para sábios propósitos desconhecidos a nós. Agora, esse é o tipo de aflição que, mais do que qualquer outro, exige a empatia cristã e a bondade que abunda em nossos hospitais. O homem não pode ser culpado por estar lá espancado e ferido — aquelas feridas abertas pelas quais sua vida se esvai não são autoinfligidas, nem recebidas de uma briga entre bêbados ou de uma façanha imprudente. Ele sofre sem culpa própria e, portanto, tem um clamor urgente por benevolência de seu próximo.

No entanto, *muito do sofrimento é causado pela maldade alheia.* O pobre judeu na estrada para Jericó foi vítima de ladrões que o feriram e o deixaram quase morto. O pior inimigo do homem é o homem. Se o homem fosse domado pela paz, a fera mais selvagem do mundo seria subjugada, e se o mal fosse purgado do coração humano, a maior parte das enfermidades da vida cessaria de vez. O desperdício e a brutalidade do bêbado, a zombaria do orgulhoso, a crueldade do opressor, a mentira do caluniador, o engano do trapaceiro, o homem insensível oprimindo o pobre — todos esses juntos são as raízes de quase todas as ervas venenosas que se multiplicam sobre a face da Terra para nossa vergonha e pesar.

Se os pecados dominantes pudessem ser retirados, como, bendito seja Deus, eles serão quando Cristo tiver triunfado sobre o mundo, muito das aflições humanas seriam aliviadas. Nossa compaixão deveria ser despertada, quando vemos pessoas inocentes sofrendo em consequência do pecado de outros. Quantas criancinhas há famintas e sendo consumidas por enfermidades crônicas enquanto a bebedeira de seu pai mantém a mesa vazia. Igualmente há esposas que trabalham arduamente e são acometidas por doenças debilitantes e dolorosas pela preguiça e crueldade daqueles que deveriam amá-las e prezá-las. Há também trabalhadores que são muitas vezes gravemente oprimidos em seus salários e têm de trabalhar até próximo à morte para ganhar uma ninharia. Essas são as pessoas que devem ter nossa compaixão quando acidentes ou enfermidades as trazem feridas e semimortas aos portões do hospital.

O homem da parábola estava completamente indefeso, não poderia fazer nada por si próprio. Lá devia permanecer e morrer — aqueles enormes ferimentos deveriam sangrar até sua alma, a menos que alguma mão generosa interferisse. É como se tudo o que pudesse fazer fosse gemer. Não poderia nem cobrir suas feridas, quanto mais levantar e buscar abrigo! Está sangrando até a morte entre as cruéis montanhas da descida para Jericó e o seu corpo serviria de alimento para gaviões e corvos a não ser que algum amigo viesse em seu socorro.

Quando um homem pode se ajudar e não o faz, ele merece sofrer. Quando desperdiça oportunidades por causa de sua ociosidade ou autoindulgência, certa medida de sofrimento deve-lhe ser permitida para lhe curar os maus hábitos. Contudo, quando as pessoas estão enfermas ou feridas e incapazes de pagar pela ajuda de um enfermeiro e de um médico, então é hora da verdadeira filantropia entrar prontamente em ação e fazer o seu melhor. É isso que nosso Salvador nos ensina aqui.

Certos caminhos da vida são particularmente sujeitos a aflições. A estrada entre Jerusalém e Jericó estava sempre infestada de salteadores. Jerônimo [N.E.: Historiador cristão que traduziu a Bíblia para o latim.] nos conta que era chamada de "caminho sangrento" por conta dos constantes assaltos e assassinatos que ali eram cometidos. E não faz tanto tempo para que não possa ser lembrado que um viajante inglês encontrou sua morte naquela estrada, e mesmo viajantes bem recentes nos dizem que já foram ameaçados ou realmente atacados naquela região especialmente sombria, o deserto que leva à cidade das palmeiras.

Da mesma forma, também no mundo ao nosso redor há caminhos da vida que são altamente perigosos e temerosamente assombrados por enfermidades e acidentes. Anos atrás, havia muitos ramos de negócios em que, por falta de precaução, a morte abatia aos milhares. Agradeço a Deus que as leis sanitárias e de prevenção são melhor observadas e que a vida humana seja, de alguma maneira, considerada preciosa. Ainda assim há caminhos da vida que podem ser chamados de "caminhos sangrentos", ocupações necessárias à comunidade, mas altamente perigosas para aqueles que as praticam.

Nossas minas, nossas estradas de ferro, nossos mares exibem um terrível registro de sofrimento e mortes. Longas horas em escritórios mal ventilados são responsáveis por milhares de vidas, bem como os salários limitados que impedem que quantidade suficiente de comida seja comprada. O modo de vida de muitas costureiras é realmente um caminho de sangue. Quando penso nas multidões de nossos trabalhadores nesta cidade que têm de morar em cômodos fechados e insalubres, comprimidos em becos e pátios onde o ar é estagnado, não hesito em dizer que muito das estradas que são percorridas pelos pobres de Londres merecem o nome de caminho sangrento tanto quanto a estrada de Jerusalém a Jericó. Se eles não perdem seu dinheiro é porque nunca o têm. Se não perecem entre os ladrões, perecem entre as doenças que praticamente os ferem e os deixam semimortos.

Agora, se você não tem tais ocupações, se seu caminho não o leva de Jerusalém para Jericó, ao contrário, o conduz talvez frequentemente de Jerusalém a Betânia, onde pode desfrutar da doçura do amor doméstico e dos deleites da comunhão cristã, você deve ser muito agradecido e estar ainda mais disposto a assistir aqueles que, para seu benefício ou da sociedade como um todo, têm de seguir os mais perigosos caminhos da vida. Você não concorda comigo que tais pessoas devem estar entre os primeiros a receber nossa bondade cristã? Eles estão em grande número nos hospitais e em outros lugares.

Que isso fique gravado. É claro que há muita aflição no mundo e muito dela é do tipo que merece receber socorro urgente.

2. Segundo, HÁ MUITOS QUE NUNCA SOCORREM NA AFLIÇÃO.

Nosso Salvador relaciona pelo menos dois tipos de pessoas que "passaram ao largo", e suponho que Ele poderia ter prolongado a parábola para mencionar outras duas dúzias se assim tivesse decidido fazê-lo. Contudo, Ele ficou bastante satisfeito em citar apenas um samaritano, pois dificilmente acho que poderia haver um bom samaritano para cada duas pessoas insensíveis, proporcionalmente falando. Eu gostaria que houvesse, mas receio que os bons samaritanos são muito raros em proporção ao número de pessoas que fazem o papel do sacerdote e do levita.

Agora, percebam quem foram estas pessoas — o sacerdote e o levita — que se recusaram a estender socorro ao homem em sofrimento.

Primeiro, eles foram *trazidos ao local pela providência divina com o propósito de ajudar*. O que de melhor o próprio Senhor poderia fazer pelo pobre homem semimorto do que trazer alguém para o socorrer? Um anjo não poderia atender bem ao caso. Poderia um ser angelical, que jamais foi ferido, entender sobre atar as feridas e aplicar óleo e vinho? Não! Era necessário um homem que pudesse fazer o que era preciso, um que, com empatia fraternal, pudesse reanimar a mente enquanto cuidava do corpo.

Em nossa versão lemos "*Casualmente*, descia um sacerdote por aquele mesmo caminho", mas os eruditos em grego leem "*coincidentemente*". Estava nos planos da divina providência que um sacerdote chegasse primeiro a essa pessoa aflita a fim de examinar o caso como um homem treinado e habilitado, e depois quando veio o levita, ele seria capaz de dar seguimento ao que o sacerdote começara. Se um deles não pudesse carregar o pobre homem, os dois conseguiriam conduzi-lo à hospedaria, ou um poderia ter ficado para protegê-lo enquanto o outro buscaria socorro. Deus os trouxe a essa posição, mas eles deliberadamente recusaram o sagrado dever que a providência e a humanidade exigia deles.

Agora, vocês que são ricos são enviados à nossa cidade com o propósito de terem compaixão dos enfermos, feridos, pobres e necessitados. A intenção de Deus em favorecer qualquer pessoa com mais riqueza do que precisa é que ela possa ter o aprazível ofício, ou melhor, o deleitoso privilégio de aliviar a necessidade e o infortúnio de outros. Infelizmente, quantos há que consideram esse estoque que Deus pôs em suas mãos com o propósito de socorrer o pobre e o necessitado como somente uma provisão para seu próprio luxo excessivo — um luxo que os mima, mas que não lhes rende nenhum benefício ou prazer.

Outros sonham que a riqueza lhes é concedida para que possam mantê-la a sete chaves, apodrecendo e desgastando-se, gerando cobiça e preocupação. Quem se atreve a rolar uma pedra para cima da boca do poço quando há imensa sede por toda parte? Quem ousa reter o pão das mulheres e crianças que estão prontas para roer seus próprios braços de tanta fome? Acima de tudo, quem teria a audácia de permitir que o sofredor se contorcesse em agonia sem auxílio e que os enfermos definhem até seus túmulos sem que haja cuidado médico? Isso não é pecado pequeno. É um crime pelo qual se responderá diante do Juiz quando Ele voltar para julgar os vivos e os mortos. Aqueles que negligenciaram o pobre homem foram levados àquele lugar com o propósito de aliviá-lo, da mesma forma que vocês, e mesmo assim passaram de largo.

Ambos eram pessoas que deviam tê-lo assistido porque *estavam familiarizados com coisas que deveriam ter suavizado seus corações*. Se entendo bem a passagem, o sacerdote estava vindo de Jerusalém. Muitas vezes me pergunto em que direção ele ia — estava *subindo* ao Templo e estava com pressa para chegar a tempo por receio de deixar a congregação esperando, ou se já havia cumprido seu dever e terminara seu turno do mês no Templo e voltava para casa.

Concluo que ele ia de Jerusalém a Jericó porque diz o texto: "Casualmente, *descia* um sacerdote por aquele mesmo caminho". Para a direção de uma metrópole sempre se usa "subir" — *subir* a Londres ou *subir* a Jerusalém, e como esse sacerdote *descia*, estava indo a Jericó. E é literalmente descer porque Jericó fica mais embaixo. Concluo que ia a Jericó depois de haver cumprido seus deveres do mês no Templo, onde estava acostumado à adoração ao Altíssimo, de forma tão próxima quanto um homem poderia estar, servindo entre os sacrifícios, salmos sagrados e orações solenes. Mesmo assim ele não aprendera como fazer de si mesmo um sacrifício.

Ele ouvira aquelas palavras proféticas que dizem: "misericórdia quero, e não sacrifício", porém se esquecera completamente desse ensinamento. Muitas vezes lera: "amarás o teu próximo como a ti mesmo", mas não o levou em consideração. O levita não era tão envolvido no santuário como o sacerdote, contudo havia assumido sua cota no serviço sagrado e assim afastou-se dele com o coração endurecido.

Isso é triste. Ambos estiveram perto de Deus, mas não eram como Ele. Queridos, vocês podem passar *Shabbat* após *Shabbat* na adoração a Deus, ou o que vocês acham que seja adoração, podem contemplar a Cristo Jesus exposto visivelmente crucificado diante de vocês, temas que deveriam converter seu coração de pedra em carne podem passar diante de suas mentes e, no entanto, podem retornar ao mundo sendo tão miserável como antes e nutrir pouquíssima preocupação com seu próximo quanto antes. Não deveria ser assim! Rogo-lhes, não tolerem que assim o seja!

Além disso, essas duas pessoas, tinham, *por sua profissão, o compromisso de socorrer esse homem*, pois, embora originalmente se diga sobre o sumo sacerdote — creio que poderia ser dito de qualquer sacerdote — que ele foi separado dentre os homens para que tivesse compaixão. Se deve haver um lugar onde há compaixão para com os homens, este deve ser o coração do sacerdote que foi escolhido para falar da parte de Deus aos homens e da parte dos homens a Deus. Não deveria ser jamais encontrada uma pedra em seu peito. Ele deveria ser gentil, generoso, bondoso, cheio de empatia e terno, mas esse sacerdote não era assim, tampouco o levita, que deveria ter seguido sua trilha. E, ó, vocês ministros cristãos e todos os que ensinam em escolas, ou que assumem qualquer serviço no ministério cristão — todos vocês devem fazê-lo porque o Senhor tornou todo o Seu povo em sacerdotes a Ele — deve haver em vocês, por causa de seu ofício, uma prontidão de coração para as ações mais bondosas em favor daqueles que delas necessitam.

E há mais uma coisa a ser mencionada contra o sacerdote e o levita: *eles estavam bem cientes da condição do homem*. Aproximaram-se dele e viram o seu estado. Essa era uma trilha estreita em direção a Jericó, e eles eram obrigados a quase passar por cima de seu corpo ferido. O primeiro viajante olhou para ele, mas apressou-se em seguir em frente. O segundo parece ter feito uma investigação mais minuciosa, parece ter tido curiosidade suficiente para, de alguma forma, começar a examinar o estado das coisas. Contudo sua curiosidade, após satisfeita, não lhe despertou a compaixão, e ele prosseguiu seu caminho.

Metade da negligência quanto aos pobres enfermos surge de não se saber de tais casos, mas muitos permanecem propositadamente em ignorância, e essa não é desculpa válida. No caso dos hospitais pelos quais intercedemos hoje, vocês sabem que há pessoas lá, neste momento, sofrendo dolorosamente sem que tenham culpa em si; sabem que elas precisam de seu auxílio. Uma dessas noites atrás, enquanto eu passava por aquele nobre prédio do nosso lado do rio, o Hospital St. Thomas, não pude deixar de meditar sobre a quantidade de dor e sofrimento que se reunia dentro daquelas paredes, mas depois agradeci a Deus que era dentro delas que o socorro seria, com certeza, oferecido com o melhor da habilidade humana. Então, vocês sabem que há pobreza e enfermidades ao seu redor, se passarem ao largo o terão visto e sabido sobre ele, e haverá em suas mentes o senso de criminalidade de ter deixado o ferido sem auxílio.

Ainda, essa dupla possuía desculpas enfáticas. Tanto o sacerdote como o levita tinham excelentes razões para negligenciar o homem que sangrava. Jamais conheci um homem que tenha se recusado a ajudar um pobre, tendo falhado em dar pelo menos uma desculpa admirável. Creio que não haja na Terra alguém que maldosamente rejeite o clamor do necessitado que não esteja munido de argumentos de que ele está correto — argumentos eminentemente satisfatórios a si mesmo e tais que ele acha que deveriam silenciar aqueles que o pressionam.

Por exemplo, o sacerdote e o levita estavam ambos com pressa. O sacerdote estivera por um mês em Jerusalém longe da esposa e seus queridos filhos e, naturalmente, desejava voltar a casa. Se ele se demorasse, o Sol se poria e aquele era um lugar assustador para se estar depois do pôr do sol. Vocês não esperariam que ele fosse tão imprudente para ficar em um lugar tão ermo com as trevas se aproximando. Havia passado um laborioso mês no Templo. Vocês não sabem o quanto ele achara cansativo atuar como sacerdote por todo um mês, e se soubessem não o culpariam por desejar chegar a casa e desfrutar de seu pequeno descanso.

Além do mais, ele prometera estar em casa a certa hora e era um homem pontual; também, de maneira alguma, poderia causar ansiedade à sua esposa e filhos que o estariam esperando na sacada da casa. Essa era uma desculpa excelente, mas ele realmente sentia que não poderia atender aquele moribundo muito bem. Não entendia de cirurgia e não poderia atar as feridas para salvar a vida daquele homem. Recuou ante isso — a própria visão do sangue embrulhou-lhe o estômago. Não podia levar-se a se aproximar daquela pessoa que estava tão assustadoramente deformada. Se tentasse atar-lhe as feridas, sentia que com certeza faria um estrago. Se sua esposa estivesse com ele, ela poderia fazê-lo; ou se ele tivesse trazido gesso, linimento, ou faixas, tentaria seu melhor, mas, como não o trouxera, não poderia fazer nada.

Ademais, o pobre homem estava evidentemente semimorto e estaria morto em uma ou duas horas, e seria uma pena desperdiçar tempo com um caso sem esperança. O sacerdote era apenas uma pessoa e não poderia se esperar que ele carregasse o homem sangrando. Seria infrutífero começar a atender esse caso e deixá-lo lá a noite toda. Na verdade, ele quase podia ouvir o som dos passos do levita e esperava que ele estivesse subindo logo após ele, pois se sentia nervoso por estar sozinho com um caso desses. No entanto, essa era mais uma razão para abandonar a questão, já que o levita certamente o atenderia.

Melhor ainda era a próxima frase da desculpa: nunca haverá uma pessoa que se detenha em um lugar em que outro homem tenha sido quase morto por ladrões. Os larápios podem voltar, ainda estavam ao alcance dos ouvidos, e um sacerdote, depois de um mês de serviço, devia ter alguns de seus honorários em sua bolsa. Era importante não correr o risco de perder o sustento de sua família ao parar em um lugar evidentemente repleto de salteadores. Ele também poderia ser ferido e então haveria duas pessoas semimortas e uma delas era um valioso clérigo.

Realmente, a filantropia sugeriria que você cuidasse de si mesmo, já que não poderia fazer bem algum a esse pobre homem. O homem poderia morrer e a pessoa encontrada junto ao corpo poderia ser acusada de assassinato. É sempre estranho ser encontrado sozinho na escuridão com o cadáver de alguém que evidentemente sofreu uma emboscada. O sacerdote deve ter sido tomado por um sentimento de suspeita; todos os princípios da prudência não sugerem que o melhor a se fazer seria sair daquele caminho o mais rápido possível?

Ele também poderia orar pelo homem, sabem, e estava feliz em ter um folheto consigo que poderia deixar próximo ao ferido. Com esse folheto e a oração, o que mais se poderia esperar do bom sacerdote? Munido desse piedoso pensamento, ele se apressou em seu caminho. É possível que não quisesse ficar impuro. Um sacerdote era muito santo para se envolver com feridas e escoriações. Quem proporia tal coisa? Ele viera de Jerusalém com todo o aroma de santidade. Sentia-se tão santo quanto poderia convenientemente estar, portanto, não exporia tanta rara excelência às influências mundanas ao tocar o pecador. Todas essas poderosas razões juntas o satisfizeram para evitar o problema e deixar o fazer o bem para outros.

Agora, nesta manhã, deixarei a vocês o oferecer todas as desculpas que quiserem para não socorrerem o pobre e não ajudarem os hospitais, e quando as tiverem formulado, serão tão boas quanto as que coloquei diante de vocês. Sorriem diante do que o sacerdote deve ter dito, mas, se derem escusas por si mesmos sempre que necessidades reais se apresentarem diante de vocês e conseguirem se sentir aliviados, não precisarão rir dessas evasivas — o próprio diabo o fará. Seria melhor que chorassem por elas, pois há graves motivos para lamentar que seu coração esteja empedernido com relação ao seu próximo quando este está enfermo, talvez doente para a morte.

3. Terceiro, O SAMARITANO É UM EXEMPLO PARA AQUELES QUE AJUDAM O AFLITO.

O samaritano é um modelo, primeiramente, se notarmos quem era a pessoa que ele ajudou. A parábola não o diz, mas está implícito que o ferido era um judeu, portanto o samaritano não compartilhava com ele a mesma fé e mesmo grupo religioso. O apóstolo diz: "enquanto tivermos oportunidade, façamos o bem a todos, mas principalmente aos da família da fé". Esse homem não era da família da fé, conforme o juízo do samaritano, mas era um dentre os "todos". O judeu e ele eram tão distantes em afinidade religiosa quanto possível. Sim, mas ele era um ser humano, quer fosse ou não judeu, era um homem — ferido, sangrando e morrendo. O samaritano era também homem, assim um homem teve compaixão do outro e veio em seu socorro.

Não questione se um homem enfermo crê nos 39 artigos de fé [N.T.: da Igreja Anglicana.] ou no Catecismo da Assembleia de Westminster. Esperemos que ele seja firme na fé, mas, se não for, suas feridas precisam ser tratadas da mesma forma que se ele tivesse um credo perfeito. Você não precisa inquirir se ele é um verdadeiro calvinista, pois um arminiano também sente dores lancinantes quando ferido. Um clérigo sente tanta dor quanto um dissidente quando sua perna está quebrada; e um incrédulo precisa de cuidado quando é esmagado num acidente. É tão ruim para um homem com um credo heterodoxo morrer quanto o é para um ortodoxo. Na verdade, em alguns aspectos é muito pior, portanto deveríamos ficar duplamente preocupados com sua cura. Devemos aliviar o sofrimento real a despeito do credo, assim como fez o samaritano.

Além disso, os judeus odiavam os samaritanos e, não há dúvida de que esse samaritano deve ter pensado: "Se eu estivesse no lugar desse homem, ele não me ajudaria. Passaria por mim e diria: 'É um cão samaritano, maldito seja'". Os judeus estavam acostumados a amaldiçoar os samaritanos, mas não ocorreu a esse bom homem lembrar o que o judeu diria. Viu-o sangrando e atou-lhe as feridas. Nosso Salvador não nos deu como Regra Áurea: "Faça pelos outros o que eles fariam por você", mas "Tudo quanto, pois, quereis que os homens vos façam, assim fazei-o vós também". O samaritano seguiu essa regra e, embora soubesse da inimizade na mente judaica, ele sentiu que poderia amontoar brasas sobre a cabeça do ferido por meio do auxílio amoroso, assim foi direto socorrê-lo. Talvez em outro tempo, o judeu teria afastado o samaritano e até recusado ser tocado por ele, mas o compassivo de coração nem considera isso. O pobre homem está debilitado demais para se apegar a quaisquer muletas ou preconceitos e, quando o samaritano se reclina e aplica o óleo e o vinho, recebe um olhar agradecido do filho de Abraão.

Aquele pobre ferido *não poderia retribuir-lhe*. Fora despido de tudo o que possuía, até mesmo suas vestes foram-lhe tiradas. Porém, a caridade não busca pagamento, senão, não seria caridade alguma. O homem também *era um completo estranho*. O samaritano jamais o vira antes. O que isso importava? Ele era um homem e todos os homens são semelhantes. Deus "de um só fez toda a raça humana para habitar sobre toda a face da terra". O samaritano sentiu aquele toque da natureza que torna parentes todos os homens e se inclinou sobre o estranho para aliviar-lhe as dores.

Deve ter dito: "Por que eu devo ajudar? Ele foi rejeitado por seu próprio povo — o sacerdote e o levita o haviam abandonado — seu primeiro clamor seria para seus compatriotas". Eu já soube de pessoas que dizem: "Ele não tem direito. Deve ir a seu próprio povo". Bem, suponha que eles já tenham ido e não receberam ajuda? Agora é sua vez. E o que o judeu não fez por outro judeu, que o faça o samaritano, e este será abençoado por sua obra. O judeu fora negligenciado pelos oficiais e pelos santos. Os melhores, ou aqueles que deveriam ser os melhores, o sacerdote e o levita, abandonaram-no e o deixaram para morrer. O samaritano não é santo ou oficial, mas, ainda assim, entra em cena para fazer a obra. Ó, irmão cristão, cuide que você não seja envergonhado por esse samaritano.

Ele é um exemplo para nós, também, no espírito no qual fez sua obra. Ele a fez sem questionar. O homem estava necessitado, o samaritano tinha certeza disso e o ajudou rapidamente, fazendo-o sem hesitação, ou pactos, ou acordos. Ao contrário, imediatamente aplicou o óleo e o vinho. Fez também sem tentar transferir o trabalho dele para outro. A caridade hoje em dia significa que A pede para B ajudá-lo, e B, em sua maravilhosa filantropia, faz-lhe o grande favor de enviá-lo para C. Isso quer dizer que, no curso de ação normal das pessoas benevolentes da atualidade, estes raramente colocam suas mãos em suas próprias carteiras, mas enviam as pessoas para alguns poucos indivíduos que encontram recursos financeiros para tudo. Esse me parece ser um modo muito maldoso de se livrar de um caso economizando de seu próprio bolso e passando o pedinte adiante para outra pessoa que não é melhor do que você, mas muito mais generoso. O samaritano era pessoalmente benevolente, e assim é um espelho e exemplo para todos nós.

Ele o fez sem qualquer medo egoísta. Os ladrões poderiam estar em seu encalço, mas o samaritano não se preocupou com eles quando havia uma vida em perigo. Aqui está um homem em necessidade e que precisa de ajuda, e, com salteadores ou não, aquele samaritano o socorre. E o faz com abnegação, pois acha óleo e vinho, gasta dinheiro na hospedaria e tudo mais, embora não fosse um homem rico, pois deu dois denários — uma soma maior do que parece, mas ainda assim pequena. Não deixa sua esmola porque é rico. Não se diz que ele deu um punhado de moedas, apenas duas, pois tinha que contá-las à medida que as gastava. Foi um samaritano pobre que realizou esse ato valioso e nobre. Os mais pobres podem ajudar os pobres, mesmo aqueles que sentem angústia em si mesmos podem manifestar um espírito cristão generoso e servir. Que eles o façam à medida que tiverem oportunidade.

Esse homem socorreu seu pobre próximo com grande ternura e carinho. Foi-lhe como uma mãe. Tudo foi feito em consideração amorosa e com qualquer habilidade que possuísse. Fez o melhor que pôde. Irmãos, que aquilo que fazemos pelos outros sempre seja da forma mais nobre. Que não tratemos o pobre como cães a quem atiramos um osso, nem visitemos o enfermo como seres superiores que sentem estar se inclinando a inferiores quando entram nos quartos. Ao contrário, que imitemos esse bom samaritano na doce ternura do amor verdadeiro, aprendido aos pés de Jesus.

Mas *o que ele fez*? Bem, primeiramente, veio aonde estava o sofredor e se colocou no lugar dele. Depois empregou todas as suas habilidades em favor dele e atou-lhe as feridas, sem dúvida rasgando suas próprias vestes para conseguir as ataduras com as quais enrolar os ferimentos. Derramou óleo e vinho, a melhor mistura cicatrizante que conhecia, e que, por acaso, tinha consigo. Por último, colocou o homem debilitado sobre seu próprio animal e, naturalmente, teve que andar. Contudo, ele o fez com alegria, apoiando seu pobre paciente à medida que o animal prosseguia.

Levou-o a uma hospedaria, mas não o deixou lá dizendo: "Alguém vai cuidar dele agora", mas foi ao gerente do estabelecimento, lhe deu dinheiro e falou: "Cuide dele". Admiro essa pequena frase, porque inicialmente está escrito: "tratou dele", e depois ele disse: "Cuida deste homem". Naquilo que você mesmo faz, pode aconselhar outros que façam. O samaritano declarou:

—Deixo este pobre homem com você, oro para que você não o negligencie. Há muitas pessoas na hospedaria, mas cuide dele.

—Ele é seu irmão?

—Não, nunca o vi antes.

—Bem, você tem alguma obrigação com ele?

—Não! Quer dizer, sim! Sinto-me em obrigação com todos os seres humanos. Se ele precisa de socorro, meu dever é socorrê-lo.

—Isso é tudo?

—Sim, mas cuide bem dele. Interesso-me muito por esse homem.

O samaritano não deu sua obra por finalizada até que tivesse empregado o máximo de sua bondade. Ele disse: "Esta quantidade de dinheiro pode não ser suficiente, pois pode demorar muito tempo até que ele consiga se mover novamente. Aquela perna pode não ser curada em breve, aquela costela quebrada pode necessitar de um longo descanso. Não o apresse para sair daqui, deixe-o permanecer e, se ele agregar mais despesas, eu, com certeza, pagarei quando voltar de Jerusalém novamente". Não há nada como a caridade que se estende até o fim. Eu gostaria de ter tempo para me alongar sobre essas coisas, mas não posso fazê-lo. Demonstrem essas coisas em sua vida e saberão melhor o que elas significam. Vão e façam da mesma forma, cada um de vocês, e assim reproduzam o bom samaritano.

4. E agora, em quarto, TEMOS UM EXEMPLO MUITO MELHOR até mesmo do que o do samaritano — nosso Senhor Jesus Cristo.

Não acho que nosso divino Senhor pretendia ensinar qualquer coisa sobre si mesmo nesta parábola, mesmo que Ele seja o melhor exemplar de toda a bondade. Jesus estava respondendo à pergunta: "Quem é o meu próximo?" e não pregava, de forma alguma, sobre si mesmo. Há, por aí, muitos que deformam esta parábola para trazer o Senhor Jesus e tudo sobre Ele para dentro dela, mas não ouso imitá-los.

Ainda assim, por analogia, podemos ilustrar a bondade do Senhor por ela. Essa é uma representação de um homem de coração generoso que se importa com o necessitado, mas o homem mais generoso que já viveu foi o Homem de Nazaré, e ninguém jamais se importou mais com as almas pobres e sofredoras do que Ele. Portanto, se elogiamos o bom samaritano, deveríamos muito mais enaltecer o bendito Salvador, a quem Seus inimigos chamavam de Samaritano, e que nunca negou essa acusação. Por que deveria se preocupar se todo o preconceito e o desdém dos homens se lançassem sobre Ele?

Agora, irmãos, nosso Senhor Jesus Cristo fez melhor do que o bom samaritano, porque nosso caso era pior. Como eu já disse, o ferido não podia ser culpado por seu triste estado — foi seu infortúnio, não sua culpa; mas você e eu não estamos semimortos, estamos totalmente mortos em pecados e transgressões e causamos muitas de nossas enfermidades a nós mesmos. Os salteadores que nos despiram são nossas próprias iniquidades. As feridas que carregamos foram infligidas por nossas próprias mãos suicidas. Não estamos em oposição a Jesus Cristo como o pobre judeu estava ao samaritano, pelo poder do preconceito, mas temos nos oposto ao bendito Redentor por nossa natureza; temos, desde o início, nos desviado dele. Infelizmente resistimos a Ele e o rejeitamos.

O pobre homem não afastou seu amigo samaritano, mas nós fizemos isso com o nosso Senhor. Quantas vezes recusamos o amor todo-poderoso! Com que frequência, por incredulidade, abrimos feridas que Cristo havia fechado! Rejeitamos o óleo e o vinho que Ele nos apresenta no evangelho. Falamos mal dele em Sua face e vivemos por anos em máxima rejeição dele. Ainda assim, em Seu infinito amor, Ele não desistiu de nós, mas trouxe alguns de nós à Sua Igreja, onde podemos descansar como em uma hospedaria, alimentando-nos do que Sua abundância nos provê. Foi amor espantoso o que moveu o coração do Salvador quando Ele nos encontrou em nossa miséria e se reclinou sobre nós para nos erguer dali, embora soubesse que éramos Seus inimigos.

O samaritano era aparentado com o judeu porque ambos eram homens, mas nosso Senhor Jesus não era originalmente da mesma natureza que a nossa. Ele é Deus, infinitamente acima de nós e, se Ele foi achado "em semelhança de homens", foi porque escolheu que fosse assim. Se percorreu esse caminho via manjedoura de Belém até o lugar de nosso pecado e miséria, foi porque Sua compaixão infinita o levou até ali. O samaritano achegou-se ao ferido porque, no curso de seus negócios, foi conduzido até lá e, lá estando, ajudou o homem. Mas Jesus veio à Terra sem qualquer outro objetivo a não ser nos salvar e foi encontrado em carne humana para que pudesse sentir empatia por nós. Na própria existência do homem Cristo Jesus, vemos manifesta a forma mais nobre de piedade.

E estando aqui, onde caímos entre ladrões, Ele não apenas correu riscos de ser atacado por salteadores, mas foi, efetivamente, atacado por eles — foi ferido, despido e não ficou semimorto, mas totalmente morto, visto que foi colocado na sepultura. Foi ferido por nossa causa porque não era possível que Ele nos libertasse do dano que os salteadores do pecado haviam nos infligido, a menos que Ele sofresse esse dano em si mesmo, e o sofreu para que pudesse nos libertar.

O que o samaritano forneceu ao pobre homem foi generoso, mas não se compara ao que o Senhor Jesus nos concedeu. O samaritano deu vinho e óleo, Jesus, porém, nos deu Seu próprio sangue para nos curar as feridas, "nos amou e se entregou a si mesmo por nós". O samaritano se *emprestou* com todo seu cuidado e atenção, mas Cristo se *entregou* até à morte por nós. O samaritano deu dois denários, uma grande quantia de seu estoque limitado, e não deprecio a sua doação; mas Jesus "sendo rico, se fez pobre por amor de [nós], para que, pela sua pobreza, [nos tornássemos] ricos". Ó, as maravilhosas dádivas que Cristo nos concedeu! Quem pode avaliá-las? O Céu está entre essas bênçãos, mas Ele mesmo é o maior de todos os presentes!

A compaixão do samaritano foi demonstrada por um breve período de tempo. Se tivesse que andar ao lado de seu animal, não seria por muitos quilômetros. Mas Cristo andou ao nosso lado, apeado de Sua glória, e por toda Sua vida. O samaritano não se ateve por muito tempo na hospedaria, pois tinha que atender ao seu empreendimento e, com razão, foi executá-lo. Contudo, nosso Senhor permaneceu conosco por toda uma vida, e até ressuscitou e foi ao Céu; sim, Ele está conosco ainda hoje, sempre abençoando os filhos dos homens.

Quando o samaritano foi embora, ele disse: "se alguma coisa gastares a mais, eu to indenizarei". Jesus foi ao Céu e deixou abençoadas promessas de algo que será feito quando Ele voltar. Cristo nunca nos esquece. O bom samaritano, ouso dizer, pensou poucas vezes no judeu nos anos que se seguiram. Na verdade, é marca de um espírito generoso não pensar muito no que faz. Ele voltou para Samaria, cuidou de sua vida e jamais disse a alguém: "Eu ajudei um pobre judeu na estrada". Não ele. Mas é necessário que nosso Senhor Jesus aja de forma diferente. Por causa de nossa constante necessidade, Ele continua a cuidar de nós, e Sua obra de amor é feita continuamente sobre os múltiplos casos e será sempre repetida desde que haja homens a serem salvos, um inferno do qual escapar e um Céu a conquistar.

Desse modo, temos diante de nós o maior exemplo, e devo concluir depois de dizer duas coisas mais. *Julguem a si mesmos*, todos vocês meus ouvintes, se estão esperando a salvação por meio de suas obras. Observem o que deverão ser por toda sua vida se suas obras devem salvá-los. Devem amar a Deus com todo seu coração, alma, força e seu próximo da mesma forma que o samaritano, como a si mesmo, e essas duas coisas devem ser feitas sem uma única falha. Vocês já fizeram isso? Podem esperar fazê-lo perfeitamente? Se não, por que arriscam sua alma nesse frágil esquife, esse barco furado, que vai naufragando, de suas improdutivas boas obras, pois jamais chegarão ao Céu dessa forma?

Por último, vocês que são povo de Cristo já são salvos e não farão essas coisas para se salvarem. O supremo Samaritano os salvou, Jesus os redimiu, trouxe-os para Sua Igreja, colocou-os sob o cuidado de Seus pastores, ordenou-nos que cuidássemos de vocês e prometeu nos recompensar no dia em que Ele voltar se o fizermos. *Busquem, então, ser verdadeiros seguidores de nosso Senhor* por obras práticas de bondade e, se têm retido seus dons no socorro das necessidades temporais ou espirituais dos homens, comecem nesta manhã a ter coração generoso e Deus os abençoará. Ó, divino Espírito, ajuda-nos todos a sermos como Jesus. Amém!

Este sermão foi pregado no Metropolitan Tabernacle, em Newington, na manhã de 17 de junho de 1877.

7

A PARÁBOLA DAS BODAS

O reino dos céus é semelhante a um rei que celebrou as bodas de seu filho. Então, enviou os seus servos a chamar os convidados para as bodas; mas estes não quiseram vir. Enviou ainda outros servos, com esta ordem: Dizei aos convidados: Eis que já preparei o meu banquete; os meus bois e cevados já foram abatidos, e tudo está pronto; vinde para as bodas. (Mateus 22:2-4)

Se Deus me der força, espero discorrer sobre esta parábola, mas agora resumiremos nossos pensamentos à cena de abertura das bodas reais. Contudo, antes de prosseguirmos, é apropriado que expressemos nossa mais profunda gratidão por ter agradado à Mente infinita se inclinar à nossa limitada capacidade para nos instruir nessa parábola. Quão terno e condescendente Deus é para desenvolver similitudes a fim de que Seus filhos possam aprender os mistérios do reino! Se é surpreendente entre os homens que as grandes mentes estejam alguma vez dispostas a se rebaixar, quão maior é a surpresa que o próprio Deus se incline desde os Céus e venha atender nossa ignorância e morosidade em compreender!

Quando o erudito professor universitário instrui seus alunos em sala sobre questões profundamente filosóficas e de difícil compreensão e depois vai para casa, coloca seu filho em seu colo e busca simplificar grandes verdades para o entendimento da mente infantil, então se vê o grande amor no coração desse homem. E quando o Deus eterno, diante de quem os serafins não passam de insetos que duram uma hora, condescende em instruir nossa infantilidade e nos tornar sábios para a salvação, podemos bem dizer: "Aqui há amor!".

Da mesma forma que damos figuras a nossos filhos para que possamos conquistar sua atenção e por meios agradáveis fixar verdades em sua memória, o Senhor com tão amável inventividade se fez autor de muitas belas metáforas, tipos e alegorias pelos quais possa ganhar nosso interesse e, por meio de Seu Espírito Santo, iluminar nossa mente. Se Aquele que troveja até que as montanhas tremam, digna-se a falar conosco em voz suave, que nos assentemos alegremente aos Seus graciosos pés no lugar de Maria e de bom grado aprendamos dele.

Que Deus dê a cada um espírito ensinável, pois esse é um grande passo em direção ao entendimento da mente divina. Aquele que está disposto a aprender, com espírito como de uma criança, já é, em grande medida, ensinado por Deus. Que também possamos estudar essa parábola instrutiva para sermos avivados por ela para tudo o que é agradável aos olhos do Senhor, porquanto, no fim das contas, o verdadeiro aprendizado em santidade pode ser julgado por seus resultados sobre nossa vida. Se somos mais santos, somos mais sábios, a obediência prática à vontade do Senhor Jesus é a evidência mais certa de um coração entendido.

Visando o entendimento da parábola diante de nós, primeiramente devemos voltar nossa atenção ao desígnio do rei de quem se fala. Ele tinha *um grande objetivo* em vista. Desejava honrar seu filho por ocasião de seu casamento. Depois veremos o *método imensamente generoso* pelo qual ele se propôs a alcançar seu propósito. Preparou um grande banquete e convidou muitos para participarem dele. Havia outras maneiras de honrar seu filho, mas o grande rei escolheu o modo no qual melhor exibiria sua generosidade. Observaremos também, com tristeza, *o grande obstáculo* que se levantou ao cumprimento de seu generoso desígnio: aqueles que foram chamados não compareceram.

Não havia o que impedisse a magnificência da festa nas riquezas do príncipe — ele ofereceu em abundância de seus estoques para o banquete. Porém, houve um obstáculo estranho e difícil de se remover: os convidados não compareceram. Depois nossos pensamentos se aterão com admiração na *resposta graciosa* que o rei deu aos que se opuseram aos seus propósitos. Enviou outros servos para repetir o convite: "Vinde para as bodas". Se sorvermos profundamente do significado destes três versículos, teremos mais do que o suficiente para uma meditação.

1. Certo rei, com um amplo domínio e grande poder, se propôs a dar um banquete magnífico com um GRANDE OBJETIVO em vista.

O príncipe coroado, seu amado herdeiro, estava para tomar para si uma linda noiva, portanto o pai desejava celebrar o evento com honras extraordinárias. Daqui da Terra elevem seus olhos para o Céu. O grande objetivo do Deus Pai é glorificar Seu Filho. É Sua vontade "que todos honrem o Filho do modo por que honram o Pai" (João 5:23).

Jesus Cristo, o Filho de Deus, já é glorioso *em Sua pessoa divina*. Ele é inefavelmente bendito e está infinitamente acima de precisar de honras. Todos os anjos de Deus o adoram, e Sua glória enche o Céu. Ele apareceu no palco como *o Criador*, e como tal Sua glória é perfeita "pois, nele, foram criadas todas as coisas, nos céus e sobre a terra, as visíveis e as invisíveis, sejam tronos, sejam soberanias, quer principados, quer potestades. Tudo foi criado por meio dele e para ele".

Ele disse: "Haja luz", e a luz resplandeceu. Convocou as montanhas a erguerem suas cabeças e que seus picos perfurassem as nuvens. Criou o fluxo das águas, ordenou-lhes que buscassem seus canais e determinou-lhes seus limites. Nada está desprovido da glória da Palavra de Deus, que estava no começo com Deus, que falou e foi feito, que ordenou e tudo passou a existir.

Ele é grandemente exaltado também como *o preservador*, pois existe antes de todas as coisas, e por Ele tudo subsiste. Ele é aquele prego colocado no lugar certo, no qual tudo pende. As chaves do Céu, da morte e do inferno estão atadas ao Seu cinturão, e o governo está sob Seus ombros. Seu nome será Maravilhoso. Ele tem o nome que está acima de todo o nome, diante do qual todos se dobrarão no Céu, na Terra e debaixo da Terra. Ele é Deus acima de tudo. É bendito eternamente. Àquele que é, que era e que há de vir, elevam-se as canções universais.

Mas há outra forma com a qual o Filho de Deus se agrada, de forma graciosa, em se relacionar conosco. Ele se comprometeu a ser *Salvador* para que pudesse ser *Noivo*. Ele já tinha glória suficiente na eternidade, mas, na grandeza de Seu coração, magnificou Sua compaixão acima de Seu poder, condescendendo em unir consigo mesmo a natureza de homem para que pudesse redimir os amados objetos da Sua escolha da penalidade devida por seus pecados e pudesse entrar na união mais próxima concebível com eles. É como Salvador que o Pai busca honrar o Filho, e as bodas do evangelho não são meramente para a glória de Sua Pessoa, mas para a glória de Sua pessoa nesse novo e, ao mesmo tempo, antigo relacionamento proposto. É para a honra de Jesus entrando em união espiritual com Sua Igreja que o evangelho é preparado como uma ocasião festiva real.

Irmãos, quando eu disse que aqui está uma grandiosa ocasião, é certamente assim na avaliação divina e deveria sê-lo em nossa também. Deveríamos nos deleitar em glorificar o Filho de Deus. Para todos os súditos leais em qualquer reino, o casamento de um membro da família real é uma questão de grande interesse, e é habitual e apropriado que se expressem congratulações e afeção por meio de adequada felicitação.

No exemplo diante de nós, a ocasião convoca para um júbilo especial de todos os súditos do grande Rei dos reis. A ocasião em si é *pessoalmente* motivo de grande alegria e gratidão para nós. Com quem é o casamento? Com anjos? Ele não assumiu os anjos. É um casamento com *nossa* própria natureza: Ele "tomou a descendência de Abraão" (Hb 2:16 ARC). Não devemos nos regozijar quando o grande Senhor do Céu encarna como homem e se rebaixa para redimir a humanidade da ruína de sua queda? Os anjos se alegram, mas não têm essa mesma porção no regozijo que nós.

É a maior felicidade pessoal para a humanidade que Jesus Cristo, que não teve por usurpação o ser igual a Deus, foi feito em semelhança de homem para que pudesse ser uma só carne com Seus escolhidos. Acordem, vocês que dormem! Se já houve uma ocasião em que deveriam despertar seu espírito e clamar "Desperta, ó minha alma! Despertai, lira e harpa!", é agora. Jesus veio noivar com Sua Igreja, para fazer de si mesmo uma só carne com ela a fim de remi-la e depois exaltá-la para assentar-se com Ele em Seu trono.

Aqui há razões de sobra pelas quais os convidados deveriam ter vindo em passos alegres e ter se considerado três vezes mais felizes por serem chamados a tal banquete. Há motivos maravilhosos pelos quais a humanidade deveria se regozijar no glorioso evangelho de Jesus e se apressar em se beneficiar dele.

Além disso, devemos considerar a *origem real* do Noivo. Lembrem-se de que Jesus Cristo, nosso Salvador, é Deus de Deus. Somos chamados a honrá-lo? É justo! A quem mais se daria a glória? Certamente devemos glorificar nosso Criador e Sustentador! É intencional a desobediência que não reverencia Àquele tão grandemente exaltado e tão digno de todas as honrarias. É Céu servir a tal Senhor. Sua glória alcança as nuvens. Que Ele seja adorado por toda a eternidade. Ó, que adoremos e nos prostremos, que alegremente obedeçamos àquelas ordens divinas que têm o propósito de honrar Seu Filho.

Lembrem-se também da *pessoa* do Emanuel, e vocês desejarão Sua glória. Esse Filho glorioso, cuja fama deve se espalhar por todos os cantos, é tão certamente Deus — do que já falamos —, mas é também tão igualmente homem, nosso irmão, osso de nossos ossos e carne de nossa carne. Não nos alegramos em crer que Ele, sendo tentado em tudo como nós, nunca se sujeitou a ser maculado pelo pecado? Nunca houve um homem como Ele, Cabeça da raça, o segundo Adão, o Pai da eternidade! Quem dentre nós não lhe prestaria reverência? Não buscaremos Sua honra, vendo que agora ele eleva nossa raça para estarmos próximos ao trono de Deus?

Lembrem-se também de Seu *caráter*. Já existiu uma vida como a dele? Não falarei muito de seu caráter divino, embora este nos supra com razões abundantes para louvor e adoração, mas pensarei nele como homem. Ó, amados, que ternura, que compaixão e que santa ousadia! Que amor pelos pecadores, e mesmo assim, que amor pela verdade! Os homens que não o amaram ainda assim o admiram, e corações nos quais menos esperamos ver tal reconhecimento de Suas excelências têm sido profundamente impactados à medida que estudam Sua vida. Devemos louvá-lo, pois Ele é "mais distinguido entre dez mil e totalmente amável". Seria traição permanecer silente quando é chegado o momento de falar daquele que é inigualável entre os homens e incomparável entre os anjos. Aplaudam ao pensar no casamento do Filho do Rei, para quem Sua noiva se preparou.

Pensem também em Suas *conquistas*. Sempre que honramos um príncipe, levamos em consideração tudo o que ele pode ter feito pela nação sobre a qual ele governa. O que, então, Jesus fez por nós? Ou melhor, deixem-me perguntar: o que Ele não fez? Nossos pecados foram lançados sobre Seus ombros. Ele os levou para o deserto e lá permanecerão para sempre.

Nossos inimigos vieram contra Ele. Jesus os encontrou na comoção da batalha, e onde estão agora? Foram lançados nas profundezas do mar. Quanto à morte, o último inimigo, Ele verdadeiramente a venceu e, não muito depois destes dias, o mais fraco de nós poderá dizer por meio dele: "Onde está, ó morte, a tua vitória? Onde está, ó morte, o teu aguilhão?". Ele é o herói do Céu. Voltou ao trono de Seu Pai entre aclamações do Universo. E *nós*, por quem Ele lutou e para quem venceu, não desejaremos honrá-lo?

Sinto como se eu tivesse falado entre sussurros sobre um tema em que todo nosso poder de discurso deveria fluir livremente. Tragam o diadema real e coroem-no! Não é esse o veredito universal de todos os que o conhecem? Não deve ser esse o clamor de todos os filhos dos homens? Leste e Oeste, Norte e Sul não deveriam tocar os sinos de júbilo e pendurar as flâmulas no dia de Suas bodas de alegria por Ele? O Filho do Rei vai se casar? Haverá uma celebração em Sua honra? Que Ele seja grandioso, que seja glorioso! Vida longa ao Rei! Que as donzelas se adiantem com seus adufes, e os filhos da música componham doces melodias — sim, que todas as criaturas que têm fôlego irrompam com Seus louvores. "Hosana! Hosana! Bendito aquele que vem em nome do Senhor."

2. Em segundo, aqui está um MÉTODO GENEROSO de concretizar o desígnio.

O filho de um rei deve ser honrado no dia do seu casamento; de que modo isso deve ser feito? As nações bárbaras têm seus próprios festivais, e que lástima que o homem tenha se afundado tanto. Em tais ocasiões, os rios de sangue humano são colocados a fluir. Até os dias de hoje [N.T.: Spurgeon falava de algum contemporâneo seu do século 19.], nas fronteiras da civilização, há um tirano maligno cujos modos infernais, não ouso chamá-lo de termos menos severos, ordena a morte de centenas de seus compatriotas em certos dias comemorativos e nos festivais. Assim, esse monstro honra seu filho agindo como um demônio.

Nenhum sangue é derramado para honrar o Filho do grande Rei do Céu. Não duvido de que Jesus terá honra até mesmo na destruição dos homens que rejeitam Sua misericórdia, mas não é assim que Deus escolhe glorificar Seu Filho. Jesus, o Salvador, em seu casamento com a humanidade, é glorificado pela misericórdia, não pela ira. Se o sangue for mencionado neste dia, é Seu próprio sangue, pelo qual Ele é glorificado. O massacre da raça humana não lhe traria alegria. Ele é manso e humilde, e ama os filhos dos homens.

É hábito da maioria dos reis indicar as bodas dos príncipes lançando um imposto novo ou exigindo um aumento de subsídio por parte de seus súditos. No caso do tão aguardado casamento da filha de nossa amada rainha [N.T.: Rainha Vitória (1819–1901). Ela teve nove filhos (4 homens e 5 mulheres). Todos se casaram com outros nobres da Europa.], o dote aguardado será concedido com maior prazer do que em qualquer outra ocasião, e nenhum de nós sussurraria uma reclamação sequer.

Mas a parábola mostra que o Rei dos reis não lida conosco da mesma maneira que os homens. Ele não pede dote por Seu Filho. Faz as bodas memoráveis não por exigências, mas por Suas dádivas. Nada se requer do povo; ao contrário, muito é preparado para ele. Os dons são concedidos com liberalidade, e tudo o que se pede dos súditos é que eles, por um momento, unam a figura de súdito com a do mais honorável convidado e, de bom grado, venham ao palácio, não para trabalhar ou servir à mesa, mas para festejar e se regozijar.

Observe que o método generoso pelo qual Deus honra Cristo é aqui estabelecido sob a forma de um banquete. Percebi a maneira pela qual Matthew Henry [N.T.: Conceituado comentarista Bíblico (1662–1714).] descreve os objetivos da celebração. Ele diz: "Uma festa é para amor e risos, para plenitude e comunhão". É assim com o evangelho. Ele é por *amor*.

No evangelho, você, pecador, é convidado a ser reconciliado com Deus, o perdão divino de seus pecados é assegurado, a ira cessa e você é reconciliado com Ele por meio de Seu Filho. Assim, o amor é estabelecido entre Deus e a alma remida. Depois disso vem o *riso*, a felicidade e a alegria. Aqueles que vêm a Deus por meio de Cristo Jesus e creem no Filho, têm seu coração repleto de paz transbordante, o calmo lago da paz que se ergue em ondas de alegria e bate palmas em exultação.

Não é para o pesar, e sim para alegria que o grande Rei convida Seus súditos quando Ele quer glorificar Seu Filho Jesus. Ele o convoca a crer no Salvador crucificado e assim viva não para que você fique angustiado, mas para que se regozije.

Além disso, uma celebração é para *plenitude*. A alma faminta de um homem fica satisfeita com as bênçãos da graça. O evangelho preenche a totalidade de nossa humanidade. Não há faculdade de nossa natureza que não seja levada a sentir sua necessidade suprida quando a alma aceita as provisões da misericórdia. Toda nossa humanidade fica satisfeita com as boas dádivas e nossa juventude é renovada como as águias. "Porque satisfiz à alma cansada, e saciei a toda alma desfalecida."

Como coroa de tudo isso, o evangelho traz-nos à *comunhão* com o Pai e Seu Filho Jesus Cristo. Em Cristo Jesus temos comunhão com a sagrada Trindade. Deus se torna nosso Pai e revela Seu coração paternal. Jesus se manifesta a nós de forma que não faz ao mundo, e a comunhão com o Espírito Santo habita em nós. Nossa comunhão é como aquela entre Davi e Jônatas, ou de Jesus e João. Celebramos com o pão celestial e bebemos vinho em sedimentos bem refinados. Somos trazidos à casa do banquete celestial onde o segredo do Senhor nos é revelado, e nosso coração se derrama diante dele. Nossa comunhão com Deus é muito próxima, Ele nos demonstra amor e condescendência muito íntima.

O que você diz a isso? Não há aqui um repasto digno dAquele que o prepara? Aqui tudo o que o seu poder é capaz de desejar, ó pecador, ser-lhe-á concedido. Tudo o que você precisa para o tempo aqui e para a eternidade, Deus prepara na pessoa de Seu querido Filho e o convoca a recebê-lo sem dinheiro e sem preço.

Já lhes disse que todas as despesas repousam sobre Ele. Era uma celebração suntuosa. Havia bois e animais engordados, mas nenhum desses era tirado dos pastos ou dos estábulos dos convidados. O evangelho é um empreendimento de alto custo. O próprio coração de Cristo foi exaurido para alcançar o preço dessa grande festa. Contudo, ao pecador não custou nada: nem dinheiro, nem mérito e nenhuma preparação. Você pode chegar como está para a celebração do evangelho, pois a única vestimenta de casamento que é requerida lhe é provida gratuitamente. Você é convocado a crer em Jesus do jeito que você está. Não tem nada a fazer a não ser receber de Sua plenitude, pois "a todos quantos o receberam, deu-lhes o poder de serem feitos filhos de Deus, a saber, aos que creem no seu nome". Não lhe é pedido que contribua com a provisão, mas que seja um convidado no banquete divino da infinita compaixão.

Quão *honrável*, também, é o evangelho para aqueles que o recebem. Um convite para um casamento real era uma alta honra para aqueles que eram convocados. Não creio ser provável que muitos de nós sejamos convidados ao casamento da princesa, e se fôssemos seguramente ficaríamos muito exultantes, pois sentiríamos ser esse um dos grandes eventos de nossa vida. Assim o era para aquelas pessoas. Não é todo dia que o filho de um rei se casa, e não é todo mundo que é convidado para a festa do monarca. Por toda a sua vida eles diriam: "Estive no casamento dele e vi todo o esplendor da celebração nupcial!".

Provavelmente alguns deles jamais haviam se deleitado em uma festa tão soberanamente luxuosa quanto a preparada para aquele dia e jamais estiveram em tão boa companhia. Meus irmãos, nada traz tanta honra a um homem quanto ele aceitar o evangelho. Ao mesmo tempo que sua fé honra a Cristo, Ele o honra. Não é pouca coisa ser um filho de rei, mas aqueles que vêm à celebração das bodas do próprio Filho de Deus deverão eles mesmos se tornarem filhos do Rei, participantes na glória do grande herdeiro de todas as coisas.

Enquanto falo desse método glorioso, meu coração brilha com a chama sagrada e meu assombro cresce quando vejo que os homens não vêm ao banquete de amor que honra todos seus convidados. Quando o banquete é tão custoso ao anfitrião, tão gratuito aos convidados, e tão honroso a todos os envolvidos, como se poderia encontrar alguém tão néscio a ponto de recusar o favor?

Certamente aqui está uma ilustração da tolice do coração não renovado e da profunda depravação que o pecado causou. Se os homens virarem suas costas a Moisés e suas tábuas de pedra, não me causará estranheza, mas desprezar as fartas mesas da graça, cobertas com carne bovina e gordura, isso é estranho. Resistir à justiça de Deus é crime, porém repelir a generosidade do Céu, o que é? Devemos inventar um termo de infâmia com o qual cunhar essa ingratidão tão básica. Resistir a Deus em majestade de terror é insanidade, mas desdenhá-lo na majestade de Sua misericórdia é algo além da loucura. O pecado atinge seu clímax quando se determina a morrer de fome antes de dever algo à divina bondade.

Creio que devo antecipar o tempo de lhes entregar minha mensagem, e como já descrevi a forma como Deus honra Seu Filho, devo, de uma vez, proclamar o convite e convocá-los: "Venham às bodas! Venham e glorifiquem Jesus aceitando as provisões da graça. Suas obras não o honrarão se as estabelecerem como justiça em contraposição com a Sua justiça. Nem mesmo seu arrependimento pode glorificá-lo se vocês fizerem dessa contrição rival do Seu sangue precioso. Venha, pecador culpado, assim como está, aceite a misericórdia que Jesus lhe apresenta gratuitamente e aceite o perdão que Seu sangue assegura àqueles que creem nele".

Penso que, quando o mensageiro partiu em nome do rei e primeiramente viu todos os sinais evidentes de negligência entre aqueles que foram convidados, percebendo que eles não viriam, deve ter emudecido em assombro. Ele vira os bois, as gorduras e todas as grandiosas preparações, conhecia o rei, conhecia seu filho, sabia o quão alegre seria tal festa. E quando os convocados começaram a lhe virar as costas e a ir para suas fazendas, o mensageiro repetiu sua conclamação vez após vez com zelo, todo o tempo ponderando sobre a traição que ousava insultar um rei tão bom.

Acho que o vejo, inicialmente indignado por amor a seu mestre e depois consumido com compaixão à medida que via o que certamente resultaria de tão extravagante ingratidão, de tão abundante insolência. Lamentou que seus concidadãos, a quem amava, pudessem ser tão tolos a ponto de rejeitar oferta tão boa e menosprezar uma proclamação tão bendita.

Também me sinto agitado em minha alma com uma mistura de sentimentos veementes. Ó, meu Deus, tu nos proveste o evangelho. Que ninguém nesta casa o rejeite e assim insulte Teu Filho, e te desonre. Ao contrário, que todos nos regozijemos em Teu modo generoso de glorificar Jesus Cristo, o Noivo de Tua Igreja, e que eles venham e voluntariamente se alegrem na celebração do Teu amor!

3. Agora avancemos para o terceiro ponto e, com pesar, lembremos do GRANDE OBSTÁCULO que por um tempo interferiu no jubiloso evento.

O rei pensou consigo mesmo: "Farei uma grande festa e convidarei um grande número de pessoas. Eles gozarão de tudo o que meu reino pode prover, assim eu demonstrarei o quanto amo meu filho. E acima disso, todos os convidados terão doces lembranças em relação ao seu casamento". Quando seus mensageiros saíram a intimar àqueles que haviam previamente recebido um convite expresso de que o tempo era chegado, está escrito: "estes não quiseram vir". Não é que não *puderam*, mas que "não *quiseram*". Alguns por uma razão, outros por outra, porém, sem exceção, eles não quiseram ir.

Aqui há um obstáculo muito sério ao grande empreendimento. O rei não poderia arrastar seus convidados à mesa? Sim, mas isso não cumpriria seu propósito. Ele não quer que escravos honrem seu trono. Pessoas compelidas a comparecer a uma celebração nupcial não a embelezam. Que crédito haveria para um rei que forçasse seus súditos a desfrutarem de sua mesa? Nenhum, pois de uma vez, como eu já disse anteriormente, o súdito e o convidado devem se fundir na mesma pessoa. Era crucial à dignidade da festa que os convidados fossem à celebração com alegria, mas eles não quiseram.

Por quê? Por que não quiseram ir? A resposta deverá ser de tal natureza que resolva outro questionamento: Por que você não vem e crê em Jesus? Para muitos deles era uma indiferença a toda a questão. Não percebiam a consideração que recebiam do rei e seu filho. Os casamentos reais eram importantíssimos e direcionados a pessoas importantes. Eles eram homens rudes, agricultores que faziam cercas e cavavam pequenos canais para a água, ou comerciantes que preenchiam faturas e negociavam por comprimento ou peso. O que tinham a ver com a corte, com o palácio, com o rei, com o príncipe, com sua noiva ou seu jantar? Não foi isso o que disseram, mas esse era seu sentimento. Podia ser algo magnífico, mas estava totalmente fora de sua esfera.

Quantos correm no mesmo ritmo hoje? Já ouvimos falar: "O que um trabalhador tem a ver com a religião?". E ouvimos de outra classe que as pessoas que têm negócios não podem dispensar tempo com a religião, mas que devem se importar mais com as melhores oportunidades. Que o Senhor tenha misericórdia de nossa tolice! Aqui está um grande obstáculo para o evangelho, a indiferença da mente humana com relação à grandeza de todos os conceitos: Deus glorificando Seu amado Filho ao demonstrar misericórdia aos pecadores.

No fundo, o motivo verdadeiro para a recusa daqueles da parábola era que eles eram desleais, não viriam à ceia porque viram uma oportunidade para que os fiéis se alegrassem e, como eles eram infiéis, não desejavam ouvir as canções e as aclamações daqueles que agiam com fidelidade. Ao manterem-se afastados, insultaram o rei e declararam que não se importavam com o fato de ele ser ou não um rei, ou de seu filho ser ou não um príncipe. Determinaram-se a repudiar sua aliança recusando o convite. Com efeito, disseram: "De qualquer forma, se ele é rei e seu filho um príncipe, não lhe prestaremos honra. Não seremos contados com aqueles que cercam seu comitê e refletem seu esplendor. Sem dúvida é digno que haja uma festa, e seria bom que participássemos de uma celebração como essa que está sendo planejada, mas por essa vez recusaremos nossos apetites para que possamos nos entregar a nosso orgulho. Proclamamos uma revolta. Declaramos que não iremos".

Ah, vocês que não creem em Jesus, no fundo, sua incredulidade é inimizade com seu Criador, é sedição contra o grande Governador do Universo que merece sua homenagem. "O boi conhece o seu possuidor, e o jumento, o dono da sua manjedoura", mas vocês não o conhecem, nem o consideram. São rebeldes contra a Majestade do Céu.

Ademais, a recusa era uma desfeita tanto ao príncipe quanto a seu pai, e em alguns casos o evangelho é rejeitado principalmente com esse intento, porque o incrédulo rejeita a divindade de Cristo ou despreza Sua expiação. Ó, senhores, estejam atentos a isso, não conheço montanha mais fatal do que a da desonra a Cristo negando Sua Filiação e Sua divindade. Não se afastem disso, eu lhes imploro: "Beijai o Filho para que se não irrite, e não pereçais no caminho; porque dentro em pouco se lhe inflamará a ira". A indiferença cobria a rejeição no texto: "eles, porém, não se importaram", mas, se você remover a cobertura, verá que no fundo era traição contra a majestade do rei e uma aversão à dignidade de seu filho.

Sem dúvida, alguns deles desprezavam a própria festa. Deveriam saber que com tal rei a refeição não seria modesta, mas fingiram menosprezar a celebração. Quantos há que desprezam o evangelho que não entendem, digo "que não entendem" porque quase invariavelmente se você ouvir um homem depreciar o evangelho, descobrirá que ele dificilmente sequer leu o Novo Testamento e é estranho às doutrinas da graça. Ouça um homem que fala muito condenando o evangelho, e você pode ter certeza de que ele é barulhento porque é vazio. Se ele entendesse melhor o assunto, descobriria, caso fosse sincero, que seria levado a, no mínimo, permanecer silencioso em admiração, isso se não se tornasse um fiel aceitando-o.

Amados amigos, a celebração é proporcional à sua grande necessidade. Permitam-me esclarecer: é o perdão do passado, a renovação da natureza para o presente e a glória para o futuro. Aqui, Deus é nosso Auxílio, Seu Filho é nosso Pastor, o Espírito é nosso Mestre. Aqui, o amor do Pai é nosso deleite, o sangue do Filho é nossa purificação e o poder do Espírito Santo é a vida que brota da morte para nós. Vocês não podem desejar aquilo que devem desejar, mas o que é fornecido pelo evangelho; e Jesus Cristo será glorificado se vocês o aceitarem pela fé.

Contudo, aqui está o obstáculo: o homem não o aceita. "Não quiseram vir". Alguns de nós pensam que, se pusermos o evangelho sob clara luz e formos zelosos em proclamá-lo, nossos ouvintes serão convertidos. Que Deus não permita que o façamos de outra forma que não o tornar simples, e que sejamos fervorosos; mas, mesmo com tudo isso, o melhor ministro que há, houve ou haverá será em parte malsucedido. Sim, totalmente malsucedido, a menos que a obra efetiva do Espírito esteja presente. Mesmo assim subirá o clamor: "Quem creu em nossa pregação?". Apesar disso aqueles que melhor servem seu Mestre terão motivo para lamentar, por terem semeado em solo rochoso e lançado seu pão em águas ingratas. Até mesmo o Príncipe dos pregadores teve de dizer: "Examinais as Escrituras, porque julgais ter nelas a vida eterna [...] Contudo, não quereis vir a mim para terdes vida". Que lástima que Sua misericórdia tenha sido rejeitada e o Céu menosprezado!

4. Agora devemos encerrar com a consideração mais prática: A RESPOSTA GRACIOSA do rei à impertinência que interferiu em seus planos.

O que ele disse? Você perceberá que eles foram convocados e depois chamados. Conforme o costume oriental, o chamado declarava que a celebração se aproximava, assim que não foram pegos de surpresa, mas sabiam o que estavam fazendo. Rejeitaram o segundo convite a sangue frio, deliberada e intencionalmente. O que fez o monarca? Colocou fogo na cidade ou desarraigou, de uma vez, todos os rebeldes?

Não, mas inicialmente fez vista grossa à sua primeira recusa insolente. Disse para si mesmo: "Talvez eles se confundiram com meus servos, talvez não tenham entendido que a hora é chegada. Talvez a mensagem que lhes foi entregue foi muito rápida, e não entenderam o significado. Ou, se por acaso caíram em algum tipo de inimizade temporária comigo, em reconsideração, desejarão não terem sido tão rudes e mesquinhos comigo. O que posso ter feito que os levou a recusar meu banquete? O que terá feito meu filho que eles não estejam dispostos a honrá-lo comemorando à minha mesa? Os homens amam festejar. Meu filho merece a honra deles, por que não viriam? Vou desconsiderar o passado e recomeçar".

Meus ouvintes, há muitos de vocês que têm rejeitado Cristo após muitos convites. Nesta manhã, meu Senhor perdoa sua perversidade anterior e me envia novamente com a mesma mensagem para convocá-los a "ir para o casamento". Não é pequena a paciência que ignora o passado e persevera em bondade desejando honestamente seu bem.

O rei envia novo convite: "Tudo está pronto; vinde para as bodas", mas você ficará feliz em ver que ele trocou o mensageiro. "Enviou ainda outros servos." Sim, e eu o direi porque sinto em minha alma que devo, se uma mudança de mensageiros o conquistará, por mais que eu ame a tarefa de falar em nome de meu Mestre, eu morreria feliz agora mesmo, onde estou, para que outro pregador pudesse ocupar esta plataforma, se por isso vocês fossem salvos.

Sei que meu discurso deve ser monótono para alguns de vocês. Procuro muitas e novas ilustrações e tento variar meu tom de voz, mas, mesmo com tudo isso, alguém pode ficar cansado de você quando o ouve com frequência. Talvez meus modos não sejam do tipo que tocarão algumas peculiaridades de seu temperamento. Bem, bom Mestre, põe de lado Teu servo e não o consideres. Envia outros mensageiros se por acaso eles puderem ser bem-sucedidos. Mas para alguns de vocês eu sou o outro mensageiro, não melhor, mas apenas outro, já que meus irmãos não falharam com vocês nesse sentido. Ó, então quando minha voz clamar: "Venham a Jesus, confiem em Sua expiação, creiam nele, olhem para Ele e vivam", permitam que a nova voz tenha sucesso, onde os arautos anteriores foram desprezados.

Você também percebe que a mensagem foi um tanto alterada. Primeiramente era bem curta. Certamente, se o coração dos homens estivesse correto, pequenos sermões lhe bastariam. Um convite bem breve seria suficiente se o coração estivesse correto, mas já que estão em pecado, Deus convoca Seus servos a alargar, expandir e explicar. "Eis que já preparei o meu banquete; os meus bois e cevados já foram abatidos, e tudo está pronto; vinde para as bodas".

Uma das melhores formas de trazer os pecadores a Cristo é lhes explicar o evangelho. Se nos ativermos sobre sua preparação, se falarmos da riqueza e liberalidade, talvez atraiamos alguns a quem a curta mensagem que meramente fala do plano de salvação jamais atrairia. A alguns é suficiente dizer: "Creia no Senhor Jesus Cristo e você será salvo", pois eles perguntam: "Senhores, que devo fazer para que seja salvo?".

No entanto, outros precisam ser atraídos às bodas pela descrição da suntuosidade do repasto. Devemos tentar lhes pregar o evangelho mais plenamente, mas jamais lhes falaremos de toda a riqueza da graça de Deus. Assim como o Céu está acima da Terra, os pensamentos de Deus são mais elevados dos que os nossos e Seus caminhos mais altos do que os nossos caminhos. Abandonem seus pecados e seus pensamentos e voltem-se ao Senhor, pois Ele os perdoará abundantemente. Ele os receberá em Seu coração de amor e lhes dará o beijo de Sua afeição agora mesmo, se, como filhos pródigos, vocês voltarem e buscarem a face de seu Pai.

O evangelho é um rio de amor, é um oceano de amor, é um universo de amor, é todo amor. As palavras não são nada para explanar o maravilhoso amor de Deus aos pecadores. Não há pecado tão grande ou tão escuro, nem crime tão carmesim ou tão amaldiçoado para o perdão. Se você olhar para o amado Filho de Deus, todas as formas de pecado e blasfêmia lhe serão perdoados. Há perdão. Jesus dá o arrependimento e a remissão. E depois a felicidade que lhe será concedida aqui e no porvir estará igualmente acima de qualquer descrição. Você terá Céu na Terra e Céu no Céu. Deus será o seu Deus, Cristo será seu amigo, e a alegria eterna será sua porção.

Nessa última mensagem, os convidados são pressionados com delicadeza, mas ainda assim de forma tal que, se possuíssem alguma generosidade de coração, teriam sido tocados. Isso é perceptível na maneira em que o mensageiro coloca o convite. Ele não diz: "Venham, ou, do contrário, perderão a celebração. Venham, ou o rei ficará irado. Venham, venham ou vocês serão os perdedores". Não, mas ele o coloca, assim como leio, de modo notável. Arrisco-me a dizer — se eu estiver errado, que o Mestre me perdoe por dizê-lo — que o rei faz de si próprio um objeto de compaixão, como se fosse um anfitrião constrangido.

Vejam aqui: "Meu jantar está pronto, mas não há ninguém para comê-lo. Meus bois e animais gordos já foram abatidos, mas nenhum convidado compareceu. Venham, venham", ele parece dizer, "pois sou um anfitrião sem convidados". Assim, algumas vezes no evangelho vocês verão Deus falando como se Ele representasse a si mesmo como alguém que obtém vantagem por vocês serem salvos. Agora sabemos que nisto Ele condescende em amor para falar de maneira humana. O que Deus pode ganhar por nosso intermédio? Se perecermos, Ele será o perdedor?

Porém, no evangelho Ele se faz como um pai que sente saudades do filho, ansiando que ele volte ao lar. Ele, o Deus infinito, transforma-se num pedinte às Suas próprias criaturas e lhes suplica para que sejam reconciliados. Que maravilhosa condescendência! Como um mercador que vende suas mercadorias, Ele clama: "Ah! Todos vós, os que tendes sede, vinde às águas; e vós, os que não tendes dinheiro, vinde".

Vocês percebem como Cristo, enquanto chorava sobre Jerusalém, parece lamentar por si mesmo bem como por eles? "Quantas vezes quis eu reunir os teus filhos". E, nos profetas, Deus coloca como Seu próprio pesar: "Como te faria como a Admá? Como fazer-te um Zeboim?", como se o pecador morrer não fosse apenas perda para o filho, mas para o Pai também.

Vocês não sentem empatia com Deus quando veem Seu evangelho rejeitado? Ou a cruz erguida bem alto, e ninguém olhando para ela? Ou Jesus morrendo, e os homens não sendo salvos por Sua morte? Ó, bendito Senhor, sentimos. Se nada mais nos atrair, devemos vir quando te vemos, como és na verdade, um anfitrião constrangido pela falta de convidados. Grande Deus, nós vamos, vamos em alegria. Vamos participar da generosidade que tens proporcionado, e para glorificar Jesus Cristo ao receber como pecadores necessitados aquilo que Tua misericórdia proveu.

Irmãos, já que Cristo encontra muitos contrários a honrá-lo, exorto aos que o amam que o honrem ainda mais, visto que o mundo não o fará. Vocês que se sentiram coagidos a vir, lembrem-se de cantar à medida que se assentam a Sua mesa, e alegrem-se, e bendigam

Seu nome. Depois vão para casa e intercedam por aqueles que não virão, para que o Senhor ilumine seu entendimento e mude sua decisão para que possam ser constrangidos a crer em Jesus.

E quanto a vocês que nesta manhã se sentem parcialmente inclinados pelos suaves toques de Sua graça a vir e celebrar, permitam-me convocá-los. É um evangelho glorioso — a celebração é boa. Ele é um Rei glorioso, o Anfitrião é bom. É um bendito Salvador Aquele que se casa, Ele é bom. É tudo bom e vocês serão feitos bons também se sua alma aceitar o convite do evangelho que lhes é feito neste dia. "Quem crer e for batizado será salvo; quem, porém, não crer será condenado." "Responderam-lhe: Crê no Senhor Jesus e serás salvo". Ó, Senhor, envie Seu Espírito para fazer o chamado eficaz, por amor de Seu amado Filho. Amém!

Este sermão foi pregado no Metropolitan Tabernacle, em Newington, na manhã de 12 de fevereiro de 1871.

8

OS SERVOS E AS DEZ MINAS

Então, disse: Certo homem nobre partiu para uma terra distante, com o fim de tomar posse de um reino e voltar. Chamou dez servos seus, confiou-lhes dez minas e disse-lhes: Negociai até que eu volte. (Lucas 19:12,13)

E-nos dita a razão pela qual o Salvador contou esta parábola nesta ocasião em particular. Cristo subia a Jerusalém e a multidão ignorante e entusiasta esperava que Ele agora estabelecesse uma soberania temporal. Parecia-lhes "que o reino de Deus havia de manifestar-se imediatamente". A mente deles estava acumulada de erros, e o Salvador os corrigiria nessa questão. Para eliminar de seu pensamento a ideia de um império judeu, no qual cada hebreu seria um príncipe, nosso Senhor lhes contou a parábola das dez minas — uso essa palavra com cautela, pois Sua parábola era também um fato. Ele lhes mostraria que não seriam participantes de um reino, ao contrário, logo estariam aguardando por um Senhor que se ausentaria, mas que um dia retornaria. Em

Sua ausência Seus discípulos estariam em posição de servos a quem se confia uma propriedade enquanto seu Mestre está distante para receber o reinado e depois volta. Agora, Jesus era como um nobre, que poderia ser um entre muitos cidadãos, porém logo iria a uma corte onde seria investido de autoridade real e voltaria como rei. Ser-lhes-ia confiado certas minas até Seu retorno.

Confesso que nunca compreendi completamente o significado dessa parábola, até ser orientado por um eminente expositor bíblico a uma passagem em Josefo [N.T.: Flávio Josefo, historiador judeu, 37–100 d.C.] que, se não for a chave da parábola, é um exemplo de uma ordem de fatos que, sem dúvida, acontecia com frequência no Império Romano na época de nosso Senhor. Herodes, vocês sabem, era o rei na Judeia, mas ele era apenas um rei subordinado ao imperador romano. César, em Roma, instituía e destituía reis a seu bel-prazer. Quando Herodes morreu, foi sucedido por seu filho Arquelau, de quem lemos no relato de Mateus sobre a infância de nosso Senhor que, quando José ouviu que Arquelau era rei na Judeia no lugar de Herodes, teve medo de voltar para lá. Esse Arquelau não teve direito ao trono até obter a sanção de César. Portanto, ele tomou um navio com alguns assistentes e foi para Roma, que naqueles dias era um país distante, para que pudesse receber o reinado e voltar. Enquanto estava a caminho, seus cidadãos enviaram um embaixador após ele, assim diz corretamente a Versão Revisada, e esse homem carregava essa mensagem a César: "Não desejamos que esse homem reine sobre nós". Os mensageiros declararam ao imperador que Arquelau não servia para ser rei dos judeus. Algumas das alegações foram registradas em Josefo, e elas mostram que os advogados de 19 séculos atrás argumentavam no mesmo estilo que seus colegas de hoje em dia. O povo estava exausto dos Herodes e preferiam qualquer opção ao governo cruel deles. Eles até pediram que a Judeia se tornasse uma província romana e fosse anexada à Síria, em vez de ter de permanecer sob o odioso fardo dos tiranos idumeus. É evidente, no caso de

Arquelau, que seus cidadãos o detestavam e diziam: "Não admitiremos que esse homem governe sobre nós". Agradou a César dividir o reino e colocar Arquelau no trono como um etnarca, um governador com menos poder do que um rei. Quando Arquelau voltou, agiu com vingança voraz contra aqueles que se lhe opuseram e recompensou com mais liberalidade seus fiéis apoiadores. Essa história do que ocorrera 30 anos antes teria, sem dúvida, ativado a memória das pessoas quando Jesus falava, pois Arquelau construíra para si um palácio próximo a Jericó, e pode ser que tenha sido sob as paredes desse palácio que o Salvador usou tal evento como base de Sua parábola. Aqueles que viviam naquele tempo devem ter entendido Sua alusão aos fatos atuais muito melhor do que nós 19 séculos mais tarde. A providência divina escolhera aquele observador judeu, Josefo, para preservar muitas informações valiosas para nós. Leia a passagem nessa história e você verá que até mesmo os detalhes correspondem a essa parábola. Aí está a história.

O Salvador, sem justificar Arquelau ou sequer recomendá-lo, simplesmente faz da sua ida a Roma uma ilustração. Aqui está um personagem nobre que deve se tornar rei, mas, para que obtenha o trono, precisa viajar para a distante corte de um poder superior. Enquanto viaja, seus cidadãos o odeiam tanto que enviam embaixadores para se opor às suas reivindicações visto que não o queriam como seu rei. No entanto, ele recebe o reinado e volta para governar. Quando o faz, recompensa aqueles que lhe foram fiéis e pune com assombrosa destruição os que buscaram impedir seu reinado. Eis a história; permitam-me interpretá-la.

O Salvador se compara a um nobre. Estava aqui na Terra entre os homens e verdadeiramente é um nobre em meio aos Seus concidadãos. Era Seu direito ser rei, rei de toda a Terra. De fato, Ele o é por natureza e direito, mas primeiramente precisa partir, por meio da morte, ressurreição e ascensão, à corte mais elevada e lá deve receber para si um reinado das mãos do grande Senhor de tudo. Está escrito:

"Pede-me, e eu te darei as nações por herança", portanto Jesus deve apresentar Suas reivindicações diante do rei e receber Seu pedido. É chegado o dia de Ele retornar, vestido em glória e honra, para tomar para si Seu grande poder e reinado, pois deve reinar até que os inimigos sejam colocados debaixo de Seus pés. Quando vier, Seus inimigos serão destruídos e Seus servos fiéis serão abundantemente recompensados.

Aproximemo-nos dessa celebração de ensinamento divino. Que o Espírito de Deus nos ajude a reunir lições práticas desta parábola!

1. Primeiramente, convido-os a notar que HÁ DOIS GRUPOS DE PESSOAS. Vemos os inimigos que não queriam que o rei governasse sobre eles e os servos que tiveram que negociar seu dinheiro. Há muitas divisões entre os homens: nacionalidades, posições, funções e personagens, mas, no fim das contas, as divisões mais profundas sempre serão duas: os inimigos e os servos de Cristo Jesus. Vocês, que não são servos, são inimigos. Vocês, que não são inimigos, devem cuidar para serem servos. Não encontro outra classe de pessoas mencionada nessa parábola a não ser essas duas. E tenho a certeza de que não há outras na face da Terra. Todos somos ou inimigos ou amigos de Jesus Cristo.

Considerem *os inimigos*! A pessoa odiada pertencia à nobreza. Ele era homem, mas era nobre. Que homem Jesus é! Esqueçam-se de Sua divindade por um momento, considerem-no apenas como o homem Cristo Jesus e, mesmo assim, que homem Ele é! Não preciso me ater à nobreza de Seu nascimento da semente de Davi, mas gostaria de lembrar-lhes da nobreza de Seu caráter, pois é aí que a verdadeira nobreza habita. Nesse aspecto, onde há nobreza que possa se comparar à dele? Irmãos, seria difícil encontrar uma cópia do homem Cristo que estivesse em distância mensurável em relação a Ele; mesmo aqueles que o imitam mais de perto confessam, com tristeza, que em muitas coisas não alcançam o padrão de Sua glória. Não há nada trivial, maldoso ou egoísta sobre Jesus de Nazaré. Ele é plenamente um nobre.

Foi Seu desígnio, para propósitos graciosos, tornar-se um cidadão entre outros, pois lemos que foi ungido acima de Seus companheiros; com isso se conclui que alguns eram Seus companheiros. Era um homem entre os homens. Era do grupo dos carpinteiros; estava livre da companhia dos pregadores itinerantes. Associava-se com os homens do mar, com aqueles que lidavam com redes e remos. Circulava entre os camponeses, e em Seu modo de vestir e viver não havia o que o distinguisse do resto dos cidadãos. Verdadeiramente era separado deles por Seu caráter mais santo, mas a separação não estava em Sua indisposição de rebaixar-se a eles, mas pela inabilidade deles de elevarem-se ao Cristo.

Os cidadãos o odiavam, mas o faziam sem causa. Sempre há algum motivo para a antipatia em nós, porém nele não havia nada. Em tom, modos ou espírito, até os melhores oferecem razão para a ofensa. Porém, em Cristo não havia o que poderia justificar seu ódio. Era uma rejeição frívola do mais capacitado a reinar.

Como Cristo reivindicava ser Rei dos judeus, eles detestavam especialmente Sua realeza, dizendo: "Não queremos que esse homem reine sobre nós" e, novamente, "Não temos rei, senão César!". "Veio para o que era seu, e os seus não o receberam." Ainda assim, meus irmãos, se meramente considerarmos Jesus como homem, se quisermos um rei, Ele deveria ser eleito por voto universal de toda a humanidade de forma aberta, pelo levantar das mãos e em meio a alegres aclamações "Hurras ao vitorioso!". Poderoso Conquistador, reina para sempre! Príncipe dos reis da Terra, aquele que ama os filhos dos homens, que por nossa causa derramaste Teu precioso sangue, mereces ser rei sobre tudo! O mais nobre rei entre os homens deveria ser o rei da humanidade. No entanto, eles odiavam Suas reivindicações reais e isso também sem causa. A qual deles Ele oprimira? Quais os impostos que extorquiu do povo? Qual de Suas leis era difícil ou cruel? Em qual caso Ele julgou com injustiça? Mesmo assim, Seus concidadãos o detestavam. Há esse mesmo tipo de ódio a Cristo no mundo atual. Algum de vocês o odeia? "Não!", você diz. Contudo, alguns de vocês, que não se opõem a Ele, ainda assim não o tratam com maior menosprezo do que se fossem Seus opositores? Vocês o desdenham completamente, Ele não está em todos os seus pensamentos; agem como se Ele não fosse digno sequer de oposição. Transformam-no em nada. Cristo não está entre seus objetivos de vida. Algumas vezes podem falar com admiração parcial de Seu caráter, mas a admiração sincera leva à imitação. Se Jesus é Salvador, o que de pior podem fazer-lhe do que se negarem a ser salvos por Ele? Acuso-os, a vocês indiferentes, de serem, no cerne de seu coração, Seus piores inimigos. Que se arrependam disso e se voltem para Ele, pois Cristo está voltando e quando chegar dirá: "Quanto a esses meus inimigos, executai-os na minha presença" [Lucas 19:17]. Essa expressão é cheia de horrores. Ser executado diante dos olhos do amor que foi ferido é duplamente morte. O Senhor, por Sua graça, nos livre de condenação tão pavorosa!

O outro grupo de pessoas na parábola eram *Seus servos*, o original justificaria a tradução "seus servos-escravos". Aqueles que não eram seus inimigos eram seus servos fiéis. Suponho que o nobre os havia comprado com seu dinheiro ou que eles haviam nascido em sua casa, ou que estavam dispostos a se ligarem a ele por meio de contratos. Quando disse que esses eram apenas seus escravos, em seu interior vocês dizem: "Então vocês que creem em Jesus são Seus servos-escravos". Não nos poupe sequer da terrível palavra "escravos". Jamais fomos livres até estarmos atados a Jesus e crescemos em liberdade à medida que nos submetemos a Ele. Paulo disse: "eu trago no corpo as marcas de Jesus", como se o ferro aquecido da aflição o tivesse marcado com o nome de Cristo. Sim, somos propriedade do Senhor Jesus e não de nós mesmos. De alguma forma, não conseguimos encontrar palavras com as quais expressar plenamente nosso pertencimento a Jesus; queremos mergulhar nele e nos tornamos como nada por amor a Ele. Cristo verdadeiramente nos chamou de amigos, mas nós nos denominamos apenas Seus servos. Deleitamo-nos em recebê-lo como Mestre; como Davi que disse: "sou teu servo", e depois novamente "teu servo", e de novo "filho da tua serva". Ele nascera servo, de uma mulher que era, ela mesma, serva. Após isso acrescentou: "quebraste minhas cadeias". A servidão a Cristo é liberdade perfeita e descobrimos ser assim em todos os aspectos. Nunca esperamos conhecer a perfeita liberdade até que Ele traga cada pensamento, cada concepção, imaginação e desejo cativo a si mesmo. Fomos comprados por preço, e lhe somos valiosos. Também nascemos em Sua casa por meio de um segundo nascimento, somos ligados a Ele por contratos que assinamos e selamos com alegria, e estamos prontos a assinar e selar novamente —

Altos Céus, que ao solene voto deste guarida,
Votos renovados ouvireis diariamente,
Até que nos curvemos na última hora da vida,
E na morte bendigamos essa aliança eternamente.

Assim, estamos no lado oposto ao de Seus inimigos, pois somos voluntariamente Seus servos.

Desse modo, apresentei-lhes as duas classes de pessoas. Antes que prossigamos, que o Espírito Santo aja sobre nós para nos fazer discernir a qual dessas pertencemos! Se somos inimigos, que nos tornemos servos daqui por diante!

2. Agora avançaremos um passo além, e perceberemos OS ENVOLVIMENTOS DESSES SERVOS. Seu senhor estava de partida e deixou os dez servos responsáveis por um pequeno capital com o qual deveriam negociar até que ele voltasse. Ele não lhes disse quanto tempo estaria fora; talvez ele mesmo não o soubesse, isto é o rei nessa história. Até mesmo nosso Mestre disse: "a respeito

daquele dia e hora ninguém sabe, nem os anjos dos céus". "Estou partindo", ele disse, "e vocês são meus servos. Deixo-os como meus servos em meio a meus inimigos. Sejam leais a mim e para provar sua fidelidade continuem a negociar em meu nome. Confio a cada um de vocês uma pequena quantia de dinheiro, mas isso os manterá ocupados. Suas negociações em meu nome serão sua declaração diária de que me são leais, independentemente do que os outros digam."

Percebam, primeiramente, que *esse era um trabalho honrado*. Não lhes foram confiados amplos recursos, mas a quantia era suficiente para servir como um teste. Provava sua honra. Se realmente estivessem ligados a seu mestre, sentiriam que ele depositara confiança neles e que deveriam justificar tal confiança. Os escravos nem sempre são responsabilizados por dinheiro. Na verdade, a tendência da escravidão é sempre a de sacar dos homens a qualidade da confiabilidade. Nosso vínculo a Cristo tem o efeito contrário porque não é, de forma alguma, escravidão. Esses servos do mestre foram tratados em alguns aspectos como sócios; deveriam ter comunhão com ele em suas propriedades. Eram seus amigos íntimos e curadores. Seus olhos não os vigiariam, pois partia para um país distante e confiava que seriam lei para si mesmos. Não precisariam submeter um relatório diário, mas seriam deixados a seu próprio encargo até que o rei voltasse. É exatamente assim que o Mestre nos tratou; Ele nos confiou o evangelho e conta com nossa honra. Não nos chama imediatamente para uma auditoria porque não está aqui. Não acredito que alguns sistemas de governo eclesiástico que envolvem certa medida de método de espionagem estejam conforme a mente de nosso Senhor. Se os cristãos forem o que devem ser, poderão ser confiáveis; são sua própria lei. O Senhor não os coloca sob certas regras e regulamentações como a lhe ordenar que deem o dízimo, embora eu gostaria que vocês dessem pelo menos isso. Ele não diz: "Vocês vão se comprometer nesse tempo determinado e trabalharão assim e assim". Não, vocês não estão sob a lei, mas sob a graça. Se amam seu Mestre, logo descobrirão o que fazer por Ele, e o farão com alegria. O Senhor não estabelece regras rígidas e ordena que vocês comecem a trabalhar a tal hora da manhã e que devem trabalhar por tantas horas. Não! Ele diz: "Pegue minha mina e negocie com ela". Nossa versão diz: "negociai até que eu volte". Nosso Senhor nos colocou em condição de confiança apelando a nossa honra e amor. Ele não virá e nos supervisionará hoje ou amanhã, embora terá um rigoroso ajuste de contas conosco. Por enquanto Ele está ausente, mas nos deixou aqui em meio a Seus inimigos para mostrar-lhes que Ele tem alguns amigos e que deve ser um bom Mestre, já que aqueles mesmos que se consideram Seus vassalos se regozijam em dispender toda sua vida em Seu serviço. Digo que Ele lhes concedeu tarefa honrosa, não é mesmo?

Foi um trabalho para o qual o rei lhes deu capital. Deu a cada um deles uma mina. "Não é muito", vocês dirão. Não, ele não pretendia que fosse. Seus servos não teriam capacidade para administrar muito mais. Se ele os achasse fiéis "no pouco", poderia elevá-los a uma maior responsabilidade. Não leio que algum deles tenha reclamado da pequenez do capital, ou que desejasse ter o dobro. Irmãos, não precisamos pedir por mais talentos, temos tantos quantos a nossa capacidade de responder por eles. Os pregadores não precisam buscar por maiores esferas de influência; que sejam fiéis naquelas que já ocupam. Um irmão me disse: "Não posso fazer muita coisa com apenas cem ouvintes", e respondi: "Você descobrirá que é trabalho penoso dar uma boa prestação de contas mesmo por cem pessoas". Confesso isso de forma muito discreta, mas muitas vezes tenho desejado ter uma pequena congregação para que pudesse cuidar de cada alma. Contudo, agora estou destinado a uma eterna insatisfação com meu trabalho, pois o que sou eu entre tantos? Só posso sentir que nem comecei a fazer um centésimo do que precisa ser realizado numa igreja como esta. Cada um possuía uma mina em sua mão, e seu senhor apenas disse: "negociem com ela". Ele não esperava que fizessem uma venda de atacado com estoque tão limitado, porém deviam negociar conforme o mercado o permitisse. Não tinha expectativa de que fizessem mais do que aquela mina poderia produzir de forma justa, pois, no fim das contas ele não era "homem rigoroso". "Peguem sua mina", disse, "e façam seu melhor. Sei que os tempos são ruins visto que terão de negociar entre inimigos. Provavelmente não conseguiriam produzir 20 minas sob tais circunstâncias, mas podem negociar uma mina e usar cada centavo dela". Assim, deu-lhe capital suficiente para o seu propósito. Meu amigo, você tem essa mina em algum lugar de seu ser? "Infelizmente", diz alguém, "não tenho qualquer habilidade". Como assim? Seu Senhor lhe deu uma mina, o que aconteceu com ela? Você é um de Seus servos e se não estiver fazendo nada, seu caso é ruim e deve se envergonhar. O que fez com aquela mina? Coloque sua mão em seu bolso novamente. Não está lá. Está no lenço? — Aquele mesmo lenço com o qual você deveria ter enxugado o suor, produto de seu trabalho, de sua fronte? Você tem essa mina? Você diz: "Não é muito!". O Mestre não disse que era, pelo contrário, Ele o chamou de "pouco", mas você tem usado esse pouco? Vocês deveriam levar isso para casa em suas consciências. São tratados como servos de confiança e ainda assim não são fiéis a seu Senhor. Como pode ser isso?

O que deveria ser feito com as minas foi-lhes prescrito em termos gerais. Tinham que negociar com elas, não brincar. Ouso dizer que eles estavam inclinados a argumentar: "A causa de nosso mestre está sob ataque, lutemos por ele", embora ele não tivesse dito "lutem", mas "*negociem*". Pedro sacou sua espada. Ó, sim, somos ávidos combatentes, porém mercadores lentos. Muitos manifestam um espírito desafiador e nunca ficam mais satisfeitos do que quando estão em meio a alvoroços e conflitos. Os servos nessa parábola não deviam lutar, ao contrário, deveriam negociar, o que exige mais sangue frio e é desprezível na avaliação geral. Podemos deixar os inimigos de nosso Senhor para Ele mesmo; Jesus fará cessar sua rebelião oportunamente. Devemos seguir a linha mais humilde.

Sem dúvida alguns deles devem ter pensado que a mina seria útil para lhes comprar confortos ou talvez até luxos, um compraria um casaco novo, o outro traria para casa um móvel e outros solenemente diriam: "Temos nossas famílias para considerar". Sim, mas seu senhor não falou isso. O mestre disse: "Negociem até que eu volte". Não deveriam lutar com a mina, nem as amontoar, ou gastá-las, desperdiçá-las, mas negociar com elas para ele.

A mina não foi colocada nas mãos deles para exibição. Não deviam se gloriar sobre os outros que não tinham mais que um centavo com que se abençoar, pois embora tivessem pouco capital, este era de seu senhor. É lamentável quando graças e talentos são ostentados como se nos pertencessem. Um negociante que esteja prosperando dificilmente tem muito dinheiro para exibir; tudo é necessitado para seu negócio. Algumas vezes ele raramente consegue colocar as mãos em uma nota de cem porque todo seu dinheiro é absorvido, seu grão dourado é todo semeado no campo de seu comércio. Falando de mim mesmo, não consigo achar qualquer espaço para me gloriar em mim, pois se tenho graça ou força, certamente não mantenho nenhum em reserva. Mal tenho suficiente para o trabalho que faço, e não tenho o que baste para o serviço adiante. Nossa mina não deve ficar pendurada na corrente de nosso relógio, mas deve ser negociada.

A negociação representa uma vida que pode ser chamada de corriqueira, contudo é eminentemente funcional e tem efeito muito prático sobre a pessoa que a realiza. Isso se deve, em parte, ao fato de que é uma ocupação na qual há um grande *escopo para julgamento.* Eles não estavam atrelados a um tipo em especial de negociação. O homem que transformou sua única mina em dez escolheu a melhor forma de empreendimento. Não buscou o que era mais prazeroso, mas o que era mais lucrativo. Assim é-lhes deixado, caros amigos, a escolha de sua própria linha de serviço a seu Mestre, contudo devem negociar para Ele; e para Ele tudo deve ser bem feito. No presente, nenhum empreendimento rende melhor do que a missão ao Congo ou às tribos das montanhas da Índia; amplos dividendos também vêm do trabalho com os mais pobres entre os pobres das favelas, e igualmente às viúvas e aos órfãos que estão em estado de destituição extrema. Quando os homens têm de abandonar sua vida pelo Senhor Jesus em troca de uma vida que se enfraquece em febre, o retorno é extraordinário. Nosso Senhor recebe mais glória onde há maior necessidade. É-lhe deixada a oportunidade de julgar o que você pode fazer, como pode fazê-lo e onde o exercitará. Faça aquilo que com mais certeza angariará almas e que melhor estabelecerá o reino de nosso Senhor. Exercite seu melhor discernimento e entre nessa linha de serviço santo no qual você pode reunir a melhor receita para nosso glorioso Mestre.

O trabalho que ele prescreveu *os traria para fora*. Você conhece o homem que jamais é bem-sucedido em negociações? Eu o conheço. Ele reclama que tem uma cabeça ruim e normalmente essa queixa tem fundamento. Ele precisa de um empreendimento em que o pão e a manteiga lhe sejam trazidos à sua porta, prontos para uso, e mesmo assim, a menos que esteja fatiado sobre seu prato, ele não tomará o café da manhã. Aquele que tem sucesso em empreendimentos nos dias atuais deve ter confiança, ser ativo, manter seus olhos abertos e estar lá por inteiro. Nossos tempos são difíceis, porém não tão difíceis quanto aquele descrito na parábola quando os servos fiéis estavam negociando em meio a traidores; eles precisavam de inteligência aguçada. A negociação desenvolve a perseverança, a paciência e a coragem de um homem; testa a honestidade, a verdade e a firmeza. É particularmente uma excelente disciplina para o caráter. Quando esse nobre deu a seu servo a mina, era para que pudesse ver a natureza desse servo. Negociar com um pequeno capital significa labor, trabalho pesado, longas horas, poucas folgas, muita decepção e ganhos modestos. Significa trabalhar com determinação e bravura e o fazer de todo o seu coração e mente. Dessa maneira devemos servir a Cristo. A palavra "negociar" tem um mundo de significados.

Não posso trazê-los todos esta manhã, mas não há necessidade porque a maioria de vocês sabe mais sobre negociações do que eu, e podem se instruir. Vocês devem negociar para o Senhor Jesus Cristo em sentido mais elevado e mais enfático do que têm feito em favor de si mesmos. Com sua força física, faculdades mentais, sua riqueza, sua família, com tudo — devem trazer glória a Deus e honra ao nome de Jesus. Trabalhar *por* Jesus e *com* Jesus deve ser o empreendimento de sua vida.

Se a negociação for conduzida com êxito, será uma *preocupação absorvente*, desafiando o homem por inteiro. É uma labuta contínua, provação variante, um teste notável, disciplina valiosa e é por isso que o nobre coloca seus criados sobre isso, para que depois possa usá-los em serviço ainda mais elevado. Irmãos, aprendam o que significa negociar e depois conduzam um empreendimento espiritual com todo seu coração.

Ao mesmo tempo, percebamos que era um trabalho que *se adequava à capacidade deles*. Por mais que o capital fosse pequeno, era suficiente a eles visto que não eram mais que criados, não eram provenientes de altas classes ou tinham elevado nível instrução. Seu mestre lhes deu apenas uma mina, o que não seria mais do que R$ 1.500,00 atualmente. Ninguém conseguiria comprar uma loja grande ou até mesmo um estoque decente com essa pequena quantia. Não poderiam reclamar de que tivessem sido colocados em um empreendimento muito difícil de ser administrado. Qualquer um deles poderia apenas comprar alguns bens e vendê-los pelas ruas. O Senhor Jesus Cristo não lhes pede para fazer mais do que podem, Ele não os sobrecarrega com preocupações acima de sua capacidade. Não atingimos o limite de nossos poderes, podemos fazer ainda mais. Jesus não é um mestre exigente; somente o servo falso e mentiroso que o chamará de "homem rigoroso; tiras o que não puseste e ceifas o que não semeaste". Ele não é nada disso. Foi-nos dado um empreendimento leve; nosso trabalho para Ele é adequado ao nosso poder limitado, e

Ele está pronto, por Seu Espírito Santo, a nos auxiliar. Que usemos bem nossa única mina. Que seja ambição nossa fazer mais dez a partir dela, no mínimo, e que o Senhor graciosamente prospere nosso empenho para que possamos ter o maior lucro para lhe apresentar quando Ele voltar!

Vocês perguntaram sobre como esses homens se sustentariam? Seu mestre não lhes disse para sobreviver da sua mina. Não, eles eram seus servos e assim viviam sob seu teto, e ele proveria para cada uma de suas necessidades. Ele havia partido, mas seu governo não foi abortado, a mesa ainda era posta e as crianças e servos tinham pão suficiente e em reserva. "Ó", diz alguém, "isso muda o caso". Exatamente, mas não é diferente de seu caso; ou, se for, sinto muito por você. Seu provedor é você mesmo? Você clama: "O que comerei? O que beberei?". Vocês não sabem que é isso que as nações do mundo perseguem? Ao passo que Jesus diz: "o vosso Pai, sabe o de que tendes necessidade". Da forma como compreendo minha vida, devo fazer o trabalho de meu Senhor e Ele deve prover para mim. Ele pode fazê-lo por intermédio de minha própria área de atuação, ainda assim é *Seu* trabalho fazê-lo, e não meu. Se a providência divina não for suficiente para nos suprir, então, tenho certeza que nós não podemos nos guarnecer, e se ela for o bastante, seremos sábios se lançarmos todo nosso cuidado sobre o Senhor e vivermos totalmente para o Seu louvor. Lembrem-se daquele texto: "buscai, pois, em primeiro lugar, o seu reino e a sua justiça, e todas estas coisas vos serão acrescentadas". Vocês, como servos, não deve se envolver com os penosos cuidados de seus próprios interesses, mas devem entregar a totalidade de seu pensamento e vida ao serviço de seu Mestre. Ele cuidará de vocês agora e o recompensará quando voltar.

3. Em terceiro, para entender essa parábola, precisamos lembrar A EXPECTATIVA QUE SEMPRE DEVIA

INFLUENCIÁ-LOS. Foram deixados como servos de confiança até que ele voltasse, mas o retorno era o principal da questão.

Eles deviam crer que *ele retornaria* e que voltaria como rei. Os cidadãos não criam nisso. Esperavam que César lhe negasse o trono, mas temos que ter certeza de que nosso nobre Mestre receberá o reino. Este mundo rebelde não crê que Jesus algum dia será rei. Outro dia li sobre o "Eclipse do cristianismo". Vemos constantemente Seu domínio sendo atacado. Dizem que ele é praticamente refutado pelos fatos. É mesmo? Senhores, perdoem-me, sou extremamente tendencioso porque sou servo de Jesus. Devo a Ele minha vida, meu tudo. Estou convencido de que Ele é e deve ser o Rei dos reis. Conheço-o tão bem que tenho certeza de que prevalecerá na corte para a qual partiu. Ele conta com alto favor lá. A última vez que vi a face do grande Rei, obtive aquele favor por meio do uso de Seu nome. Recebo tudo que peço quando menciono Seu nome e assim tenho certeza de que lá em cima Ele está em maravilhosa alta reputação. Ora, Seu Pai é o soberano! Tenho certeza de que Deus não negará o reino a Seu Filho unigênito. Jesus virá em Seu reino; tenho certeza disso. Trabalhemos com a plena convicção de que nosso Senhor, embora ausente no momento, logo estará aqui de novo, com um diadema vitorioso sobre Sua fronte. Quando Ele partiu levou consigo as cicatrizes daquele que morreu a morte de um criminoso e Ele voltará com elas. Contudo, as marcas dos pregos não serão memoriais de Sua vergonha; serão como joias em Suas mãos.

Seus servos deveriam considerar seu mestre ausente já como rei; e deveriam negociar entre seus inimigos de forma a jamais comprometer sua lealdade. Pertenciam ao partido do rei e a nenhum outro. É uma posição estranha negociar entre pessoas que são inimigas de seu rei; você tem de trazer-lhe glória a partir de homens que o odeiam; temos que magnificar nosso Senhor entre os homens que, se pudessem, o crucificariam novamente. Temos que ir entre eles de tal maneira que nunca possam dizer que nos aparelhamos com sua rebelião, ou fingimos não ver sua deslealdade. Não podemos ser companheiros amigáveis daqueles cuja vida é um insulto prático aos direitos reais do Rei Jesus. Acima de tudo devemos nos provar leais ao Senhor ausente, para que Ele não nos designe porção entre Seus inimigos.

Penso que o original sugeriria a qualquer um que lesse cuidadosamente que eles deveriam considerar que seu mestre *já estava voltando*. Esse deveria ser nosso ponto de vista sobre o advento de nosso Senhor; agora mesmo Ele está a caminho daqui. Não muito antes de ressuscitar do túmulo, nosso Senhor praticamente já estava retornando. Esse é um paradoxo estranho! No entanto, Sua ascensão ao Céu era, de certo modo, parte de Sua volta para nós, pois para Ele o caminho da cruz na Terra até a coroa de toda a Terra era *via* a Nova Jerusalém. Ele está voltando agora tão rapidamente quando a sabedoria julga ser certo. Tenho certeza de que nosso Salvador não retardará um momento além do que é absolutamente necessário porque Ele ama a Igreja, que é Sua noiva, e, como seu Noivo Ele não retardará a muito aguardada hora de seu encontro, para nunca mais separarem. O *Noivo* está pronto; é a noiva que precisa se preparar. Jesus deseja vir; Seu coração é responsivo ao nosso clamor quando dizemos: "Vem sem demora!". Ele virá antes do que imaginamos. Estamos comprometidos a sentir que Ele está, neste momento, na estrada e devemos viver como se Ele devesse chegar a qualquer momento.

Devemos negociar até que nosso Senhor volte. Não deve haver aposentadoria de Seu empreendimento, mesmo que nos aposentemos do nosso próprio. Não deve haver cessação porque achamos que já fizemos o suficiente. Nosso descanso será quando Ele voltar, mas até lá devemos negociar.

Que trabalhemos como se estivéssemos realmente em Sua presença. Como agiríamos se Jesus nos observasse por sobre nossos ombros? Ajam dessa maneira. Ele nos vê tão claramente como se Sua presença física estivesse em nosso meio. Estejam despertos e inspirados pelo olhar do Redentor. Assim viverão nesse estado de provação da melhor forma possível.

4. Agora vem a parte doce do assunto. Observe bem O DESÍGNIO SECRETO DO SENHOR. Já o impressionou que o nobre tivesse um desígnio muito bondoso para seus servos? Esse homem deu uma mina àqueles servos somente com o propósito de que fizessem dinheiro para ele? Seria absurdo pensar assim! Algumas poucas minas não seriam de importância para alguém instituído rei. Não, não! Foi como disse Bruce: "Ele não era alguém que construía patrimônio, mas sim caráter". Seu desígnio não era ganhar por meio deles, mas instruí-los.

Primeiramente, confiar-lhes uma mina era uma *prova*. Esse nobre disse a si mesmo: "Quando eu for rei, devo ter servos fiéis governando ao meu redor. Minha partida me dá a oportunidade de ver quem realmente são meus servos. Desse modo, devo testar sua capacidade e sua diligência, sua honestidade e seu zelo. Se provarem-se fiéis sobre o pouco, serão aptos para serem confiados com assuntos maiores". A prova era apenas uma mina, e não poderiam fazer muito dano com isso, porém seria mais que suficiente para testar sua capacidade e fidelidade, pois aquele que é fiel no que é menor, será fiel também no que é maior. Nem todos eles passaram na prova, mas por meio dela o senhor revelou o caráter deles.

Também era uma *preparação* deles para o serviço futuro. Ele os exaltaria da posição de servos para se tornarem governantes. Portanto, eles deveriam ser colocados em um lugar onde a responsabilidade fosse mensurável e com isso se tornarem homens. Deveriam governar sobre o pouco — uma mina e o que viesse disso — e isso lhes seria instrução. No processo de negociar estariam sendo treinados para governar. A melhor forma de aprender a ser um mestre é ser, primeiramente, um servo, e o motivo pelo qual alguns mestres são inflexíveis e tirânicos é porque não conhecem o coração de servo por experiência. Não sabem nada sobre serviço e assim não têm a sabedoria, a generosidade, a ternura que os mestres deveriam demonstrar para com seus servos. Esse nobre era sábio, estava ao mesmo tempo os provando e treinando.

Além disso, creio que ele estava lhes dando pequena *antecipação* de suas honras futuras. Ele estava para transformar-lhes em governantes sobre cidades, e assim primeiramente fez-lhes administrar minas. Eles haviam sido servos e recebido ordens dele a cada manhã, mas agora não terão um mestre a quem se dirigir e deverão usar seu próprio arbítrio. Numa esfera menor, foram efetivamente instituídos pequenos reis. Os cidadãos haviam se rebelado em todo aquele país, mas havia o pequeno reino composto dos servos do nobre homem, e estes o obedeciam e faziam seu melhor para cuidar de seus interesses de sua forma modesta. Já haviam sido libertos, colocados em certa medida de autoridade e conheciam as doçuras e os fardos da responsabilidade pessoal. Ó, vocês que trabalham para Deus, quando supervisionam outros para Ele, quando ganham almas para o Senhor e quando vencem os adversários em Seu nome, já estão antecipando sua recompensa eterna. Estamos forjando nossa posição futura na bigorna de nossa vida, pois o Céu, embora seja um estado e um lugar preparado para nós pelo Senhor Jesus, também repousa no caráter. O homem é mais motivo de alegria do que as ruas de ouro sobre as quais andaremos. Se vocês esconderem sua mina e negligenciarem o serviço de seu Mestre aqui, estarão construindo para si mesmos um futuro turvo e confuso naquele Seu grandioso reino milenar. Aqueles que se devotam ao sagrado empreendimento e se consagram inteiramente ao seu Senhor obterão maiores honrarias quando Ele vier reinar gloriosamente entre Seus anciãos.

Vejam, quando ele se aproximou do homem que havia recebido dez minas, deu-lhe dez cidades. Pensem nisso! Não há proporcionalidade entre o serviço simplório e a riqueza da recompensa. Cada mina é recompensada com uma cidade. As recompensas do milênio serão evidentemente fruto da graça porque são incomparavelmente além de tudo o que os ganhos dos servos poderiam merecer. Seu senhor não tinha a obrigação de lhes pagar qualquer coisa; eles eram seus criados, mas o que ele lhes deu era produto de sua graça superabundante. Não creio que aquele que trouxe cinco minas tenha sido minimamente repreendido. Ele deve ter sido tão diligente quanto o primeiro, mas tinha menos capacidade. Contudo, deve ter arregalado os olhos quando seu senhor lhe deu cinco *cidades*. Talvez tenha se surpreendido mais do que o outro. Imaginem se qualquer um de nós tivesse sido colocado para negociar como uma comissão de mina e recebesse cinco cidades como recompensa. O dinheiro ganho não compraria sequer uma casa pequena e mesmo assim trouxe ao trabalhador cinco cidades! Que surpresa encheu o coração do receptor de tal generosidade! Nunca lhe passou pela mente invejar o irmão que tinha dez cidades, pois as cinco eram enorme recompensa. Ele deve ter ficado nas nuvens com o prospecto que tinha diante de si. Embora possa haver níveis de glória, a única diferença será na capacidade de mantê-la daquele que foi abençoado. Todos os vasos serão cheios, mas não serão igualmente grandes; o homem das dez minas simplesmente será um vaso maior, cheio até a borda; e o com cinco terá menor capacidade, mas será igualmente repleto para sua alegre surpresa e perplexidade. No entanto, que prossigamos em ganhar as dez minas se pudermos. Por amor ao nosso Senhor, que negociemos nas coisas espirituais com todo nosso coração.

"Mas onde e quais serão essas cidades?", questiona alguém. Pode ser que tudo isso ocorrerá literalmente durante o período milenar, mas não sei. Quando Cristo voltar, os mortos em Cristo ressuscitarão primeiro, e lemos que "Os restantes dos mortos não reviveram até que se completassem os mil anos". Pode haver espaço durante essa era para todas as recompensas especiais da dispensação do evangelho. Pode também ser que na dispensação futura tenhamos que cumprir em outros mundos o mesmo ofício que os anjos cumprem em nosso, mas isso não tenho certeza por isso não posso afirmar. Jesus nos fez reis e sacerdotes, e estamos em treinamento para nossos tronos. E se nesta congregação eu estiver aprendendo a proclamar a glória de meu Mestre a miríades de mundos? Possivelmente o pregador que aqui for fiel pode ser levado a falar da glória de Seu Senhor a constelações futuramente. E se alguém se postar sobre uma estrela central e pregar Cristo a mundos estando em outros mundos, em vez de proclamar o Senhor a essas duas galerias e nessa localidade? Por que não? Se, de qualquer modo, eu receber voz potente suficiente para ser ouvido por milhões de quilômetros, não falarei de nada mais a não ser dessas gloriosas verdades que o Senhor revelou em Cristo Jesus. Se formos fiéis aqui, podemos esperar que nosso Mestre nos confie um serviço mais elevado no porvir; apenas nos asseguremos de que tenhamos capacidade para perseverar na prova e que lucremos com o treinamento. Conforme nossa prestação de conta sobre esse pouco, acontecerá conosco na grande escala da eternidade. Isso dá outra perspectiva sobre o trabalho nessa esfera inferior. Governadores sobre dez cidades! Governadores sobre cinco cidades! Irmãos, vocês não são aptos para tal dignidade se não conseguirem servir bem seu Senhor neste mundo com o pouco que Ele lhes confiou. Se viverem inteiramente para Ele aqui, estarão preparados para as indizíveis glórias que aguardam todas as almas consagradas. Que nos empenhemos a viver de maneira santa de uma vez! O tempo é muito curto, e as coisas com as quais lidamos são comparativamente tão pequenas! Logo estaremos fora do domínio do tempo, e quando nos liberarmos para a eternidade e virmos a vastidão dos propósitos divinos, ficaremos todos maravilhados quanto ao serviço que nos será concedido, que será recompensa daquele que já foi prestado. Ó Senhor, faz-nos fiéis! Amém!

Este sermão foi pregado no Metropolitan Tabernacle, em Newington, na manhã de 24 de abril de 1887.

9

O ÁPICE DO PRÓDIGO

Então, caindo em si... (Lucas 15:17)

Há diferentes estágios na história do pecador e que merecem ser observados na experiência do pródigo. Primeiramente há o estágio no qual o jovem busca ser independente de seu pai. O filho mais novo diz ao pai: "Pai, dá-me a parte dos bens que me cabe". Sabemos algo desse estado mental e, infelizmente, ele é muito comum! E, ainda assim, não há uma prodigalidade patente, nem distinta rebelião contra Deus. Os cultos religiosos são frequentados, o Deus Pai é tido em reverência, mas, em seu coração, o jovem deseja uma suposta liberdade; aspira livrar-se de todo o impedimento. Seus companheiros aconselham-no dizendo que está muito preso à barra da saia da mãe. Ele próprio sente que pode haver alguns deleites alheios que ele jamais aproveitou, e a curiosidade da mãe Eva de provar do fruto daquela árvore que era boa para se comer e agradável aos olhos, também uma árvore desejável para trazer sabedoria, vem à mente do jovem e este deseja estender sua mão e tomar do fruto do conhecimento do bem e do mal para que possa dele alimentar-se. Jamais *pretendeu* gastar sua riqueza em viver desordenadamente, porém gostaria de ter a oportunidade de empreendê-la como quisesse. Não *tencionava* ser pródigo, mesmo assim, gostaria de ter a honra de escolher o que é certo por conta própria. De certa forma, ele já é um homem; sente todo seu resplendor sobre si e quer, agora, exercer sua própria liberdade de vontade e ver a si mesmo como seu próprio senhor!

Talvez haja alguns a quem falo que estão neste estado mental; se sim, que a graça de Deus o interrompa antes que se distancie mais do Senhor! Que você sinta que estar fora de sintonia com Deus; desejar estar separado dele e ter outros interesses diferentes daqueles de quem o criou é perigoso e, provavelmente, será fatal! Portanto, agora, agora mesmo, que você caia em si nesse estágio inicial de sua história e venha a amar e a regozijar-se em Deus da mesma forma que o pródigo quando retornou a seu pai!

No entanto, o jovem dessa parábola rapidamente entrou em outro estágio. Recebera sua porção de bens; tudo o que receberia na morte de seu pai foi transformado em dinheiro vivo, e lá estava. Era dele e ele poderia fazer o que lhe aprouvesse com isso. Entregando-se a seu sentimento de independência com relação ao pai e o desejo de possuir um negócio em separado somente para si, ele sabia que teria mais autonomia para colocar seus planos em ação se o fizesse imediatamente. Se permanecesse próximo a seu pai haveria supervisão sobre si, e sente que a influência de seu lar, de alguma maneira, poda-lhe as asas. Se pudesse retirar-se para um país distante, *lá* teria a oportunidade de se desenvolver; e desfrutaria de tudo o que essa evolução pudesse fazer por si. Assim, reúne tudo o que possui e ruma para um país distante. Pode ser que eu esteja me dirigindo a alguns que chegaram nesse estágio. Neste momento, há todo o delírio da permissividade. Agora é tudo alegria; "uma vida curta, mas feliz", esquecendo-se da longa, mas infeliz eternidade! Atualmente o copo está cheio e o vinho tinto borbulha na jarra, visto que ainda não lhe picou como uma serpente ou lhe ferroou com uma víbora, mas logo o fará. Neste instante, é tudo doçura mortal que você prova, e a euforia desse cálice envenenado o ilude. Você se apressa para se contentar! O pecado é uma alegria temerária, ainda mais apreciado por causa do perigo, pois, onde há risco apavorante, normalmente há prazer intenso para um coração audacioso, e você talvez pertença ao grupo dos aventureiros, empregando seus dias em tolices e suas noites em moralidades.

Logo, logo, vem o terceiro estágio ao pecador, assim como ao pródigo. Isto é, quando ele "dissipou todo os seus bens". Afinal, todos temos apenas uma quantia limitada de dinheiro para gastar. Aquele que tem *ouro* ilimitado, não tem *saúde* ilimitada! Se não lhe falta saúde para pecar, o *desejo* se frustra, e a saciedade chega, como ocorreu a Salomão quando ele provou desse caminho de busca da felicidade. No fim de tudo, não há mais mel, há apenas o ferrão da abelha! Por fim, não há doçura na taça, há apenas o delírio que segue a intoxicação! No final, a carne é consumida até os ossos e não há benefício algum vindo desses ossos; não possuem medula, e os dentes se quebram com eles. O homem deseja jamais ter participado de tão terrível banquete! Ele atingiu o estágio ao qual o pródigo chegou quando havia gastado todos os seus bens. Ah! Há muitos que exaurem todo o seu caráter, desperdiçam toda sua saúde e força, gastam toda sua esperança, desgastam toda sua integridade e jogam fora *tudo* o que valia a pena possuir! Desperdiçam tudo! Esse é outro estágio na história do pecador e ele é muito habilidoso para conduzir ao desespero, ao pecado ainda mais profundo e, às vezes, ao pior dos pecados que leva o homem, com mãos manchadas de vermelho, diante da corte de seu Mestre para prestar contas de seu próprio sangue!

Esse é um estágio terrível para se estar, pois ao seu encalço vem fome terrível. Há o trabalho cansativo para que se possa sustentar o espírito, a degradação descendente de alimentar os porcos, a disposição de comer das alfarrobas dos suínos, e mesmo assim a incapacidade de o fazer! Muitos já sentiram esse anseio que não consegue ser saciado. Contudo, de minha parte, estou feliz quando a peregrinação do dissoluto chega a esse ponto, pois frequentemente na Pessoa de Deus está o caminho de volta ao lar para o pródigo! É um caminho circular, mas, para ele, é o caminho para o lar! Quando o homem desperdiça tudo e a pobreza vem no encalço de sua imprudência, e a enfermidade vem como consequência do seu vício, é aí então que a graça onipotente entra em cena, e chega outro estágio na história do pecador, do qual falarei a partir de agora, e que Deus me auxilie. Este é o ponto ao qual chegou o pródigo: "Então, caindo em si…".

1. Assim, inicialmente, o PECADOR ESTÁ EM ESTADO DE PERTURBAÇÃO.

Enquanto o homem vive em seu pecado, ele está fora de si, está em perturbação. Tenho certeza de que assim o é. Não há nada mais semelhante à loucura do que o pecado, e há controvérsia, entre aqueles que estudam os problemas mais profundos, sobre o quanto a insanidade e a tendência a pecar andam lado a lado. É aqui que o grande pecado e a completa perda de responsabilidade podem se tocar. Não pretendo, de forma alguma, discutir essa questão, mas direi que todo o pecador é, moral e responsavelmente, insano e, portanto, em pior condição do que se fosse apenas mentalmente doente.

Ele é insano, primeiramente, *porque seu juízo está totalmente fora de operação*. Comete erros fatais sobre todas as questões cruciais. Avalia que o curto tempo de sua vida mortal valha toda sua atenção e coloca a eternidade em segundo plano. Considera possível a criatura estar em inimizade contra o Criador, ou indiferente a Ele, e ainda assim ser feliz! Pensa que sabe mais sobre o que é o certo para si próprio do que aquilo que a lei de Deus declara. Sonha que o evangelho eterno, que custou a Deus a vida de Seu Filho, seja pouco digno de qualquer atenção de sua parte, e passa por ele com desprezo. Descartou o leme de seu julgamento e vira-se em direção às rochas deliberadamente. Parece querer saber o local mais acertado para cometer seu naufrágio eterno! Perdeu totalmente o juízo.

Além disso, *suas ações são as de um louco*. Esse filho pródigo, antes de tudo, tinha interesses alheios ao seu pai. Devia ser louco para conceber uma ideia como essa! Se tenho interesses alheios Àquele que me criou e me mantém vivo, se eu, a efêmera criatura, acho que posso ter vontade em oposição à de Deus e assim viver e prosperar, ora, devo ser um tolo! Devo ser doido, se desejar qualquer coisa semelhante, pois é consistente com o raciocínio mais elevado crer que aquele que se dobra à bondade onipotente deve estar na trilha da felicidade, mas aquele que se opõe à poderosa graça divina deve, certamente, estar dando murro em ponta de faca ferindo e agredindo a si próprio. Contudo, esse pecador não vê dessa forma, e a razão para isso é que está em estado de perturbação.

Depois, aquele jovem partiu de seu lar, embora seu lar fosse o melhor do mundo. Podemos pensar assim pela grande ternura e generosidade do pai que o administrava e pela forma maravilhosa com que todos os servos tinham total apreço para com seu senhor. Era um lar feliz! Tinha em si armazenado tudo o que o filho pudesse necessitar. Porém, ele o abandona e parte, sem saber para onde, para viver entre estranhos que não se importavam o mínimo com ele e que, depois de lhe esvaziar a bolsa, não lhe dariam sequer uma moeda com a qual comprar pão para salvá-lo da inanição! O pródigo devia ser louco para agir assim; e para qualquer de *nós* abandonar Aquele que tem sido a habitação de Seus santos em todas as gerações, deixar o calor e o conforto da Igreja do Senhor, que é o lar da alegria e da paz, é claramente insanidade! Qualquer um que o faça está agindo contra seus melhores interesses, está escolhendo o caminho da vergonha e da aflição, está lançando fora todo o verdadeiro deleite. *Deve ser um louco!*

Você pode ver que esse jovem está fora de si porque, quando chega ao país distante, começa a gastar o seu dinheiro desordenadamente. Não dispõe dele com sabedoria. Desperdiça-o naquilo que não é pão e seu labor por aquilo que não satisfaz. É exatamente isso que faz o pecador. Se ele for hipócrita, está tentando tecer uma vestimenta a partir do material inútil de suas próprias obras. E se for voluptuário, dado à pecaminosa indulgência, como é vão que espere obter prazer em meio ao pecado! Deveria eu esperar encontrar anjos no esgoto? A luz celestial em um mina escura? Não! Esses não são lugares para coisas como essas. Posso racionalmente buscar alegria para meu coração em orgias e bebedices, em impudicícias e dissoluções, e condutas como essas? Se o fizer, devo estar desatinado! Ó, se os homens fossem racionais! E, muitas vezes, eles supõem, erroneamente, que são. Se fossem seres racionais, veriam quão irracional é pecar! A coisa mais sensata do mundo é empreender sua vida em seu verdadeiro desígnio e não a lançar fora como se fosse um seixo na orla marítima.

Mais ainda, o pródigo era um tolo, um louco, porque gastou tudo. Nem sequer parou no meio do caminho da penúria, mas continuou até que tivesse desperdiçado tudo! Não há limite para aqueles que começaram no caminho do pecado. Aquele que se afasta desse caminho, pela graça de Deus, pode evitá-lo; contudo, o pecado é como que um cálice intoxicante. Alguém me disse um dia desses: "Posso beber muito, ou nada. Mas não tenho o domínio de beber um pouquinho visto que, se eu começar, não conseguirei me conter e irei longe". Acontece o mesmo com o pecado. A graça divina pode fazer que você se abstenha dele, porém, se começar a pecar, ó, como um pecado atrai outro! Um pecado é uma armadilha, ou ímã, para outro e o atrai. A pessoa não consegue dizer quão rápido e quão longe pode ir uma vez que tenha começado a descer esse declive escorregadio. Assim, o pródigo desperdiçou tudo em completa imprudência. Ah! A imprudência de alguns jovens que conheço! Ah! E a maior irresponsabilidade ainda de alguns *velhos* pecadores que parecem determinados a ser amaldiçoados, pois, tendo pouca vida restante, desperdiçam esse último fragmento dela em fatal adiamento!

Foi então, queridos amigos, quando o pródigo havia gastado tudo, que provou ainda mais a sua loucura! Esse deveria ser o momento de retornar para seu pai, mas, aparentemente, não foi isso que lhe ocorreu. "...ele foi e se agregou a um dos cidadãos daquela terra", dominado ainda pelo fascínio que o manteve longe do único lugar onde seria feliz. E essa é uma das piores provas da loucura de alguns de vocês que frequentam este ambiente, que, embora saibam sobre o grande Deus e Sua infinita misericórdia e saibam algo sobre o quanto precisam de Sua graça, ainda assim tentam obter o que precisam em outro lugar qualquer e não retornam a Ele!

Não tenho muito tempo para falar sobre esse ponto, mas devo lembrar-lhes de que, como os pecadores, *o pródigo comportava-se como louco.* De tempos em tempos, tenho que tratar com aqueles cuja racionalidade lhes faltou e percebo que muitos deles seriam sãos, até mesmo sábios e inteligentes, em tudo, com exceção de um ponto. É assim com o ego. Ele é famoso político. Ouçam-no falar! Ele é um excepcional homem de negócios; vejam quão aguçadamente caça cada moedinha! É muito criterioso em tudo, exceto nisso, é louco em um ponto, tem uma monomania fatal, porque ela se relaciona à sua própria alma!

O louco frequentemente disfarçará sua loucura daqueles que o cercam; do mesmo modo o pecador esconde seu pecado. Você pode falar com esse homem sobre a moral e observá-lo bem de perto. No entanto, pode levar tempo até que você o entenda e possa dizer-lhe: "Só uma coisa te falta". Talvez, de repente, você toque no ponto fraco, e lá está ele, totalmente descortinado diante de você, totalmente perdido em sua insanidade! Ele está correto em outras coisas, mas, com relação à sua alma, não há sensatez! Os enlouquecidos não sabem que estão loucos até que sejam curados; acham que, por si só, são sábios e todo o resto é tolo. Aqui está outro ponto de semelhança a pecadores, pois eles também pensam que todo mundo está errado, com exceção deles mesmos. Ouçam como abusarão de uma esposa piedosa considerando-a como "tola"! Que palavras cruéis proferirão a uma filha graciosa! Como ralharão contra os ministros do evangelho tentando rasgar a Palavra de Deus aos pedaços! Pobres almas insanas, pensam que todos estão loucos menos eles mesmos! Nós, com lágrimas, oramos para que Deus os livre de seus devaneios e os traga para assentarem-se aos pés de Jesus, vestidos e com seu juízo restabelecido.

Algumas vezes o pecador será visto e conhecido como insano porque vira as costas a seus melhores amigos, da mesma forma como fazem os loucos. Aqueles que, em outra situação, eles mais amariam, agora avaliam como seus piores inimigos. Assim Deus, que é o melhor Amigo do homem, é o mais desprezado, e Cristo, que é Amigo de pecadores, é rejeitado; e os cristãos mais zelosos são, frequentemente, os mais evitados e perseguidos pelos pecadores.

Algumas vezes, os loucos também se enfurecerão, e você conhecerá as coisas horríveis que eles dirão. Também o é assim com os pecadores quando têm seus acessos de raiva. Eu não ousaria falar do que farão e o que dirão. Normalmente, excedem seus limites e se sentem envergonhados em pensar que tenham ido tão longe. No entanto, é assim mesmo, visto que se encontram em estado de perturbação, da mesma maneira que o pródigo estava.

Não me aterei por mais tempo nesse triste fato, pois desejo falar sobre a próxima parte, que é a mais vibrante de meu tema.

2. Segundo, É UMA BÊNÇÃO QUANDO O PECADOR CAI EM SI. "Então, caindo em si…". Essa é a primeira marca da graça em ação no pecador, já que foi o primeiro sinal de esperança para o pródigo.

Algumas vezes, *essa mudança ocorre repentinamente*. Esta semana, fiquei encantado ao encontrar alguém com quem isso aconteceu. Foi uma conversão à moda antiga com a qual me alegrei. Há cerca de três meses, entrou neste prédio um homem que não havia ido a qualquer lugar de adoração por um longo tempo. Ele desprezava tal coisa. Não poderia xingar ou beber e fazer coisa pior. Era negligente, ímpio, mas tinha a mãe frequentemente orando por ele, e um irmão que, creio, deve estar aqui nesta noite, que nunca cessou de interceder em favor dele. Esse homem não veio aqui para adorar; veio apenas para ver o pregador a quem seu irmão ouvira durante muitos anos. Contudo, logo ao entrar, de alguma maneira, ele sentiu que estava em um local onde se sentia indigno, assim subiu à última galeria e manteve-se o mais distante que pôde. Quando um amigo o chamou para tomar assento, ele sentiu que não poderia fazê-lo; deveria apoiar-se contra a parede dos fundos. Outra pessoa o convidou para sentar-se, mas ele não quis. Sentia que não tinha o direito de fazê-lo. Quando o pregador anunciou o texto: "O publicano, estando em pé, longe, não ousava nem ainda levantar os olhos ao céu, mas batia no peito, dizendo: Ó Deus, sê propício a mim, pecador!", e disse algo como: "Você que está o mais distante possível neste Tabernáculo e não ousa se sentar porque sente que sua culpa é enorme; você é o homem a quem Deus me enviou nesta manhã. O Senhor lhe propõe que venha a Cristo e encontre misericórdia". Um milagre de amor foi efetuado! "Então, ele caiu em si...", como ele mesmo dirá, em breve, no culto da igreja quando vier à frente para confessar sua fé. Regozijo-me grandemente quando ouço isso, pois neste caso há uma transformação que todos que o conhecem podem ver! Ele se tornou repleto de desejo por *tudo* o que é relativo à graça, tanto quanto antes praticava tudo que era de ruim! Isso é o que ocorre *algumas vezes*, e por que não deveria acontecer novamente esta noite? Por que outro homem, ou mulher, não poderia cair em si hoje à noite? Este é o caminho para o lar: primeiramente voltar a si e depois voltar a seu Deus. "Ele caiu em si...".

Por outro lado, *às vezes essa transformação é muito gradual*. Não preciso me ater a isso, mas há muitos que têm seus olhos abertos aos poucos. Primeiramente veem os homens como árvores ambulantes. Depois, veem tudo claramente. Contanto que caiam em si e venham ao Salvador, não me importo como isso aconteça! Algumas conversões são repentinas, outras graduais, mas em cada caso, se for a obra do Espírito Santo e o homem cair em si, está bem.

Consideremos agora *como ocorreu essa transformação*. Se vocês me perguntassem as circunstâncias exteriores do caso do pródigo, eu diria que precisou bastante coisa acontecer para trazê-lo a si. "Ora, com certeza", diz alguém, "ele deve ter caído em si quando gastou tudo! Deve ter caído em si quando começou a sentir fome". Não! Foi preciso que muita coisa ocorresse para que ele voltasse a si e a seu pai; e é necessário que muito ocorra para trazer os pecadores de volta a si mesmos e a seu Deus. Há alguns de vocês que deverão levar muitas chicotadas antes que sejam salvos. Ouvi alguém dizer, de uma pessoa que foi quase esmagada até a morte em um acidente: "Se eu não tivesse ficado perto de perecer, eu teria perecido completamente". É assim com muitos pecadores; se alguns não tivessem perdido tudo o que possuíam, teriam perdido tudo; mas, por meio de ventos fortes, violentos e furiosos, alguns são conduzidos ao porto da paz.

Essa foi a ocasião do clímax do pródigo; ele estava faminto, em grande tristeza e solitário. É excelente se conseguirmos que as pessoas fiquem a sós. Não havia ninguém perto do pobre rapaz e qualquer som para que ouvisse, com exceção dos grunhidos dos porcos na mastigação das alfarrobas. Ah! Estar a sós. Eu gostaria de que tivéssemos oportunidades de ficar sozinhos nesta grande cidade, embora, talvez, a solidão mais terrível possa ser percebida enquanto se caminha por uma das ruas de Londres! É bom que um pecador, vez ou outra, fique a sós. O pródigo não tinha quem bebesse com ele, ninguém que se divertisse com ele; havia ido muito longe para isso. Não possuía sequer um trapo para penhorar a fim de conseguir uma moedinha; deveria, portanto, sentar-se quieto sem qualquer das suas antigas companhias. Estas apenas o seguiam por causa daquilo que ganhavam dele. Enquanto ele podia agradá-los, eles o trataram bem, porém quando o rapaz havia gastado tudo "ninguém lhe dava nada". Ele foi deixado sem um companheiro em tal miséria que não podia aliviar, numa fome que não podia satisfazer. Apertou o cinto em um orifício a mais, porém parecia que ele se quebraria ao meio se apertasse um pouco mais! Estava quase reduzido a um esqueleto. A emaciação se apoderou do jovem e ele estava pronto para deitar-se e morrer. Foi então que caiu em si.

Você sabe *por que essa transformação aconteceu no caso do pródigo?* Creio que o real motivo era que seu pai estava trabalhando secretamente em favor dele o tempo todo. O estado do filho era conhecido pelo pai. Tenho certeza disso porque o irmão mais velho o sabia e, se ele ouvira sobre isso, o pai também teria ouvido. Pode ser que o mais velho tivesse contado ao pai ou, se não, o grande amor do pai teria um ouvido mais atento para as notícias de seu filho do que o mais velho teria. Embora a parábola não nos diga, pois nenhuma parábola pretende ensinar *tudo*, ainda assim, é verdade que nosso Pai é onipotente e estava secretamente tocando o centro do coração do jovem e tratando-o por meio dessa maravilhosa cirurgia chamada fome e necessidade para fazer que ele, por fim, caísse em si.

Talvez alguém aqui possa dizer: "Eu gostaria de poder cair em mim, senhor, sem ter que passar por todo esse processo". Bem, você já caiu em si se realmente deseja isso! Permita-me sugerir-lhe que, a fim de provar que isso é verdade, você comece a *pensar* seriamente: pensar sobre quem você é, onde está e o que será feito de você. Tire tempo para pensar, e isso de forma ordenada, consistente e séria e, se puder, anote seus pensamentos. Para algumas pessoas, anotar um registro de sua condição em um papel é excelente auxílio. Creio que há muitos que encontraram o Salvador em uma noite na qual eu lhes exortei a que, quando chegassem em casa, escrevessem em um pedaço de papel: "Salvo como um crente em Jesus" ou, ao contrário, "Condenado porque não creio no Filho de Deus". Alguns que começaram a escrever aquela palavra "condenado" jamais o terminaram, pois encontraram Cristo, naquele dia e local, enquanto o buscavam! Você mantém seus livros contábeis, não mantém? Tenho certeza de que o faz se tem uma empresa, a menos que vá enganar seus credores. Você mantém os registros de sua empresa; bem, agora mantenha os registros concernentes à sua alma! Olhe estas questões de frente: o porvir, a morte, que pode vir subitamente; a grande eternidade, o trono do julgamento. Pense sobre isso! Não cerre seus olhos a elas. Homens e mulheres, peço que vocês não banquem os tolos! Se tiverem que agir tolamente, escolham coisas menos importantes que sua alma e seu destino eterno! Façam seu próprio balanço, por um tempo; enfrentem essa questão com firmeza, exponha-a ordeiramente, trace um plano. Veja para onde está indo. Reflita sobre o caminho da salvação, a história da cruz, o amor de Deus e a prontidão de Cristo para salvar. E creio que, enquanto esse processo se desenrolar, você sentirá seu coração se derreter e logo descobrirá sua alma crendo no sangue precioso que liberta o pecador!

3. Eu teria muito mais a dizer, mas o tempo voou, então preciso encerrar com algumas palavras neste último ponto: QUANDO ELE CAIU EM SI, VOLTOU AO SEU PAI.

Quando um pecador volta a si, logo volta a seu Deus. O pobre pródigo, logo após cair em si, disse: "Levantar-me-ei, e irei ter com o meu pai". O que o levou de volta ao pai? Permitam-me responder essa questão bem brevemente.

Primeiramente, *sua memória o despertou*. Ele lembrou-se da casa de seu pai, lembrou o passado, seu próprio viver desordenado. Não tente esquecer tudo que aconteceu. As terríveis memórias de um passado mal vivido podem ser o meio de o conduzir a uma nova vida. Coloque sua memória para funcionar.

Depois, *seu estado miserável o ergueu*. Cada pontada de fome que sentiu, a visão de seus trapos, a degradação da associação com suínos;

tudo isso o levou de volta ao pai. Ó, senhores, permitam que suas próprias necessidades, seus desejos e sua miséria os conduzam a seu Deus!

Então, *seus temores o empurraram de volta*. Ele disse: "eu aqui morro de fome". Ainda não perecera, mas temia que logo pereceria. Teve receio de que realmente morreria porque se sentia muito fraco. Ó, senhores, vejam o que lhes acontecerá se morrerem em seus pecados! O que lhes aguarda a não ser um futuro infinito de sofrimento ilimitado? O pecado lhes seguirá à eternidade e crescerá sobre vocês lá e, à medida que continuarão a pecar, assim permanecerão em dor sempre crescente. Uma degradação maior e uma penitência ainda mais tremenda acompanharão seu pecado no mundo porvir! Portanto, que seus temores lhes dirijam ao lar, da mesma forma que fez com o pobre pródigo.

Enquanto isso, *sua esperança o atraiu*. Essa suave corda foi tão poderosa quanto o pesado chicote: "Na casa de meu pai há pão suficiente e de sobra; não preciso morrer de fome. Ainda posso me satisfazer". Ó! Pensem no que vocês poderão ser! Pobres pecadores, pensem no que Deus pode e está pronto a fazer por vocês, a fazer por vocês hoje à noite mesmo! Como Ele pode lhes fazer felizes! Quão em paz e abençoados! Então permitam que sua esperança os atraia a Ele. Então, a resolução do jovem o moveu. Ele disse: "Levantar-me-ei, e irei ter com o meu pai". Tudo mais o conduziu ou o atraiu e agora ele está resoluto a retornar ao lar! Levantou-se da terra sobre a qual se sentava entre suas imundícies e disse "irei". O homem tornou-se homem! Havia caído em si, a hombridade lhe retornara, e disse: "Irei, irei".

Por último, houve o ato real de ir ao pai; foi isso que lhe trouxe para casa. Não! Permitam-me corrigir-me. Diz-se que "*vinha ele*" ao pai, contudo, há uma verdade divina ainda mais excelsa no pano de fundo, pois *o pai correu até ele*. Assim, quando você é movido a retornar, e a resolução se torna ação, e você se levanta indo a Deus, a salvação é sua quase antes do que você pudesse esperar porque, uma vez que você tome essa direção, e enquanto ainda está bem longe, seu

Pai superará o vento para vir encontrá-lo, agarrar-se a seu pescoço e beijá-lo com ósculos de reconciliação! Essa será sua porção se você apenas confiar no Senhor Jesus Cristo!

E quanto a vocês, povo cristão, que podem dizer que não há nada para si mesmos neste sermão, não se tornem um grupo de irmãos mais velhos murmuradores! Ao contrário, vão e orem a Deus para abençoar este sermão. "Mas", vocês dizem, "esta noite eu não provei do novilho cevado." "Ó, mas, se ele foi morto para o filho mais jovem, também o foi para você!" "Eu não tomei parte na música e da dança esta noite." Bem, esta noite eles se regozijaram pelo retorno do pródigo; por uma alma que já creu em Cristo... Sei que sim! Deus não nos deixa pregar em vão. Ele nos dará nosso salário e nossa recompensa! Portanto, regozijem-se conosco por tudo que o Senhor já fez e por tudo que Ele fará! Que o Senhor os abençoe, amados, todos vocês, sem exceção, pelo amor de Cristo! Amém.

Este sermão foi pregado no Metropolitan Tabernacle, em Newington, na noite de 19 de maio de 1887.

10

A OVELHA PERDIDA

Que vos parece? Se um homem tiver cem ovelhas, e uma delas se extraviar, não deixará ele nos montes as noventa e nove, indo procurar a que se extraviou? E, se porventura a encontra, em verdade vos digo que maior prazer sentirá por causa desta do que pelas noventa e nove que não se extraviaram. (Mateus 18:12,13)

Esta passagem acontece em um discurso de nosso Salvador contra o desprezo dos pequeninos que creem nele. Ele prediz um juízo terrível para aqueles que, em desdém pelos pequeninos, levam-nos a tropeçar. E Ele proíbe esse menosprezo por meio de fortíssimos e variados argumentos sobre os quais podemos agora nos apoiar. Há uma tendência, aparente nestes tempos, de pensar muito pouco na conversão de *indivíduos* e de considerar a obra do Espírito Santo sobre cada pessoa separadamente como um empreendimento muito lento para esta Era progressista. Ouvimos grandes teorias de uma teocracia de um tipo desconhecido às

Sagradas Escrituras — um domínio parcialmente político do Senhor sobre as massas onde os indivíduos são impenitentes. Ouvimos palavras suntuosas sobre o erguimento de *nações* e do desenvolvimento da raça. Contudo essas ideias arrogantes não produzem fatos, nem têm qualquer poder moral. Nossos "cultos" professores estão fartos do monótono trabalho de trazer almas individuais à luz. Querem fazê-lo no atacado, por meio de processos muito mais rápidos do que esse da salvação pessoal. Estão cansados das unidades — suas grandes mentes repousam sobre a "solidariedade da raça".

Ouso afirmar que, se alguma vez desprezarmos o método da conversão *individual*, entraremos na falaciosa ordem dos empreendimentos por atacado e nos encontraremos naufragados nos rochedos da hipocrisia. Mesmo naqueles gloriosos tempos em que o evangelho terá o curso mais livre, quando correrá mais rapidamente e será mais extensivamente glorificado, seu progresso ainda será segundo a antiga maneira de convicção, conversão e santificação individual. Indivíduos que, pessoalmente, crerão e serão batizados conforme a Palavra do Senhor.

Temo que haja em qualquer um de vocês até mesmo a menor medida de menosprezo por aquela única ovelha perdida por causa dos métodos grandiosos e filosóficos que são atualmente defendidos de forma tão vociferada. Eu não gostaria de que vocês trocassem o ouro do cristianismo individual pelo metal básico do socialismo cristão. Se os andarilhos devem ser trazidos de volta em grandes números, como oro para que aconteça, ainda assim isso deve ser feito de forma a trazê-los *um a um*. Buscar a regeneração *nacional* sem a *pessoal* é sonhar em erguer uma casa sem os tijolos individuais. Na vã tentativa de trabalhar na coletividade, podemos perder os resultados práticos que seguiriam o trabalho nos detalhes. Coloquemos isto em nossa mente: não podemos fazer melhor do que obedecer ao exemplo de nosso Senhor Jesus que nos foi dado nesse texto e ir atrás daquela única ovelha que se desviou.

Nosso texto nos alerta de que não devemos desprezar uma pessoa, mesmo que seja por causa de mau caráter. A primeira tentação é de desprezar porque é apenas um. A próxima é desprezar porque um é tão pouco. A seguinte, e talvez a mais perigosa forma de tentação, é desdenhar essa uma porque ela se desviou. O indivíduo não está no caminho certo, não está obedecendo à lei, ou trazendo crédito sobre a igreja, mas fazendo aquilo que envergonha o espiritual e ofende o santo. No entanto, não devemos desprezá-lo. Leia: "Porque o Filho do Homem veio salvar o que estava perdido" (Mt 18:11). No grego, a palavra "perdido" é muito forte — podemos traduzi-la como "aquele que está destruído". Não significa "aquele que não existe", como vocês podem ver claramente; mas aquele que está destruído a ponto de ficar inútil ao pastor, quanto a trazer a alegria a si próprio, quanto a cumprir o intento para o qual fora criado. Significa qualquer um que o pecado tenha destruído tão efetivamente de forma que sua existência é uma calamidade maior do que sua inexistência. Porém, mesmo que esteja agora morto em pecados e transgressões, e seja ofensivo em caráter — não devemos desprezá-lo. O Filho do Homem não o menosprezou, pois, "veio buscar e salvar o perdido". O Senhor Jesus salvou por Seu gracioso poder muitas almas que estavam tão destruídas a ponto de estarem perdidas para si mesmas, perdidas para Deus, perdidas para seu povo, perdidas para qualquer coisa semelhante à esperança e santidade. Ele valoriza cada uma delas. Essa é a lição que aprendi e que ensinarei nesta manhã com toda a minha força. Que o Espírito Santo também a ensine.

Ao considerar as palavras de nosso Senhor que estão agora diante de nós, peço-lhes que observem, inicialmente, que o Senhor Jesus aqui demonstra interesse particular em uma alma perdida. Depois, Ele deixa claro o especial empenho no resgate desta. E, em terceiro, Ele demonstra regozijo especial quando esta ovelha perdida é restaurada. Quando tivermos meditado sobre tudo isso, observaremos, na sequência, que Ele estabelece um exemplo muito impressionante — desta forma nos ensinando a nos importarmos com *cada* alma destruída pelo pecado.

1. Primeiramente, então, nas palavras diante de nós, NOSSO SENHOR DEMONSTRA INTERESSE ESPECIAL EM UMA ÚNICA ALMA PERDIDA.

Percebam no começo, que, por amor àqueles que estão perdidos, nosso Senhor assume um caráter especial. O décimo primeiro versículo diz assim: "Porque o Filho do Homem veio salvar o que estava perdido". Ele não era originalmente conhecido como "O Filho do Homem", mas como "Filho de Deus". Antes que todos os mundos viessem a existir, Ele habitava no seio do Pai, mas "não julgou como usurpação o ser igual a Deus". A fim de redimir os *homens*, o Filho do Altíssimo se tornou "o Filho do Homem". Ele nasceu da virgem e, por nascimento, herdou as inocentes enfermidades de nossa natureza e suportou os sofrimentos incidentes dessas enfermidades. Depois, também tomou sobre si nosso pecado e suas punições, e assim morreu na cruz. Em todos os pontos, Ele foi feito como Seus irmãos. Não poderia ser o pastor dos homens sem se tornar como eles, portanto a Palavra condescendeu em se tornar carne. Contemplem o estupendo milagre da encarnação!

Nada pode superar esta maravilha: Emanuel, Deus conosco! "…reconhecido em figura humana, a si mesmo se humilhou, tornando-se obediente até à morte e morte de cruz". Ó, perdidos, conscientes de suas perdas, tenham coragem hoje quando o nome de Jesus é invocado em seus ouvidos! Ele é Deus, mas é homem, e como Deus e homem Ele salva Seu povo de seus pecados.

Em seguida, para demonstrar o quanto Jesus valoriza uma alma perdida, Ele desce de forma maravilhosa. "O Filho do Homem veio". Ele sempre fora conhecido como "Aquele que virá". Mas, quanto à salvação dos perdidos, Ele realmente chegou. Para o julgamento, permanece ainda como "Aquele que virá". Contudo, regozijamo-nos que, para a salvação, nosso Salvador já é chegado. Deixando a assembleia dos perfeitos, veio para cá como amigo de publicanos e pecadores. De ser o Senhor dos anjos, Ele se inclinou para se tornar "homem de dores e que sabe o que é padecer". Sim, Ele veio, e não foi em vão! Aqueles que pregavam a vinda do Salvador tinham uma mensagem tão jubilosa que seus pés eram formosos sobre os montes e sua voz era como música celestial. No entanto, para nós que pregamos que Ele já veio e que vindo consumou a obra que se dispusera realizar, certamente nossa mensagem é a mais alegre de todas. Nosso Senhor Jesus completou o sacrifício expiatório e a justificadora retidão pelas quais os perdidos são salvos. Feliz é o pregador de tais notícias e benditos são nossos ouvidos por as ouvirem! O Bom Pastor realizou tudo o que é necessário para a salvação do rebanho que Seu Pai entregou em Suas mãos. Amados, tenhamos coragem. Por mais perdidos que sejamos, Cristo veio para nos salvar. Ele chegou ao lugar de nossa ruína e lamento. Sua vinda e busca não serão em vão. Irmãos e irmãs, quanto devemos valorizar a alma dos homens quando Jesus, por amor a eles, se torna homem e vem a esse mundo pecaminoso, entre nossa raça culpada, para que possa realizar a salvação do perdido!

Percebam que Ele o faz por aqueles que ainda permanecem perambulando. Eu anotei, ao pesquisar no texto grego, que está escrito: "Ele busca o que vagueia". O pastor procura a ovelha enquanto esta vagueia — vai atrás dela porque ela vagueia e necessita ser procurada. Muitos dos redimidos do Senhor estão, agora mesmo, vagueando e o pastor está indo atrás delas. O Salvador busca aqueles que estão, neste momento, pecando. Posso entender que Ele tenha amor por aqueles que se arrependem. Mas que se preocupe com aqueles que estão deliberadamente vagueando é ainda mais fruto da graça. Jesus busca aqueles que têm suas costas voltadas a Ele, que estão indo para mais e mais longe do aprisco. Aqui a graça divina é mais gratuita, mas plena e mais cheia da graça. Sem dúvida, é assim. Embora você se endureça contra o Senhor; embora recuse-se a volta depois de Sua reprimenda, ainda assim, se você for Seu redimido, Seus olhos de amor o percebem. Em todas as suas perambulações, Ele os segue! Ó, que vocês se rendam, por Sua graça, e descubram que Ele os salva! Ó, vocês que agora estão no rebanho, pensem no amor de Cristo por vocês enquanto estavam fora do redil. Quando não tinham desejo de voltar; quando, ao verem-no procurando por vocês, ainda se apressaram a correr para escapar a Seu poderoso amor! Que juntos cantemos —

Determinado a salvar-me,
Ele observou meu andar,
Enquanto ainda cego escravo de Satanás,
Com a morte eu ousava brincar.

Não obstante toda minha rebelião e toda minha deliberada transgressão, Ele ainda me amou com Seu coração e buscou-me com Sua Palavra. Ó, quanto *nós* devemos amar os pecadores, tendo em vista que Jesus *nos* amou e morreu por nós enquanto ainda pecadores! Devemos nos importar com os alcoólatras, enquanto ainda na rodada da bebida; os blasfemos enquanto ainda os ouvimos xingar; e os promíscuos, enquanto lamentamos vê-los poluindo nossas ruas à meia-noite. Não devemos esperar até ver algo melhor neles, mas devemos sentir um intenso interesse por eles do jeito que eles estão: vagueando e perdidos. Quando a ovelha é dilacerada com os espinhos dos lugares áridos e está adoentada e reduzida a pele e osso como consequências das longas perambulações e fome, devemos procurar sua restauração — embora não vejamos nela desejo de se submeter ao cuidado e controle do pastor. Assim foi o amor de nosso Salvador por *nós*. Assim deve ser nosso amor para com os perdidos.

O pastor tem interesse especial no perdido, não apenas aquele que agora vagueia, mas até mesmo quando este já está muito distante. Considere estas palavras cuidadosamente: "se porventura a encontra". Esse "se" conta sua própria história. A ovelha ficou tão terrivelmente perdida que não era provável que fosse encontrada novamente. Havia vagado por bosques tão densos, ou perambulado por uma região tão selvagem, que dificilmente parecia estar dentro dos limites da esperança de ser descoberta e trazida de volta. Não é sempre que nos deparamos com um "se" quando se trata da obra de Cristo. No entanto, aqui temos um — "se porventura a encontra". Isso não denota fraqueza no pastor, mas o enorme perigo em que a ovelha estava. Muitas vezes ouvi os que chegam a confessar Cristo, e que reconhecem Seu amor por eles, dizerem que ficam admirados que eles, acima de todos os outros, deveriam estar fazendo tal coisa. Quando nos assentamos à Mesa do Senhor, há um maravilhoso banquete. Porém, a maior maravilha são os convidados, quando estou entre eles. Com muita humildade cada um de nós pode cantar:

Por que me fizeste a Tua voz ouvir,
E entrar onde há tanto espaço,
Enquanto milhares fazem a desditosa escolha,
Preferindo morrer de inanição à Tua mesa vir?

No entanto, assim é. O Bom Pastor hoje busca muitos cuja salvação parece altamente improvável, se não totalmente impossível. Nisto está o amor: que Ele vá atrás daqueles a quem não tem garantia, por meio algum, de que encontrará, nem mesmo uma probabilidade! A tarefa que Ele assume é muito improvável, quase impossível! No entanto, por estes Ele se interessa profundamente.

Além disso, aqueles por quem nosso Senhor tem esses pensamentos de amor frequentemente têm pecado de forma a levar a si mesmos ao perigo mais mortal. "Porque o Filho do Homem veio salvar o que estava perdido." No salvamento está implicado a situação de ruína, perigo, risco — sim, destruição já, até certo ponto, presente. Não estão muitos agora brincando com o fogo do inferno? O que é esse fogo insaciável a não ser o pecado em sua natureza e resultados? Os homens estão se divertindo às margens da desgraça eterna — "no devido tempo, seus pés escorregarão" (Dt 32:35 NVT). Brincar com um instrumento afiado não é nada, em termos de perigo, comparado com o divertir-se com nossas luxúrias. E muitos o estão fazendo. No entanto, apesar de seu perigo, Jesus os procura. Vocês veem aquelas ovelhas imprudentemente se alimentando próximo à toca do lobo? Em pouco tempo o monstro as devorará. Elas estão longe de casa, do descanso e da segurança. Não têm desejo de voltar. Estão determinadas a vagar ainda mais longe do aprisco. O Senhor Jesus vai atrás dessas desesperadamente iludidas. Até que você atravesse o portão de ferro, o evangelho o convidará a retornar. Se você está a um centímetro que seja deste lado do inferno, o amor o buscará e a misericórdia o perseguirá. Nosso glorioso Davi, enquanto a ovelha está viva, é capaz de resgatá-la das garras do leão e das patas do urso. Embora, como Jonas, uma alma possa descer às profundezas e ficar fora de todo o alcance *humano*, uma palavra de Jesus pode trazê-la do poço mais fundo de volta à superfície. Glórias sejam ao bendito nome do Poderoso Salvador! Ele pode salvar até o fim — Seu poder para resgatar o perdido é tal que ninguém é vil demais para Sua salvação!

Se corretamente considerarmos a parábola diante de nós, veremos que Ele se interessa especialmente nessas ovelhas desviadas porque elas lhe pertencem. Esse homem não foi atrás de animais selvagens, ou das ovelhas de outro homem. Porém, tinha 100 ovelhas próprias e, quando as contou, percebeu que faltava *uma*. O mercenário, a quem as ovelhas não pertencem, teria dito: "Temos aproximadamente cem. Não precisamos ser criteriosos quanto àquela ovelha singular". Contudo, essas 100 ovelhas pertenciam ao próprio pastor. Eram suas por escolha, por herança, por dádiva divina, por gloriosa conquista e por preço bem alto. Ele não aceitaria 99 como se fosse 100. "Nenhum deles se perdeu", diz Ele. "...guardava-os no teu nome, que me deste, e protegi-os, e nenhum deles se perdeu, exceto o filho da perdição, para que se cumprisse a Escritura." Jesus não suportaria relatar uma perda no rebanho que lhe foi entregue pelo Pai. Noventa e nove não é igual a 100, e o Salvador não o consideraria assim. Pois Ele sabe bem que "não é da vontade de vosso Pai celeste que pereça um só destes pequeninos". Caros amigos, já que Jesus se interessa a tal ponto até mesmo em uma alma desviada, vocês não devem achar pouco que *vocês* possam ser chamados para cuidar de uma única alma. Não pensem que uma pequena congregação de 40 ou 50 é muito pouco para merecer seus melhores esforços. Se sua turma da escola bíblica, por causa de várias circunstâncias, diminuir até ter poucos alunos, não desista! Não, não! Valorize uma alma mais do que qualquer riqueza do mundo! A companhia total dos redimidos está longe de estar completa, uma vez que há muita gente desta cidade que ainda não foi trazida aos pés do Senhor. Portanto, nunca sonhem em cessar seus labores. Não descansem até que venha a hora —

Quando toda a raça escolhida
Diante do trono há de se congregar,
Para a ministração de Sua graça louvar,
Fazendo Sua glória conhecida.

2. Em segundo, que o Espírito de Deus me auxilie enquanto lhes relembro que NOSSO SENHOR EXERCEU EMPENHO ESPECIAL PARA SALVAR UM INDIVÍDUO SOLITÁRIO.

Observe na parábola — porque *é* uma parábola, embora bem curta — que vemos o pastor abandonando os mais ditosos confortos. Ele se sentia em casa com Seu rebanho apegado e fiel. Essas ovelhas não haviam se desviado e se reuniam em torno dele. Ele as alimentava e tinha nelas prazer. Sempre há muito trabalho com as ovelhas, elas têm muitas doenças, fraquezas e necessidades. Todavia, quando se tem um rebanho apegado, afeiçoado ao dono, este se sente em casa com elas. Assim, o Grande Pastor se descreve como deixando as 99, Seu rebanho escolhido — as ovelhas que tinham comunhão com Ele e Ele com elas. Sim! Ele deixa aquelas em quem tem prazer a fim de buscar aquela que lhe causou sofrimento. Não me deterei sobre como Jesus deixou o Paraíso lá em cima e a alegria da casa de Seu Pai para vir a este lúgubre mundo. Mas oro para que vocês se lembrem de que Ele o fez. Foi uma descida maravilhosa quando o Bom Pastor veio de além das estrelas para habitar neste anuviado globo para redimir os filhos dos homens. No entanto, lembrem-se: Ele ainda vem continuamente por meio de Seu Espírito. Sua missão de misericórdia é perpétua. O Espírito de Deus move Seus ministros, que são os representantes de Cristo, a abster-se de alimentar o rebanho congregado e a buscar, em seus discursos, a salvação daqueles errantes em cujo caráter e comportamento não há nada a celebrar.

O coração de meu Mestre é cheio de cuidado por todos os que o amam. Ele tem seus nomes gravados nas joias do Seu peitoral sacerdotal. Contudo, Seu coração está sempre indo adiante e longe, atrás daqueles que ainda não lhe foram trazidos. E após aqueles que uma vez estiveram em Seu rebanho, mas que se afastaram e o deixaram. Ele deixa os felizes e santos e dá sua maior atenção ao perdido. Nosso Senhor sai para buscá-lo. Não é meramente um envio de pensamentos positivos — é uma marcha adiante em poder. Sua graça divina está indo adiante, creio, neste dia, para além da companhia a quem Ele chamou por Sua graça em direção àquelas outras ovelhas que ainda não estão em Seu rebanho, a quem Ele também deve trazer. Jesus não deseja que Sua Igreja empregue todo o seu cuidado ao rebanho que Ele já conduziu para dentro dos pastos verdejantes da Igreja, mas deseja que ela vá em busca daqueles que ainda não estão em sua abençoada sociedade.

De acordo com o texto, o pastor vai às montanhas — entre dificuldades e perigos. Ele o fará ousadamente a fim de salvar o perdido, não há dificuldades que possam intimidar Seu poderoso amor. Você sabe por quais sombrias ravinas Ele passou para resgatar o homem.

Ouviu o quanto escalou atrás de almas orgulhosas e como condescendeu pelos desesperados. A ovelha no Oriente tem pés mais leves do que as nossas. Ela salta como uma gazela e sobe montanhas como uma camurça [N.T.: Pequeno caprino encontrado nos Alpes e nos Balcãs.]. Da mesma forma os pecadores são muito ágeis na transgressão e ousados em presunção. Eles saltam em suas iniquidades naquelas coisas que os filhos de Deus estremeceriam em segui-los sequer em pensamento. Minimizam os saltos de profanidade que coagulariam o sangue daqueles que foram ensinados no temor de Deus aos pés de Jesus Cristo. Contudo, o Senhor Jesus foi atrás desses marginais. Que dificuldades teve que superar, que sofrimentos suportou, sobre quais montanhas saltou — para que pudesse ir à sua busca e salvá-los! Ó irmãos, Ele ainda tem o mesmo coração e continuamente está na pregação da Palavra de Deus. Entre muitos suspiros e gemidos da parte de Seus ministros escolhidos, Ele vai dentre as montanhas para buscar aquele que se desviou. Oro para que o Senhor aceite os esforços de Seu indigno servo neste dia e traga algum perdido de volta para casa por intermédio deste sermão.

A fim de demonstrar Seu empenho pelo perdido, nosso Senhor se descreve como buscando com diligência perseverante. Olha para este lado e não vê nada. Põe Sua mão sobre Sua fronte para fazer sombra aos olhos e procura persistentemente! Acha que avistou a ovelha. Certamente há algo vivo sobre a encosta da montanha! Observa atentamente. Não! Aquilo não se move — é uma pedra branca! Possivelmente a ovelha perdida naquela ravina. É um longo caminho a percorrer, mas Ele está tão determinado em Seu propósito que logo chega lá. No entanto, não consegue vê-la. Onde ela estará? Ele caminha com pés ligeiros, pois não sabe o que pode acontecer ao animal enquanto Ele se demora. De vez em quando para — crê que ouve um balido. Com certeza é a voz de sua ovelha! Enganou-se. Seu amor faz Seus ouvidos criarem sons que nem existem. Ele não viu ou ouviu nada nessas longas horas. Mas continuará procurando até que a encontre. A concentração da onisciência de Cristo é colocada sobre a alma que se desvia, indo atrás dela em todos os seus desejos e emoções perversos — observando o crescimento de qualquer coisa que se assemelhe ao arrependimento — e observando com tristeza o endurecer de seu coração. É isso que o Senhor está fazendo por aqueles que redimiu com Seu sangue; que ainda não levou de volta ao redil. Ele coloca um esforço gracioso de Seus olhos e mente, bem como de pés e mãos em direção de Suas ovelhas andarilhas.

Por fim, Ele salva — salva completamente. Jesus não veio para tornar a salvação de Seu povo *possível*, mas para salvá-los. Não veio para colocá-los no caminho da autossalvação, mas para salvá-los. Não veio para salvá-los parcialmente, mas totalmente. Quando meu Senhor vem na majestade de Sua graça soberana para salvar uma alma, Ele cumpre Seu propósito, apesar do pecado, da morte e do inferno! O lobo pode ranger os dentes, mas o pastor é o Mestre do lobo. A própria ovelha pode, por um longo tempo, ter vagado e, no final, lutar contra o Pastor, mas Ele lhe agarra os pés, coloca a criatura sobre Seus ombros e a carrega para casa, pois está determinado a salvá-la. A ovelha se alegra por ser carregada dessa forma, pois, com um toque, o Pastor molda a vontade dela de acordo com a Sua mais perfeita vontade. Sua graça é a energia triunfante pela qual o perdido é restaurado.

A salvação de uma única alma é uma multidão de milagres. Ouvi sobre um incêndio que consumiu uma loja de um joalheiro, e muitos tesouros caros de ouro, prata e pedras preciosas foram encontrados entre as ruínas, assados em um conglomerado de riquezas. Que resgate! Assim é a salvação de um único homem — é uma massa de incalculáveis misericórdias derretidas em um lingote inestimável, dedicados ao louvor da glória de Sua graça que nos torna "aceitos no amado" e "salvo pelo Senhor com salvação eterna". Quando penso na energia que é empregada pelo Senhor para salvar uma única alma, sinto-me emocionado em meu coração e desejo que seu coração também o seja — que empenhemos toda nossa força para ir e encontremos os perdidos do Senhor. Que cooperemos com Ele em Seu grande labor de buscar o que se perdeu. Ó, que o Espírito Santo coloque em nós tal espírito e o mantenha lá!

3. Estou compelido a passar adiante rapidamente. Perceba, em terceiro lugar, que nosso Senhor SENTE ALEGRIA ESPECIAL COM A RECUPERAÇÃO DE UMA OVELHA DESVIADA. Não erre aqui. Não suponha que nosso Senhor ama aquela única alma vagueante mais do que as 99 que foram preservadas por Sua graça de se desviarem. Ó, não! Ele pensa 99 vezes mais nas 99 do que naquela única, pois Suas ovelhas são, cada uma, igualmente preciosas para Ele. Não devemos supor que o Pastor considera qualquer alma de Seus redimidos com ternura 99 vezes maior do que considera a outra. Contudo, você verá o significado da passagem por meio de uma ilustração de sua própria experiência. Você tem uma família e ama todos os seus filhos de forma semelhante, mas o pequeno Johnny está muito adoentado. Ele tem febre e corre risco de morte. *Neste momento*, você pensa mais nele do que nos demais. Ele se recupera, e você o traz escada abaixo em seu colo, e assim este é o filho mais querido de todo o conjunto. Agora ele é muito mais valorizado do que seus irmãos e irmãs, mas o fato de que ele estava tão doente e era provável que morresse foi o que lhe trouxe mais à memória e lhe causou mais ansiedade. Portanto, você tem mais alegria nele por causa de sua recuperação.

As grandes profundezas do amor de Cristo por todo Seu rebanho são as mesmas, mas, às vezes, na superfície há uma tempestade santa de alegria quando qualquer deles foi recentemente restaurado depois de perambular. Entenda a razão dessa expansiva alegria. A andarilha causou grande sofrimento. Todos ficamos entristecidos de que nosso irmão tenha se tornado, tão abertamente, um desviado. Que um cristão tão zeloso, como ele parecia ser, traria desgraça à sua confissão de fé. Nosso Senhor fica ainda mais triste do que nós. Quando a andarilha volta, sentimos uma nova alegria nela. Proporcional ao pesar que sentimos sobre o vagueante é a alegria manifestada quando ele é restaurado. Além disso, foram despertadas grandes apreensões. Temíamos que ele não pertencesse ao Senhor e que voltaria à perdição. Tremíamos por ele. Esse pavor sombrio acabou agora — a ovelha está salva — o duvidoso está salvo e restaurado ao rebanho. A intensidade do alívio é igual ao peso da apreensão. O pastor também exercitou grande labor sobre a perdida. Partiu por entre as montanhas para encontrar Sua ovelha. Contudo, agora, Seu labor está plenamente recompensado, visto que achou a perdida. Ele não se lembra mais de Sua jornada e da labuta por causa da alegria de ter a ovelha salva. Ademais, nesta ovelha recém-restaurada há marcas da salvação que causam júbilo. Ela estava lacerada pelos espinheiros, porém agora descansa. Vejam-na deitada sobre a tenra grama! Estava exausta e quase morta pelas perambulações. Todavia, agora, como está feliz na presença do pastor! Quão próximo ela se mantém dos passos de seu pastor! Tudo isso faz a alegria dele!

O pastor se alegra quando traz de volta a ovelha perdida porque faz desse resgate uma ocasião e oportunidade para uma noite de gala especial. Ele quer que todas as Suas ovelhas aprendam sobre Seu deleite nelas ao testemunhar Sua alegria em uma delas. Sei que é assim na igreja. Louvo o Senhor quando Ele guarda os pés de Seus santos. Bendigo-o diariamente por sua graça que nos preserva. Mas, quando uma triste andarilha é restaurada, nós o bendizemos mais enfaticamente. Então, temos música e dança. Um irmão mais velho se pergunta o que será esse júbilo transbordante. No entanto, todos os demais podem ver que há uma boa razão para risadas especiais quando o perdido foi encontrado. Os pastores e seus rebanhos não podem ter um feriado todos os dias. Contudo, quando a perdida é recuperada, sentem tanto deleite mútuo no salvamento da perdida que separam a ocasião para se regozijarem. Quero que todos vocês reconheçam isso. Se vocês amam a Igreja de Cristo, estão comprometidos a manter o dia do banquete quando os decaídos são reerguidos, e que possam observar essa festa, pois têm o compromisso de empenhar toda sua força em trazer de volta o perdido!

4. Agora chegamos ao cabo de guerra, isto é, a observar como nosso divino Pastor NOS ESTABELECE UM IMPRESSIONANTE EXEMPLO.

Podemos entender esse texto como nossa garantia missionária pessoal. Hoje, somos convocados a pensar sobre missões. E, como considero inútil pregar sobre missões num estilo rebuscado, propus-me a falar algo comum, mas prático. Irmãos, todos nós devemos ser missionários por Cristo, e o texto apresenta uma justificativa para cada um trabalhar com afinco como ganhador de alma. Então, o que deveremos fazer para imitar nosso Senhor? A resposta é: iremos atrás daquela *única* alma! Não posso fazer uma seleção para vocês, nesta manhã, mas rogo a todos que são obreiros com Deus para que vão atrás dos *indivíduos*. Há um tipo de talento ao falar com *indivíduos* e nem todos o possuem. Mas todo crente deveria trabalhar para o adquirir. Procure pelas almas dos homens uma a uma. Para mim, é bem mais fácil falar com todos do que seria pegar um a um e falar-lhe pessoalmente sobre sua alma. E, no entanto, esse falar individualmente com cada um pode ter mais sucesso do que este sermão para a massa. Rogo-lhes: assim como o Grande Pastor sai atrás de uma ovelha, não pensem que se diminuirão ao buscar um pobre homem, ou mulher, ou criança. Mas faça-o agora. Ouçam novamente: que esse indivíduo seja alguém que está bem fora do caminho. Tentem e pensem em alguém que se afastou gravemente. Pode ser que haja alguém em sua família, ou que conheceu no decurso de uma negociação. Pensem cuidadosamente nessa única alma e reflitam sobre seu pecado e perigo. Vocês gostariam de escolher um caso em que há esperança para que possam sentir certeza do sucesso. Tomem outro curso desta vez: busque aquela que está se afastando e parece sem esperança. Sigam o exemplo de seu Senhor e procurem aquele que é menos provável de ser encontrado. Vocês tentarão esse plano? Se não, vocês estarão abandonando o caminho de seu Senhor.

"Eu tenho uma turma e um trabalho", diz alguém. Sim. Quero que você, por pouco tempo, deixe as 99. Oro para que possa se sentir chamado a cuidar de alguém gravemente depravado, ou de alguma criança totalmente negligenciada. Cuide de sua classe de 99, se conseguir, mas vá atrás daquela uma a qualquer preço. Faça um esforço incomum — saia de seu próprio caminho. Que o serviço cotidiano seja colocado em segundo plano, por enquanto. Será uma mudança saudável para você e, talvez, um grande alívio. Quem sabe você voltará e fará melhor às 99 depois de ter se afastado por pouco tempo em favor da desviada. Você está ficando um tanto mofado e um tanto cansado da monotonia de seu trabalho. Todos os domingos são as mesmas meninas ou meninos, e o mesmo formato de lição. Bem, corte toda essa preocupação por um pouco e vá atrás daquela única ovelha que se desviou. "Você está nos dando um conselho estranho, senhor Spurgeon." Se isso não está em meu texto, então não o siga. Porém, se está nas palavras de nosso querido Mestre, creio que vocês o cumprirão corajosamente! Quando vocês forem atrás daquela ÚNICA, levem consigo todo seu bom senso. Vão e procurem — e isso não podem fazer a menos que estejam alertas. Vão em busca da desviada. Vocês disseram que esperariam até que ele batesse à sua porta? Essa é sua noção de *procurar* a ovelha perdida? É assim que agem os caçadores no outono? Eles se assentam na sala de estar até que os faisões entrem pela janela? Este seria um esporte equivocado —

Ó, venhamos e os encontremos
Nos caminhos da morte eles vagam.

Vá atrás delas, pois assim fez seu Pastor. Ele enfrentou as encostas escorregadias das montanhas. Não imagino que o pastor tivesse mais amor pelas trilhas montanhosas do que você. Contudo, escalou essas trilhas escarpadas por amor à ovelha. Vá após os pecadores em sua miséria e desventuras até que os encontre!

Aqui está algo para animá-lo. Se você ganhar uma alma como essa, terá mais alegria, muito mais do que ao salvar aqueles por quem trabalha regularmente — mais alegria sobre esse perdido do que os 99 cheios de esperança. Ganhar esse culpado será um grande apoio à sua fé, impulso para sua alegria e clara luz para seus labores. Não se surpreenda de falar sobre isso por muitos dias e lhe será uma fonte de força quando as coisas não estiverem exatamente como você deseja. Esses convertidos serão sua coroa de alegria! Posso lhes recomendar especialmente que façam uma experiência com essa busca extra pelas ovelhas? Se você não for bem-sucedido, não terá prejudicado ninguém, pois terá seguido o exemplo de seu Senhor e Mestre. No entanto, você *terá* sucesso porque Ele está com você e Seu Espírito age por seu intermédio.

Quero lhes lembrar de que, mesmo sob a antiga Lei, você teria o compromisso de fazer assim. Vá ao capítulo 23 de Êxodo e leia os versículos 4 e 5: "Se encontrares desgarrado o boi do teu inimigo ou o seu jumento, lho reconduzirás. Se vires prostrado debaixo da sua carga o jumento daquele que te aborrece, não o abandonarás, mas ajudá-lo-ás a erguê-lo". Você é obrigado a fazer o bem até mesmo a seu inimigo! Você não servirá a seu melhor amigo? Se o boi ou o jumento de seu inimigo precisar ser levado de volta para ele, você tem obrigação de fazê-lo. Quanto mais quando a ovelha pertence Àquele a quem você ama com todo seu coração! Prove seu amor a Jesus ao esforçar-se para levar-lhe de volta Seus desviados! Vá para Deuteronômio 22, versículos 1 a 4, e lá encontrará outro pedacinho da Lei: "Vendo extraviado o boi ou a ovelha de teu irmão, não te furtarás a eles; restituí-los-ás, sem falta, a teu irmão". Ó, você não trará de volta a ovelha desviada a seu grande irmão, o "primogênito entre muitos irmãos"? "Se teu irmão não for teu vizinho ou tu o não conheceres, recolhê-los-ás na tua casa, para que fiquem contigo até que teu irmão os busque, e tu lhos restituas."

Se você não pode levar uma alma a Cristo, de qualquer maneira, conquiste-a para si. Se não pode levá-la imediatamente à conversão, mostre-lhe alguma hospitalidade dentro de sua própria casa ao ministrar-lhe tanto consolo quanto possível. Faça o que puder para animar o pobre coração até que Cristo venha após ele. "O jumento que é de teu irmão ou o seu boi não verás caído no caminho e a eles te furtarás; sem falta o ajudarás a levantá-lo." Como é fácil nos esconder! Essa é a expressão usada por Moisés: "não verás caído no caminho e a eles te furtarás". Quando você sabe que a pessoa é muito má, o plano natural é desejar-lhe bem, mas ficar longe do caminho dela. A prudência o leva a esconder-se dela. A rua toda pode se encher de prostitutas, mas você foi dormir e a porta está fechada. O que o pecado delas tem a ver com você? Há muitos bêbados ao redor. Mas você não bebe em excesso. O que a bebedeira deles tem a ver com você? Isso é o que significa "furtar-se a eles"; e com que facilidade isso é feito!

Peguemos uma ilustração que vale a pena contar. Um navio, dia desses, estava cruzando o Atlântico e encontrou aquele navio de emigrantes que estava quebrado, o Danmark. Suponha que o capitão tivesse mantido o curso. Ele poderia ter olhado para outra direção e resolvido não se deter. Poderia ter argumentado: "Tenho obrigação de fazer o melhor pelos proprietários. Vou me atrasar se eu for atrás do Danmark. É melhor eu passar direto e não o ver; ou apressar-me ao porto e enviar ajuda". Isso poderia ter sido feito e ninguém teria sido mais sábio, pois o navio logo naufragaria. O capitão daquele navio era de nobre estirpe. Ele não se furtou, nem se fez de cego diante da agonia da outra embarcação. O que ele fez? Que ele receba a honra. Aproximou-se e levou o navio a reboque. Isso não é tudo: percebeu que o barco não conseguiria se manter flutuando e resolveu trazer aquelas centenas de emigrantes a bordo de seu navio, mas não poderia transportar eles e a carga. O que fez? Sua decisão é grandemente honrosa: lançou a carga ao mar!

A bênção de Deus repousa sobre esse homem! O carregamento foi lançado ao mar, os passageiros trazidos a bordo e levados para o porto mais próximo. Ele poderia ter se eximido, não poderia? Vocês também o podem, povo cristão, como vocês se autodenominam. Podem caminhar neste mundo e sempre fazer olho cego ao caso dos pecadores perdidos? Podem entrar e sair deste Tabernáculo e nunca falar com os estranhos que se amontoam por estes corredores? Deixá-los-ão ir ao inferno sem que os avisem ou os instruam sobre isso? Podem furtar-se a eles? Como ousam se chamar de cristãos?! Como responderão por isso no final das contas? Irmãos e irmãs, que nos desvencilhemos dessa indiferença desumana e nos neguemos o descanso, o conforto e o crédito para que possamos salvar as pobres almas pecadoras. Lancem ao mar a carga para que possam, pelo poder do Espírito Santo, salvar almas da morte!

Mais uma vez, esse texto é o grande mandado missionário para toda a Igreja do Senhor. Devemos ir, como o Salvador foi, buscar e salvar o que estava perdido. E não devemos fazê-lo motivados pela *quantidade* dos pagãos, mas por um *único* deles. Garanto-lhes que há um grande poder no argumento dos números — tantas centenas de milhões na China e outros tantos na Índia. Contudo, se restasse apenas uma pessoa não salva em qualquer parte do mundo, valeria a pena toda a Igreja cristã ir atrás desse indivíduo, pois Aquele que é maior do que a Igreja, da mesma forma que o Noivo é mais importante do que a Noiva, deixou o Céu — sim, abandonou a doce sociedade de Seus amados para que pudesse buscar aquela ÚNICA que se desviara. Portanto, não se importem com a quantidade — salvem a menor das tribos. Atentem para os menores vilarejos da Inglaterra. Creio que os chalés espalhados por nossa terra estão em pior situação do que os vilarejos. Importem-se com os indivíduos. Seu Senhor o fez, e aqui está seu mandamento para que faça o mesmo.

A seguir, perceba que jamais devemos ser motivados pela suposta superioridade da raça. Já ouvi dizerem que seria muito melhor que tentássemos converter as raças superiores do que as que são consideradas mais degradadas. Não é melhor trazer os instruídos brâmanes do que as tribos das montanhas? "Que tipo de pessoas requintadas são esses filósofos hindus! Se pudéssemos ganhá-los, valeria a pena convertê-los!" Isso não está, de forma alguma, de acordo com a mente de Cristo. O pastor procurou a ovelha perdida e, quando a encontrou, ela não representou um grande despojo para ele, pois estava tão desgastada até o ponto de não ser nada além de uma ovelha destruída. No entanto, Ele foi atrás daquele pobre animal. Que sintamos que os desprezados africanos, os pigmeus das florestas, os canibais da Nova Guiné e todos desse tipo devem ser procurados com o mesmo empenho do que as raças mais avançadas. Eles são humanos. Isso basta!

Novamente: a motivação para o empreendimento missionário jamais deve ser a excelência do caráter do indivíduo. O pastor não foi atrás da ovelha porque ela nunca se desviara antes, nem porque ela fosse dócil, mas porque ela *realmente* se afastou e *não* era dócil! Os pecados dos homens são sua alegação sobre a Igreja de Cristo; quanto mais pecado, mais razões para a graça divina. Ó, que a igreja sinta ser seu dever, se não ir primeiramente aos mais humilhados, pelo menos não os deixar por último! Onde parecer que o sucesso é menos provável, vá para lá de uma vez, pois nesse lugar encontrará espaço para a fé. E onde há espaço para a fé, e a fé preenche o espaço, Deus envia bênçãos!

Queridos amigos, como todos vocês não poderão ir ao exterior atrás dos pagãos, embora alguns de vocês devam fazê-lo, peço-lhes que façam o que podem. Contribuam com as ofertas que são para o suporte da obra missionária. Aqui está uma pequena oportunidade e, se vocês não se beneficiarem disso, não é provável que farão o mais importante para o qual lhes convidei.

Que o Senhor os abençoe! Amém!

Este sermão foi pregado no Metropolitan Tabernacle, em Newington, na manhã de 28 de abril de 1889.

11

A VIÚVA IMPORTUNA

Disse-lhes Jesus uma parábola sobre o dever de orar sempre e nunca esmorecer: Havia em certa cidade um juiz que não temia a Deus, nem respeitava homem algum. Havia também, naquela mesma cidade, uma viúva que vinha ter com ele, dizendo: Julga a minha causa contra o meu adversário. Ele, por algum tempo, não a quis atender; mas, depois, disse consigo: Bem que eu não temo a Deus, nem respeito a homem algum; todavia, como esta viúva me importuna, julgarei a sua causa, para não suceder que, por fim, venha a molestar-me. Então, disse o Senhor: Considerai no que diz este juiz iníquo. Não fará Deus justiça aos seus escolhidos, que a ele clamam dia e noite, embora pareça demorado em defendê-los? Digo-vos que, depressa, lhes fará justiça. Contudo, quando vier o Filho do Homem, achará, porventura, fé na terra? (Lucas 18:1-8)

Lembrem-se de que nosso Senhor não apenas nos inculcou a oração com grande seriedade, mas Ele mesmo foi um brilhante exemplo dela. As palavras de um professor ganham mais força quando seus ouvintes sabem que ele cumpre suas instruções. Jesus era grande profeta em obras e palavras e lemos dele: "Jesus começou a fazer e a ensinar". Em Seu exercício da oração, "as gélidas montanhas e a brisa da meia-noite" testemunharam que era tanto praticante quanto mestre. Quando exortava Seus discípulos a perseverarem em oração e a "orar sem cessar", Ele estava apenas lhes ordenando que seguissem em Seus passos. Se qualquer dos membros do Corpo místico poderia *não* ter necessitado orar, seria, certamente, nosso Cabeça; mas, se Ele abundou em súplica, muito mais devemos nós, membros inferiores! Cristo jamais foi maculado pelo pecado que tem nos degradado e enfraquecido espiritualmente; não possuía luxúrias inatas com as quais lutar, portanto, se Aquele que era perfeitamente puro se aproximava tão frequentemente de Deus, quanto mais incessantes devem ser nossas preces! Ele era tão poderoso, tão grandioso e, mesmo assim, orava tanto! Ó, vocês mais fracos do rebanho, com que vigor essa lição lhes vem! Portanto, não imaginem que o discurso desta manhã lhes seja pregado por *mim*, mas que tenha vindo ainda fresco dos lábios Daquele que foi o grande Mestre da oração em secreto, o mais elevado modelo e padrão da súplica individual — e que todas as palavras tenham em si a força como se viessem diretamente do Senhor!

Voltemo-nos de vez ao nosso texto e nele observaremos, primeiramente, *o propósito e o desígnio da parábola*; depois, falaremos um pouco sobre *os dois atores dela*, cujo caráter foi intencionalmente descrito dessa forma para trazer força à argumentação; e, por fim, debruçar-nos-emos sobre *o poder, que na parábola é representado como triunfante.*

1. Primeiramente, então, percebam O DESÍGNIO DADO PELO SENHOR À PARÁBOLA: "o dever de orar sempre e nunca esmorecer".

Mas os homens podem orar *sempre*? Havia uma seita nos primeiros dias do cristianismo que era tola o suficiente para ler essa passagem *literalmente* e tentar orar sem cessar por meio da repetição contínua de súplicas. Naturalmente, eles se separavam de todas as preocupações mundanas a fim de cumprir essa única tarefa na vida e negligenciavam todas as demais! Esses loucos bem podem esperar colher as devidas recompensas de sua tolice. Felizmente não há necessidade de, nesta época, replicarmos tal erro! Há muito mais necessidade de alçar a voz contra aqueles que, sob a pretensão de orar sempre, não estabelecem tempo algum para a oração, e assim vão para o extremo *oposto*. Quando falou que os homens devem orar sempre, nosso Senhor quis dizer que *deveriam estar sempre em espírito de oração* — sempre *prontos* a orar. Como os antigos cavaleiros, sempre em guerra — nem sempre sobre seus cavalos investindo adiante com suas lanças em posição para derrubar seu adversário do cavalo, mas sempre deixando suas armas onde pudessem alcançá-las rapidamente e sempre em prontidão para serem feridos ou morrerem por amor à causa que defendiam. Aqueles implacáveis guerreiros muitas vezes dormiam com suas armaduras; da mesma forma, mesmo dormindo, devemos estar em espírito de oração para que, se formos, talvez, despertos no meio da noite, possamos ainda estar com Deus. Nossa alma, depois de receber a divina influência que a faz ver seu âmago celestial, deveria estar se elevando sempre, de forma natural, ao próprio Deus; nosso coração deve ser como aqueles faróis e torres de vigia que foram preparados ao longo da costa da Inglaterra quando a invasão da Armada era iminentemente aguardada — nem sempre queimando, mas sempre com a lenha seca e o fósforo nas proximidades, toda a pilha em prontidão para ser acesa no momento marcado. Nossa alma deveria estar em tal condição que a oração rápida em se derramar deveria ser frequente para nós. Não há necessidade de pausar o comércio, deixar o balcão e cair sobre seus joelhos. O espírito deve elevar suas silentes, breves e rápidas petições ao trono da graça. Quando Neemias quis pedir um favor do rei, vocês se lembram de que ele encontrou oportunidade para fazê-lo quando o rei lhe perguntou: "Por que está triste o teu rosto?". Contudo, antes de lhe dar a resposta, Neemias disse: "orei ao Deus dos céus". Instintivamente percebendo a ocasião, ele não saltou para abraçá-la, mas se deteve por um momento para suplicar que fosse capacitado a empreendê-la sabiamente e cumprir seu grande propósito nela. Da mesma forma, você e eu deveríamos sentir com frequência que não podemos fazer qualquer coisa até que tenhamos pedido a bênção sobre ela. Por mais que eu aja impulsivamente para ganhar vantagem, ainda assim meu espírito, sob a influência da graça divina, deveria hesitar até que tenha dito: "Se Teu Espírito não vai comigo, não me faça subir deste lugar". Um cristão deveria carregar a arma da oração como uma espada desembainhada em suas mãos; jamais deveríamos embainhar nossas súplicas; que nosso coração nunca seja como um revólver descarregado, necessitando que se faça tudo nele antes que possamos alvejar o adversário, mas deveria ser como um canhão preparado, carregado e em prontidão, precisando apenas do fogo para que possa ser disparado. A alma jamais deveria estar sempre em exercício de oração, mas sempre no *poder* da oração; nem sempre orando efetivamente, mas sempre orando *intencionalmente*.

Além disso, quando nosso Senhor diz que os homens devem orar sempre, Ele também pode ter desejado dizer que *toda a vida do cristão deveria ser de devoção a Deus* —

A oração e o louvor, com os pecados perdoados,
trazem à Terra do Céu o regozijo.

Louvar a Deus, com nossa voz e ações, pelas misericórdias recebidas e depois lhe rogar pelas misericórdias que necessitamos, reconhecendo em devoção que elas vêm Dele — esses dois exercícios, de uma forma ou outra, deveriam perfazer a soma total da existência humana. O salmo de nossa vida deveria ser composto de versos alternados de oração e louvor até que cheguemos ao próximo mundo, onde a oração poderá cessar e o louvor envolverá a plenitude de nossa imortalidade! "Mas", diz alguém, "temos nossos negócios diários para atender". Sei que vocês têm, mas há um meio de fazer deles parte de seu louvor e oração. Você diz: "O pão nosso de cada dia dá-nos hoje" e isso é uma oração quando você a declara. Depois sai para o trabalho e, à medida que labuta, se o faz em espírito devotado, você estará ativamente orando essas mesmas palavras por meio de seu trabalho honesto! Você louva a Deus pelas misericórdias recebidas em seu hino matinal e, quando sai para as tarefas da vida, e lá exibe aquelas graças que refletem honra ao nome de Deus, está continuando seu louvor da melhor maneira. Lembre-se de que, para os cristãos, trabalhar é orar e que há muita verdade no verso de Coleridge —

Ora melhor quem ama mais.

Desejar o bem de meus semelhantes e buscá-lo; almejar a glória de Deus e viver de forma que a promova é a devoção mais verdadeira! As devoções da clausura de modo algum se comparam àquelas do homem que se envolve na batalha da vida; a devoção dos conventos e monastérios é, no máximo, o heroísmo de um soldado que se afasta da luta — mas a devoção do homem de negócios que faz tudo para a glória de Deus é a coragem daquele que busca a luta mais acirrada e lá levanta o grande e antigo estandarte do Jeová-Nissi! Você não precisa temer que haja algo em qualquer vocação lícita que o leve a desistir da oração vital! Contudo, ó, se sua vocação é do tipo que não lhe permite orar em seu exercício, seria melhor abandoná-la! Se for uma vocação pecaminosa e ímpia, naturalmente não poderá apresentá-la a Deus! Porém, se qualquer das distrações da vida for de tal natureza que o impeça de santificá-las, será falta de santidade em você mesmo e a culpa repousa sobre a sua pessoa. Os homens devem orar *sempre*. Isso significa que, quando estiverem usando o amolador ou o cinzel, quando as mãos estiverem nas alças do arado ou na pá, quando estiverem mensurando os bens ou estiverem lidando com os estoques — independentemente do que fizerem, devem transformar tudo isso em parte de sua sagrada busca pela glória de Deus! Seus trajes comuns devem se transformar em túnicas, suas refeições em sacramentos, suas ações ordinárias devem ser sacrifícios, uma vez que eles mesmos são sacerdócio real, um povo peculiar e zeloso de boas obras.

Um terceiro significado que, creio, nosso Senhor pretendia nos transmitir era que os homens devem sempre orar, isto é, *devem perseverar em oração*. Esse é provavelmente o primeiro significado. Quando pedimos a Deus por misericórdia uma vez, não devemos considerar que não devemos incomodá-lo mais com isso, mas devemos vir a Ele todo o tempo! Se lhe pedíssemos sete vezes, deveríamos continuar até 70 vezes sete; nas misericórdias temporais pode haver limite, e o Espírito Santo pode nos pedir que não mais roguemos. Então devemos dizer: "a vontade do Senhor seja feita!". Se for algo para nossa *vantagem* pessoal, devemos deixar o Espírito de submissão nos governar para que, depois de buscar ao Senhor três vezes, nos contentemos com a promessa "Minha graça te basta", e não mais supliquemos que o espinho na carne seja removido. Mas em graças *espirituais*, especialmente nas *orações unidas* de uma igreja, não existe o aceitar o "não" como resposta! Aqui, se podemos prevalecer, devemos persistir! Devemos continuar incessantemente e com constância e não admitir pausa em nossa oração até que tenhamos obtido a misericórdia até a máxima extensão. "Dever de orar sempre". Semana após semana, mês após mês, ano após ano — a conversão daquele filho querido deve ser o principal apelo do pai; o trazer para Cristo aquele marido não--convertido deve permanecer no coração da esposa dia e noite até que ela o obtenha. Essa mulher não deve permitir que os 10 ou 20 *anos* de oração malsucedida seja motivo para que cesse. Não deve estabelecer tempo ou estações para Deus, mas, enquanto houver nela vida, e vida no seu estimado objeto de solicitude, deve continuar a rogar ao poderoso Deus de Jacó. O pastor não deve buscar a bênção para seu povo *ocasionalmente* e, ao receber certa medida dela, desistir de interceder mais. Ele deve continuar veementemente sem pausa, sem poupar suas energias, a clamar e não se preservar até que as janelas do Céu sejam abertas e uma grande bênção seja derramada, uma que não possa ser estocada! Todavia, irmãos e irmãs, quantas vezes pedimos a Deus e não obtemos porque não esperamos o suficiente à porta? Batemos uma vez ou duas ao portão da misericórdia e, como não vem um mensageiro amigável para abri-lo, seguimos nosso caminho. Muitas preces são como as batidas na porta dos meninos da rua — batem e, antes que a porta seja aberta, o garoto já correu! Ó, que haja mais graça divina para ficar pé a pé com o anjo de Deus e nunca, nunca, *jamais* relaxar em nossa luta, sentindo que a causa pela qual rogamos é uma em que devemos prosperar, pois almas dependem dela, a glória de Deus a ela está ligada e que o estado de nossos semelhantes está em perigo! Se pudéssemos empenhar em oração nossa própria vida e a vida daqueles que nos são mais queridos, embora *não possamos* empenhar a alma dos homens, devemos clamar e rogar sem cessar até que obtenhamos a resposta —

O humilde suplicante não falhará
Em ter atendidas suas necessidades,
Visto que pelos pecadores intercederá
Aquele que morreu pela humanidade.

Não posso sair desta parte do assunto sem observar que nosso Senhor gostaria que aprendêssemos que *os homens deveriam orar com mais frequência*. Não somente que sempre tivéssemos o espírito de oração e fizéssemos da totalidade de sua vida uma súplica, e perseverassem em qualquer objetivo estimado à sua alma, mas que houvesse uma *maior frequência* de oração entre todos os santos. Tiro isso da parábola: "para não suceder que, por fim, venha a molestar-me".

A devoção dificilmente será mantida por longo tempo, a menos que você separe hora e tempo para a oração. Não há tempo estabelecido pelas Escrituras, exceto por aqueles dos homens santos, pois o Senhor confia muito ao amor de Seu povo e aos movimentos espontâneos da vida interior. Ele não diz: "Ore às 7 da manhã todos os dias", ou "ore à noite, às 20h, ou às 21h, ou às 22h ou às 23h". Deus diz: "ore sem cessar". Ainda assim, todo cristão achará muito útil ter horários regulares para se retirar, e duvido que alguma eminente piedade possa ser mantida sem que esse tempo seja observado muito cuidadosa e escrupulosamente. Lemos nas antigas tradições de Tiago, o apóstolo, que ele orava tanto que seus joelhos se tornaram calosos em virtude do longo tempo ajoelhado. [John] Foxe diz que Latimer [N.T.: Hugh Latimer (1485–1555) bispo de Worcester, Inglaterra, convertido ao protestantismo, que foi condenado à morte por traição pela rainha Maria Tudor.], durante o seu período de aprisionamento, passava tanto tempo ajoelhado que, muitas vezes, o pobre idoso não conseguia se levantar para suas refeições e tinha que ser erguido por seus servos. Quando ele não pôde mais pregar e ficou confinado entre paredes de pedra, suas orações por seu país subiam ao Céu, e hoje estamos recebendo essas bênçãos! Daniel orava diariamente, em intervalos regulares, com as janelas abertas. "Sete vezes no dia", disse alguém, "eu te louvo". Davi declarou que "À tarde, pela manhã e ao meio-dia" ele esperaria em Deus. Ó! Que nossos intervalos de oração não sejam tão distantes um do outro! Orem para que Deus nos conceda graça para que, na peregrinação da vida, as fontes de onde bebemos sejam mais frequentes!

Resumindo, o nosso Senhor quis dizer que *os crentes deveriam exercitar a universalidade da súplica:* devemos orar em todo o tempo. Não há horários canônicos nos dias ou semanas cristãos; deveríamos orar desde o cantar do galo até à meia-noite, em qualquer hora que o Espírito nos mover a fazê-lo; deveríamos orar em todas as circunstâncias — na pobreza ou riqueza, na saúde ou doença, nos iluminados dias de festa ou nas sombrias noites de lamentações; deveríamos orar no nascimento e no funeral; quando nossa alma está alegre dentro em nós em vista das abundantes misericórdias e ela se aproxima dos portais da morte por causa do pesar; deveríamos orar em todas as transações, seculares ou religiosas. A oração deveria santificar tudo! A Palavra de Deus e a oração deveriam vir acima de todas as coisas mais comuns da vida diária. Orem por uma negociação, por ir até uma loja e ao sair dela novamente. Lembram como os gibeonitas, nos dias de Josué, enganaram Israel porque o povo de Deus não consultou o Senhor? Não sejam enganados por uma tentação ilusória, como bem poderão ser se não se achegarem diariamente ao Senhor e disserem: "Guia-me! Faz-me veredas retas e planas para os pés e conduz-me no caminho eterno". Vocês jamais errarão por orar demais! Nunca se enganarão se frequentemente pedirem a Deus que os guie! Contudo descobrirão que isto é um iluminar gracioso aos seus olhos quando, ao dobrar a estrada onde dois caminhos que se cruzam e estes parecerem igualmente corretos, vocês se detiverem por um momento e clamarem a Deus: "Guia-me, ó grande Jeová". "O dever de orar sempre". Já o expliquei deste púlpito — vão e o exibam em sua vida diária!

2. Ao reforçar esse preceito, nosso Senhor nos conta uma parábola na qual há DOIS ATORES. As características destes são tais que acrescentam força ao Seu preceito.

No primeiro versículo da parábola há um *juiz*. Aqui há uma grande vantagem para nós na oração. Amados, se essa mulher pobre prevaleceu com um juiz cujo ofício é austero, inflexível, cruel, quanto mais devemos vocês e eu instarmos em oração e esperarmos sucesso quando temos que suplicar para um Pai! Os *pais* são muito diferentes dos *juízes*. Os últimos precisam necessariamente ser imparciais, severos, mas os pais são necessariamente parciais com seus filhos, compassivos e ternos com seus descendentes. Ela prevaleceu com um juiz, e não prevaleceremos nós com nosso Pai que está no Céu? E ela não continuou em sua desesperada necessidade de o importunar até que recebesse o que desejava — e nós não permaneceremos na agonia de nossos desejos até que obtenhamos de nosso Pai celestial tudo que Sua Palavra prometeu?

Além de ser um juiz, ele era *desprovido de qualquer bom caráter;* falhava em ambos: não "temia a Deus", sua consciência estava cauterizada, não possuía preocupação sobre o grande assento do juízo perante o qual todos os juízes comparecerão. Embora ele possivelmente tivesse feito um juramento diante de Deus de que julgaria imparcialmente, ele se esqueceu de seu compromisso e pisoteou a justiça. "Nem respeitava homem algum". A aprovação de seus semelhantes — que muitas vezes é um poder, mesmo entre os homens naturalmente maus, quer para os restringir do mal evidente, quer para compeli-los à retidão — não tinha qualquer efeito sobre ele! Então, se a viúva prevaleceu sobre alguém tão vil, se o ferro de sua importunação quebrou o ferro e o aço da teimosia desse homem, quanto mais nós podemos esperar sermos bem-sucedidos com Aquele que é reto, e justo, e bom — o Amigo do necessitado, o Pai dos órfãos, o Vingador daqueles que são oprimidos? Ó, que o caráter de Deus, conforme este se levanta diante de vocês em toda sua majestade de verdade e fidelidade, combinado à Sua amorosa bondade, ternura e misericórdia lhes desperte um ardor de súplica infatigável, movendo-os a se decidirem, como essa mulher pobre, de que jamais cessarão de suplicar até que vençam seu pleito!

O juiz era um homem tão inegavelmente mau que *ele até mesmo confessou sua maldade a si próprio*, e com grande contentamento! Sem o menor traço de remorso disse: "Bem que eu não temo a Deus, nem respeito a homem algum". Há poucos pecadores que chegarão a esse ponto; eles podem não temer a Deus e não respeitar os homens, no entanto em suas mentes acederão a alguma semelhança do que é virtuoso e se autoenganarão na crença de que, pelo menos, não são piores do que os outros. Nesse homem, todavia, não havia autoengano; estava tranquilo com essa confissão, do mesmo modo que o fariseu estava com o contrário: "Ó Deus, graças te dou porque não sou como os demais homens". A que grau de insolente impertinência esse homem havia chegado; devia ter endurecido sua mente a tal ponto que, mesmo se reconhecendo como tal, ainda assim assentava-se na cadeira do juízo para julgar seus semelhantes! No entanto, a mulher prevaleceu sobre esse monstro em forma humana que sentia prazer em sua própria perversidade e exultava com a maldade de seu próprio coração! A *importunação* prevaleceu sobre esse homem — quanto mais sobre Aquele que não poupou Seu próprio Filho, mas o entregou livremente por todos nós? Quanto mais sobre Aquele cujo nome é amor, cuja natureza é tudo que é atrativo e encorajador para que se busque Sua face? Quanto mais olhamos para aquele juiz, mais perverso ele parece — e ele dificilmente poderia ser pintado em cores mais sombrias — e mais doce a voz do Salvador parece nos falar sobre "o dever de orar sempre sem nunca esmorecer".

Percebam, com relação ao caráter desse juiz, que ele era alguém que *conscientemente não se importava com nada além de seu próprio bem-estar*. Quando ele, enfim, consentiu em fazer justiça, sua única motivação foi: "para não suceder que, por fim, venha a molestar-me". "Ela venha a me *atordoar*", pode ser a palavra grega — um tipo de gíria daquele tempo, creio eu, que queria dizer "ela venha a me espancar", "ferir", ou, como sugerem alguns, "arroxear minha pele com seu incessante e constante espancamento". Foi esse tipo de linguagem que ele usou: uma curta frase de indignação por ser *incomodado*, como nós diríamos, por um caso como o dela! A única coisa que o moveu foi seu desejo por bem-estar, e por conduzir as coisas de modo confortável. Ó, irmãos e irmãs, se ela conseguiu prevalecer sobre alguém como ele, quanto mais podemos correr para o Deus que se deleita em cuidar de Seus filhos? Que os ama como à menina de Seus olhos!

Esse juiz foi, *na prática, rude e cruel* com ela; mesmo assim a viúva perseverou. Por um tempo ele não a ouviria, embora a casa, a vida e o conforto dos filhos dela estivessem todos dependendo de sua vontade. Ele a deixou sofrendo uma injustiça passiva, mas nosso Deus tem sido, na prática, bondoso e gracioso conosco — até este momento. Ele tem nos ouvido e concedido nossas petições. Comparem isso com o caráter do juiz e, certamente, qualquer coração amoroso que conheça o poder da oração será comovido à importunação incessante!

No entanto, devemos prosseguir para notar outro ator nesta cena, *a viúva*, e aqui tudo indica o mesmo caminho: induzir a Igreja de Deus a ser importuna. Aparentemente ela era *uma total estranha para o juiz*; compareceu diante dele como um indivíduo por quem ele não demonstrou interesse. Possivelmente ele nunca a tivesse visto antes; quem ela era e o que desejava não era preocupação para ele. Mas, quando a Igreja comparece diante de Deus, ela vem como a Noiva de Cristo! Vem diante do Pai como alguém a quem Ele ama com amor eterno! E não vingará Ele Seus próprios eleitos, Seus escolhidos, Seu próprio povo? As orações deles não prevalecerão com o Pai quando a importunação de uma estranha ganhou o processo com um juiz indisposto a ajudar?

A viúva compareceu ao assento do julgamento *sem um amigo*. De acordo com a parábola, ela não possuía advogado, nenhum poderoso defensor na corte para se levantar e dizer: "Sou o protetor dessa humilde senhora". Se ela prevaleceu, deve tê-lo feito por conta de seu próprio ardor e pela sua própria intensidade de propósito. Contudo, quando vocês e eu comparecermos diante de nosso Pai, não chegamos sozinhos, pois —

Ele está do Pai ao lado,
O Homem de amor, o crucificado.

Temos um Amigo que sempre vive intercedendo por nós! Ó, cristão, insista em seu processo com ousadia santa! Pressione seu caso, pois o sangue de Jesus fala com voz que precisa ser ouvida! Desta forma, não desmaie em seu espírito, mas persevere em sua súplica.

Essa pobre mulher veio *sem uma promessa para encorajá-la*. Não, ao contrário, ela tinha muito desânimo! Mas, quando você e eu chegamos diante de Deus, Ele mesmo nos *ordena* a orar e nos promete que, se pedirmos, ser-nos-á concedido; se buscarmos, acharemos! Ela ganha com a sagrada arma da promessa, e não prevaleceremos nós que podemos nos arremessar contra os portões do Céu com os aríetes da própria Palavra de Deus — aríetes que farão cada madeira daqueles portões estremecer? Ó, irmãos e irmãs, não devemos interromper, nem cessar, por um momento sequer, enquanto tivermos a promessa divina para apoiar nossa petição!

A viúva, além de não ter qualquer promessa, *não tinha nem o direito de acesso constante*. Suponho que ela tivesse o direito de clamar e ser ouvida nos momentos ordinários quando o julgamento era administrado. Mas que direito possuía de ficar como um cachorro na soleira do juiz, de cercá-lo nas ruas, de bater em sua porta, de ser ouvida ao anoitecer, de forma que, mesmo dormindo no piso superior, ele fosse despertado pelos brados dela? Ela não tinha permissão para importuná-lo desse modo. Porém *nós* podemos chegar diante de Deus a qualquer hora e momento; podemos clamar dia e noite a Ele, pois Ele nos ordenou que oremos sem cessar! O quê? Sem uma permissão essa mulher era tão incessante? E com as permissões sagradas a nós concedidas por Deus, e o encorajamento do abundante bondoso amor, cessaremos nós de suplicar?

Essa pobre alma cada vez que orava, *provocava o juiz*! Em seu rosto se viam rugas de ira. Não duvido de que espumasse pela boca em pensar que seria molestado por uma pessoa tão insignificante! Contudo, com Jesus, cada vez que suplicamos, nós o alegramos, em vez de provocá-lo! As orações dos santos são música aos ouvidos de Deus —

Para Ele há música em um gemido,
E beleza em uma lágrima.

Falando à maneira dos homens, podemos dizer que trazemos alegria a Deus quando intercedemos com Ele. O Senhor se irrita quando restringimos nossas súplicas, mas tem prazer em que nos aproximemos dele constantemente. Ó, então, enquanto vocês veem um sorriso na face do Pai, filhos de Seu amor, rogo para que não desanimem, mas continuem a, sem cessar, implorar pela bênção!

Mais uma vez, essa mulher tinha um processo no qual *o juiz não poderia se interessar pessoalmente*. O nosso, porém, é um caso no qual o Deus a quem suplicamos se interessa ainda mais do que nós! Quando uma igreja roga pela conversão de almas, ela pode dizer, com justiça: "Levanta-te, ó Deus, pleiteia a tua própria causa". É pela honra de Cristo que as almas se convertem; traz glória à misericórdia e ao poder de Deus quando grandes pecadores se afastam do erro e de seus caminhos! Em consequência disso, estamos suplicando *pelo* Juiz, *com* o Juiz — por Deus, estamos suplicando *com* Deus! Nossa oração é virtualmente por Cristo, uma vez que é *por meio de* Cristo que Seu reino virá, e Sua vontade será feita.

Não posso esquecer de mencionar que, no caso dessa mulher, *ela era apenas uma pessoa*. Prevaleceu embora estivesse sozinha! E não vingará Deus Seus próprios eleitos que não estão sozinhos, mas são dezenas de milhares? Se há uma promessa de que, se dois ou três concordarem, aquilo será feito, quanto mais quando em qualquer igreja as centenas se reunirem em unanimidade de alma, ansiosamente desejando que Deus cumpra Sua promessa? Essas súplicas colocam correntes ao redor do trono de Deus; como elas, por assim dizer, o restringem! Como compelem o Todo-poderoso a se erguer de Seu lugar e vir em resposta a Seu povo, e assim fazer a grande obra que abençoará Sua Igreja e o glorificará!

Vocês percebem, então, que se considerarmos nosso juiz, ou a viúva, cada personagem tem pontos que tendem a nos fazer reconhecer nosso dever e privilégio de orar sem cessar.

3. Terceiro e último ponto — O PODER QUE, DE ACORDO COM ESSA PARÁBOLA, TRIUNFOU.

Esse poder *não* estava na eloquência da mulher: "Oro que julgues a minha causa contra o meu adversário". Eram pouquíssimas as palavras, que têm o mérito de serem muito expressivas, mas qualquer um que estude oratória não conseguirá retirar muitas lições delas. "Oro que julgues a minha causa contra o meu adversário". Apenas 10 palavras. Observe que não há qualquer apelo, nada sobre a viuvez dela, nada requisitado para seus filhos, nada dito sobre a maldade do adversário, nada concernente ao julgamento divino sobre os juízes injustos, nem sobre a ira de Deus sobre os homens injustos que devoram as casas das viúvas — nada do tipo. "Oro que julgues a minha causa contra o meu adversário." O sucesso dela, portanto, não dependeu do *poder de retórica* dela, e aprendemos com isso que a prevalência de uma alma, ou de uma igreja, com Deus não se baseia na elocução de suas palavras ou de sua linguagem! A oração que se eleva ao Céu pode ter bem poucas plumas em sua cauda para adorná-la, mas deve possuir as fortíssimas penas de desejo intenso em suas asas! Não deve ser como um pavão, lindo em sua beleza, mas sim como a águia, a fim de voar mais alto se quiser elevar-se ao sétimo Céu. Como regra, quando você ora em público, *quanto mais breve, melhor*. As palavras são inconvenientes à oração. O que normalmente ocorre é que a abundância de palavras revela a escassez de desejo. A verborragia geralmente não é melhor na oração do que uma folha de figueira com a qual cobrir a nudez de uma alma não desperta.

Outra coisa é certa, a saber, que a mulher *não prevaleceu pelos méritos de seu caso*. Pode ser que fosse um bom caso — não há nada dito sobre isso. Não duvido que fosse justo, ainda assim, o juiz não sabia nem se importava se estava certo ou não; tudo o que lhe preocupava era que essa mulher o incomodava! Ele não diz: "O caso dela é bom, e devo ouvi-la". Não! Era um homem muito mau para que fosse tocado por tal motivo — mas "ela me cansa" — e isso era tudo. "Vou atendê-la." Então, em nosso processo — o processo de um pecado com Deus, não está no *mérito* de seu caso que *jamais* prevalecerá com o Senhor. Você não tem mérito! Se deve vencer, é o mérito de Outro que deve se levantar, em vez do seu, e de sua parte não deve haver merecimento, senão angústia; não há justiça em você, mas é sua importunação que prevalecerá com Deus! Isso deveria encorajar aqueles dentre vocês que estão lutando com o senso de indignidade! Por mais indigno que possam ser, continuem em oração; suas mãos podem estar impuras, mas, se erguerem uma delas para bater à porta, o portão se abrirá. Sim! Vocês podem ter paralisia nessa mão, talvez, além disso, estejam leprosos, e a branca lepra esteja em sua testa; ainda assim, se levantarem, mesmo que tremendo, essa mão, e deixarem que tudo mais repouse, por seu próprio peso, sobre essa promessa sagrada, certamente conseguirão uma audiência com o Rei dos reis! Não tem a ver com a eloquência! NÃO é o merecimento que prevalece com Deus — NÃO é nada além da IMPORTUNAÇÃO!

Com relação a essa mulher, percebam que o juiz primeiramente disse que ela o importunava, depois disse que ela vinha continuamente e depois acrescentou: "para que não venha molestar-me". Acho que a história era, de alguma forma, assim: o juiz estava assentado em sua cadeira pela manhã, e havia muitas pessoas comparecendo diante dele pedindo por justiça, que ele administrava com a imparcialidade de um vilão, dando sempre a melhor sentença àqueles que lhe trouxessem as melhores propinas, quando, na mesma hora, uma mulher declara sua queixa. Ela havia tentado ser ouvida muitas vezes, mas sua voz afogava-se em meio às demais, contudo desta vez era mais estridente e penetrante, e captou a atenção do juiz: "Julga minha causa contra meu adversário"! Ele logo nota, por causa do modo simples que ela se veste, que não haverá suborno, então responde: "Fique quieta! Tenho outras causas para atender!". E prossegue com outro processo no qual as multas são mais atraentes. No entanto, a ouve novamente o clamor da senhora: "Meu senhor, sou viúva, julga minha causa contra meu adversário!". Irritado pelo renovado incômodo, ele ordena que o meirinho a ponha para fora porque ela rompeu o silêncio da corte e interrompeu o julgamento público. "Assegure-se de que ela não entre de novo amanhã", diz, "essa mulher é importuna." Tão logo a manhã irrompeu, ele descobriu o quanto sua opinião era acertada! Ela aguardou até que ele saísse da corte, seguiu seus passos pelas ruas até que ele se alegrou por ter atravessado a porta de sua casa, ordenando aos servos que impedissem aquela viúva barulhenta de entrar, pois ela constantemente o assediava com o clamor: "Julga minha causa contra meu adversário!". Agora estava seguro dentro de casa e mandou que os servos lhe trouxessem sua refeição; eles agora estão derramando águas sobre suas mãos e seus pés. Esse senhor está prestes a desfrutar de seu repasto quando uma pesada batida é ouvida à sua porta, seguida por um clamor, um empurrão e uma queixa. "O que é isso?", ele pergunta. "É aquela senhora lá fora, a viúva, que deseja que o senhor lhe faça justiça." "Diga-lhe que não posso atendê-la, ela deve ir embora." O juiz busca seu descanso à noite no andar de cima de sua casa, quando ouve outra forte batida à porta e uma voz vem da rua abaixo de sua janela: "Meu senhor, julga minha causa contra meu adversário!". Na manhã seguinte, sua corte é aberta, e, embora ela esteja proibida de entrar, como um cão que de qualquer modo entraria, ela encontra um modo de adentrar e interrompe continuamente a corte com o apelo: "Meu senhor, julga minha causa contra meu adversário!". Pergunte-lhe por que ela é tão importuna, e ela lhe dirá que seu falecido marido lhe deixou um pequeno pedaço de terra — era tudo o que possuíam — e um vizinho cruel, que observava aquele terreno com olhar ganancioso, o tomou como Acabe apoderara-se da vinha de Nabote. Ela agora não possuía qualquer refeição ou óleo para as crianças que choravam por comida.

Ó, se o pai deles estivesse vivo, ele haveria protegido seus interesses, mas ela não tinha ajuda, e o caso era gritante. E para que serve um juiz senão para proteger os prejudicados? Ela não tinha outra chance, pois o credor estava prestes a levar seus filhos e vendê-los como escravos, e ela não poderia suportar isso. "Não!", diz ela, "tenho apenas uma chance e é que este homem fale em meu favor e me faça justiça! Já me decidi que ele não descansará até que o faça; estou determinada a que, se eu perecer, as últimas palavras de meus lábios serão: 'Julga a minha causa contra meu adversário!'". Deste modo, a corte é constantemente interrompida. O juiz grita novamente: "Tirem-na daqui! Tirem-na daqui! Não posso continuar a julgar com essa louca continuamente esganiçando em meus ouvidos: 'Julga a minha causa contra meus adversários!'". E tão logo ele o fala, é feito. Todavia, ela se agarra às pilastras da corte para que não a arrastem para fora da corte e, quando, finalmente, a jogam na rua, ela aguarda pela chance de entrar novamente! Ela persegue o juiz pelas estradas e não lhe deixa ter um minuto de paz. "Bem", diz o magistrado, "estou desgastado de minha própria vida. Não me importo com a viúva, nem com sua propriedade ou com os seus filhos. Que morram de fome! O que eles representam para mim? Contudo, não suporto mais isso, vai me esgotar demais; vou atender esse caso". E é feito. Ela segue seu caminho. O que prevaleceu não foi nada além de sua *importunação*!

Agora, irmãos e irmãs, vocês têm muitas outras armas para usar com Deus na oração, mas nosso Salvador lhes ordena que não ignorem este instrumento principal de conquista: a *importunação*! Deus será mais facilmente tocado do que esse juiz injusto, se vocês forem tão importunos quanto a viúva; se têm certeza de que o que pedem é correto, implorem agora mesmo! Supliquem ao meio-dia! Supliquem à noite! Supliquem continuamente, com choro e lágrimas exponham seu caso! Coloquem seus argumentos em ordem! Apoiem-nos com razões! Clamem pelo precioso sangue de Jesus! Coloquem diante dos olhos do Pai as feridas de Cristo! Tragam o sacrifício expiatório — apontem para o Calvário — recrutem o Príncipe coroado, o Sacerdote que permanece à destra de Deus! E determinem em sua própria alma que, se Sião não florescer, se almas não forem salvas, se sua família não for abençoada, se seu próprio zelo não for reavivado, morrerão com a petição em seus lábios e com o anseio importuno em seu espírito! Permitam-me dizer-lhes que, se algum de vocês morrer com suas orações não atendidas, não precisa concluir que Deus o decepcionou.

Terminarei com uma história. Ouvi que certo pai piedoso teve a infelicidade de ter cinco ou seis filhos não convertidos. Todos eles, à medida que cresciam, absorveram sentimentos infiéis e levaram uma vida de iniquidade. O pai, que constantemente orava por eles e era um padrão de virtude, esperava que, pelo menos em sua morte, ele poderia dizer uma palavra que tocasse seus corações. Reuniu-os ao redor de seu leito, mas sua tristeza ao morrer era extrema, pois perdera a luz da fronte divina e estava cheio de dúvida e medos. O último pensamento sombrio que o perseguia era: "Em vez de minha morte ser um testemunho de Deus com o qual eu ganharia meus amados filhos, o que acontecerá se eu morrer em tais trevas e obscuridade que os confirmará em sua infidelidade e os levará a pensar que não há nada no cristianismo no final das contas?". O efeito foi o contrário. Os filhos se aproximaram do túmulo durante o funeral e, quando retornaram para casa, o mais velho dirigiu-se a seus irmãos: "Meus irmãos, durante toda sua vida nosso pai nos falou sobre religião, e sempre o desprezamos. Contudo, que sermão foi seu leito de morte para nós! Pois, se ele, que serviu a Deus tão bem e viveu tão próximo a Ele, achou que morrer era tão difícil assim, que tipo de morte nos aguarda, a nós que temos vivido sem Deus e sem esperança?". Todos foram possuídos pelo mesmo sentimento, e, assim, a morte do pai teve uma estranha resposta às orações de sua vida, pela graça de Deus! Vocês podem não saber, mas, quando estiverem na glória, olharão para aqui para baixo pelas janelas do Céu e receberão Céu dobrado quando contemplarem seus amados filhos e filhas convertidos pelas palavras que vocês lhes deixaram. Não digo isso para lhes fazer cessar de implorar pela imediata conversão deles, mas para encorajá-los! Jamais desistam de orar! Nunca sejam tentados a interromper suas orações! Enquanto houver fôlego em seu corpo, e no corpo deles, perseverem em orar, pois lhes digo que Ele julgará sua causa, embora Ele permaneça sempre com vocês! Deus abençoe essas palavras por amor de Jesus. Amém!

Este sermão foi pregado no Metropolitan Tabernacle, em Newington, na manhã de 21 de fevereiro de 1869.

12

DEVEDORES FALIDOS PERDOADOS

E, não tendo eles com que pagar, perdoou-lhes a ambos...
(Lucas 7:42 ARC)

Os dois devedores diferiam muito consideravelmente nas quantias que deviam. Um estava atrasado no pagamento de 500 moedas de prata, e o outro, de 50. Há diferença na culpa pelos pecados e nos graus de criminalidade dos homens. Seria muito injusto e incorreto dizer que todos são exatamente iguais na extensão de sua transgressão. Alguns são honestos e corretos, bondosos e generosos, mesmo que sejam apenas homens naturais — ao passo que outros parecem ser de uma disposição maliciosa, invejosa e egoísta, e se apressam para o mal pecando, por assim dizer, avidamente com ambas as mãos. O homem que é moral, sóbrio e industrioso é devedor de apenas 50 moedas de prata, quando comparados com os viciados, bêbados e blasfemos cujo débito está registrado em 500 moedas de prata. Nosso Salvador reconhece a distinção porque ela existe e não pode ser, com justiça, negligenciada. Há diferenciações entre os não convertidos, grandíssimas distinções. Um deles, um jovem, veio a Jesus e tinha características admiráveis em seu caráter, e Jesus, quando o viu, amou-o. Contudo, quando os fariseus se reuniam ao redor do Mestre, nosso Senhor olhava para eles com indignação. Os solos, que ainda não haviam sido semeados com a boa semente, ainda assim variavam muito, e alguns deles eram terrenos bons e honestos antes que o poder do Espírito Santo viesse sobre eles. Os pecadores diferem entre si.

Porém, chamo sua atenção particularmente a este fato: que embora houvesse um ponto de diferença entre os dois devedores, havia três de similaridades, pois eram ambos devedores; assim todo homem pecou, quer seja muito ou pouco. Em segundo, ambos estavam falidos, nenhum poderia pagar seu débito. O homem que devia 50 moedas de prata não tinha qualquer capacidade de pagar, assim como o que devia 500. Dessa forma, ambos eram devedores insolventes. Todavia, que grande misericórdia há que tinham um terceiro ponto em comum, pois "não tendo eles com que pagar", seu credor "perdoou-lhes a ambos".

Ó, meus queridos ouvintes, somos todos semelhantes nas duas primeiras coisas! Que sejamos todos semelhantes no último ponto. Que o Senhor nosso Deus conceda a cada um de nós a remissão gratuita dos pecados de acordo com as riquezas de Sua graça por meio de Cristo Jesus! Por que não seria assim se Jesus é exaltado nas alturas por conceder arrependimento e remissão de pecados? Há perdão em Deus. Ele se compraz na misericórdia. E lança todos os nossos pecados nas profundezas do mar, para que jamais venham a ser mencionados diante de nós. Embora todos sejamos compelidos a caminharmos juntos por dois terços da estrada, que lástima seria se nos separássemos na terceira porção dela! Aqueles primeiros dois terços compõem a porção lamacenta e pantanosa do caminho, e com pesar avançamos lentamente por ela e em companhia — todos em débito e incapazes de saldá-lo. No entanto, a próxima parte da estrada é bem construída, aplainada e boa para os viajantes, e conduz aos jardins da felicidade. Ó, que possamos atravessá-la e encontrar o divino perdão gratuito! Ó, que haja remissão gratuita para todos nós sem exceção! Por que não? Que Deus envie dessa Sua grande misericórdia nesta boa hora! Para esse fim, desejo falar-lhes, caros amigos, pois creio que o Senhor Jesus tem algo a lhes dizer e oro para que seu coração esteja aberto a Ele clamando em alegria: "Continua, Mestre!".

Nosso primeiro ponto para consideração é sua *falência* — "não tendo eles com que pagar". O segundo é *o perdão gratuito de sua dívida* — "perdoou-lhes a ambos". E o terceiro é *a ligação entre esses dois itens,* pois aquela pequena conjunção "e" marca a ligação: "*E*, não tendo eles com que pagar, perdoou-lhes a ambos".

1. Primeiramente, meditemos sobre A FALÊNCIA desses homens. Essa era a condição deles. Estavam inquestionavelmente em débito. Se pudessem contestar a reivindicação do credor, sem dúvida o teriam feito. Se pudessem alegar que nunca estiveram endividados, ou que já haviam pagado, sem dúvida ficariam felizes em fazê-lo. Porém, não podiam levantar questionamento, seu débito não podia ser negado. Outro fato também lhes era claro, a saber, que não possuíam meios de pagá-lo. Indubitavelmente haviam feito um exame diligente. Viraram seus bolsos do avesso, suas caixas de dinheiro, seus cofres e não encontraram nada. Vasculharam os bens em sua casa, mas esses haviam-se ido peça por peça. Não tinham qualquer coisa aqui ou no exterior de que pudessem dispor. A coisa havia chegado a tal ponto, que não tinham estoque ou dinheiro, nem nada em prospecto de onde pudessem sacar algo. Chegaram ao extremo, reduzidos à mendicância absoluta. Enquanto isso, seu grande credor os pressionava para a quitação. Essa ideia está no cerne do texto. O credor evidentemente trouxera essas contas atrasadas e lhes disse: "Essa reivindicação deve ser atendida. Esse negócio precisa ter um

fim, suas contas precisam ser quitadas". Era a essa condição a que foram trazidos — precisavam confessar a dívida e, também, humildemente reconhecer que não tinham com o que pagar. O tempo para o pagamento chegara e os pegou sem um centavo sequer. Essa era a mais miserável das condições.

Até aqui contei a parábola, e ela verdadeiramente expõe *a condição* de cada homem que não se achegou a Jesus Cristo e assim recebeu o perdão de seus pecados. Aqui vamos explanar melhor. Todos estamos, por natureza e prática, mergulhados em dívidas e foi assim que chegamos nesse estado — ouçam e prestem bem atenção — como criaturas de Deus, desde o começo lhe devíamos a obediência. Estávamos comprometidos em obedecer Àquele que nos criou. Foi Ele, e não nós mesmos, que nos trouxe a existência, e, portanto, estávamos obrigados a reverentemente reconhecer nosso Criador, a afetuosamente adorá-lo e a servi-lo em submissão. Essa é uma obrigação tão natural e cabível que não podemos contestá-la. Se somos feituras de Deus, nada mais natural que o honremos. Se diariamente recebemos dele o fôlego em nossas narinas e a comida que comemos, infere-se que estamos ligados a Ele com os laços da gratidão e devemos cumprir Sua vontade.

Mas, queridos amigos, não temos feito a Sua vontade. Deixamos por fazer aquilo que deveríamos ter feito e temos praticado aquilo que não deveríamos. E, assim, chegamos a ficar em débito em um segundo sentido. Agora somos passíveis de penalidades, sim, já estamos condenados. Há uma dívida nossa com Deus em vindicação de Sua Lei que quebramos, tanto de sofrimento quanto de morte, e na Palavra de Deus encontramos que a merecida pena pelo pecado é algo totalmente avassalador. "Temei, antes", diz Cristo, "aquele que pode fazer perecer no inferno tanto a alma como o corpo". Sim! Digo-lhes que o temam! Muito terríveis são as metáforas e símbolos pelos quais o Espírito Santo apresenta a miséria da alma sobre a qual o Senhor derrama Sua ardente indignação. A dor da perda e a dor do lamento que os pecados, por fim, trazem sobre o culpado são inconcebíveis; elas são chamadas de os terrores do Senhor. "Com exceção do Senhor Jesus Cristo, todos nós devemos à Lei de Deus algo que, mesmo que vivêssemos uma eternidade, não seríamos capazes de pagar totalmente, ainda que esta fosse repleta de agonizantes arrependimentos." Uma vida de esquecimento de Deus e quebra da Sua Lei deve ser recompensada com uma futura vida de punição. É aqui que estamos. Pode algum homem estar em descanso enquanto nesta condição diante de Deus? Somos devedores, o débito é devastador e traz consigo o máximo de tremendas consequências.

Somos totalmente incapazes de fazer qualquer reparação por isso. Se Ele se encontrasse conosco e nos chamasse para prestar contas, não poderíamos lhe devolver apenas um dentre mil. Não podemos nos justificar, de forma alguma podemos devolver-lhe o que lhe pertence por direito. Se alguém pensa que pode fazê-lo, permita-me lembrar-lhe disto: para cancelar o débito devido a Deus, devemos pagá-lo completamente. Deus exige, com justiça, de nós que cumpramos totalmente Sua Lei. Ele nos diz que aquele que é culpado em um ponto é culpado de todos, pois a Lei divina é como um caríssimo vaso de alabastro, lindo enquanto inteiro, mas, se lascado em qualquer parte, não pode ser apresentado em Sua corte. A menor falha nele macula sua perfeição e arruína seu valor. A perfeita obediência a uma lei perfeita é o que se requer pela justiça do Altíssimo, e há qualquer um de nós que possa apresentá-la, ou que possa tentar pagar a penalidade devida por não a cumprir? Nossa incapacidade de obedecer vem de nossa própria culpa e é parte de nosso crime. Ai de mim! Que nenhum de nós tenha que suportar a punição! Ser banido de Sua presença e da glória de Seu poder, ser para sempre extraditado de toda esperança, e luz, e alegria! Ora, há aqueles, neste momento, no abismo da aflição que há mil anos têm suportado a pesada mão da justiça e, mesmo assim, ainda hoje sua dívida permanece não paga, pois ainda comparecerão diante do assento do julgamento de Cristo, no último dia, e responderão por suas transgressões. É certo que quitar todo o pagamento é impossível. Nem na forma de obediência, ou na forma de penalidade, poderíamos esperar poder pagá-la — seria de todo vão tentar fazê-lo.

Lembre-se também de que, se há algo que possamos fazer por Deus no caminho da obediência, isso já lhe é devido. Tudo o que posso fazer, se amo a Deus com todo meu coração, e alma, e força, e amo meu próximo como a mim mesmo, por todo o restante de minha vida, isso deve-se ao próprio Deus. Devo apenas cumprir novas tarefas à medida que elas aparecem, e como isso afetará minha antiga desobediência? De que modo posso me purificar de antigas máculas pela simples resolução de que não me mancharei com novas? Se suas mãos estão manchadas de vermelho carmesim, você poderá limpá-las por meio da mera decisão de que não as mergulhará novamente na tinta? Você sabe que não é assim; os pecados passados não podem ser removidos por cuidados futuros —

Ainda que minhas lágrimas fluíssem sem parar,
Ainda que meu zelo pudesse não cessar,
Nada disso meu pecado poderia expiar.
Cristo, e Cristo somente deve salvar.

Não temos com o quê quitar nossas dívidas, pois tudo o que podemos ganhar ou obter no futuro já é devido à justiça, e assim não possuímos nada que não esteja penhorado, nada que seja nosso mesmo.

Além disso, o débito é imenso e incalculável! Cinquenta moedas é uma representação pífia do que a pessoa mais correta deve. Quinhentas moedas é apenas uma soma insignificante comparada às transgressões do maior dos ofensores. Ó, amigos, quando penso em minha vida, parece que ela é como o mar, feita de inumeráveis ondas de pecado, ou como a costa marítima, constituída de areias que não podem ser pesadas ou contadas. Minhas culpas são completamente inumeráveis e cada uma delas merece morte eterna. Nossos pecados, nossos pesarosos pecados, pecados contra a luz e o conhecimento; nossos asquerosos pecados, e repetidos pecados, nossos pecados agravados, nossos pecados contra nossos pais, contra todos os nossos relacionamentos, contra nosso Deus, pecados com o corpo, com a mente, pecados de esquecimento, de pensamento, de imaginação — quem poderá calculá-los ordenadamente diante de Deus? Quem conhece a quantidade de suas transgressões? Agora, pensar que jamais poderemos quitar tal dívida serve para reforçar a noção de que é totalmente absurda: não temos com o que pagá-la.

Ademais, vou mais longe ainda. Mesmo que esses pecados estivessem, de alguma maneira, dentro do âmbito do pagamento, e se não estivéssemos endividados para o futuro quanto a tudo que podemos vir a praticar, há, ainda assim, algo que *possamos* fazer? Não disse Paulo, sobre si mesmo, que ele não era suficiente para que pensasse bem de si próprio? Não falou o Senhor sobre o antigo Israel: "de mim procede o teu fruto"? Não disse Jesus sobre Seus discípulos e até sobre Seus apóstolos: "sem mim nada podeis fazer"? Então, falido pecador, qual o bem que você pode fazer? Você precisa, primeiramente, receber as boas obras de Deus antes de poder praticá-las. É verdadeiro que deve desenvolver sua "salvação com temor e tremor", mas o que deve acontecer primeiro? Leia a passagem: "porque Deus é quem efetua em vós tanto o querer como o realizar, segundo a sua boa vontade". Se o Senhor não efetuar a salvação em nós, não poderemos desenvolvê-la. Todas as boas coisas no homem são obra de Deus, produto do Espírito de Deus agindo sobre o coração e a mente. Os homens estão mortos em suas transgressões e pecados, mortos para tudo o que é santo e aceitável diante de Deus, e a própria vida é uma dádiva. O que, então, podem fazer os pecadores? Sua falência é total e completa, e isso é verdadeiro para cada homem que ainda está fora de Cristo — ele é devedor e não tem como pagar.

Sendo esse o caso, eu gostaria de gastar um minuto para considerar *certas tentações* às quais todos os pecadores falidos estão sujeitos. Uma dessas coisas é tentar e esquecer seu estado espiritual. Alguns de vocês hoje aqui nunca refletiram seriamente sobre sua alma e sua condição diante de Deus. Esse é um assunto desagradável. Vocês suspeitam que seria ainda mais detestável caso se atentasse a ele. Você quer diversão, algo que ajude a passar o tempo visto que não se importa em examinar o estado de seu coração diante de Deus. Salomão exorta o diligente a reconhecer o estado de suas ovelhas e cuidar de seu rebanho. Porém, aqueles que são descuidados e preguiçosos prefeririam deixar tais questionamentos e deixar as coisas correrem à vontade. O homem que está retrocedendo nos negócios não tem prazer em formar estoque. "Ó", diz ele, "não me traga livros; não dormirei à noite se eu *os* ler". Ele sabe que está se afundando mais e mais e que logo estará arruinado, e a única forma que pode suportar sua vida é afastar suas preocupações diárias com a bebida, ou buscando companhia, ou em divertimento ocioso. Empenha-se em enganar as horas para que possa maquiar para si mesmo qual sua verdadeira condição. Contudo, que tolo é! Não seria infinitamente mais sábio se encarasse as coisas desenterrando-as e se reconhecesse seu estado atual? Essa ignorância que escolheu não é alegria para o homem de coração reto, mas, sim, apreensão e angústia. Muitas vezes oro assim: "Senhor, que eu possa ver o pior que há em mim", pois não quero acalentar uma esperança que, no final, me será engano. A decepção será tão amarga quanto a falsa esperança era doce. Essa é a tentação da alma falida: fechar os olhos à indesejada verdade. O avestruz é famoso por enterrar sua cabeça na terra, quando caçado, e achar que o caçador foi embora só porque o animal não mais o vê. Mas seu inimigo continua lá; o perigo oculto é tão real quanto se nos mirasse na cara. Seja você esquecido como for, Deus não se esquece de seus pecados.

Outra tentação para o homem nessa condição é fazer um show tão bom quanto puder. Aquele que está muito próximo à falência é frequentemente notado por sua boa aparência. Que lindo cavalo monta [N.E.: Atualizando, poderia ser: "que carro estiloso dirige".] quando chega à empresa! Que festas elegantes promove! Dessa forma, ele deseja manter seu crédito por mais tempo possível. Cedo ou tarde, dissipará esse crédito, mas, por um tempo, assumirá ares de nobreza, e todos que o cercam imaginarão que tem dinheiro suficiente para esbanjar. O governante de uma cidade sitiada jogou fatias de pão de cima das muralhas para os sitiantes a fim de fazê-los crer que os cidadãos tinham suprimentos tão vastos que poderiam se dar ao luxo de jogá-los fora, embora estivessem famintos o tempo todo. Há homens com tais maneirismos, que não possuem qualquer coisa que possam oferecer a Deus, mas que, mesmo assim, exibem uma reluzente autojustiça. Ah! Eles são tão bons, tão superiores, tão dignos de louvor desde sua juventude que jamais fizeram qualquer coisa muito errada. Pode haver uma pequena mancha aqui e ali sobre suas vestes, mas que desaparecerão quando secarem. Fazem um lindo show na carne com moralidade e formalidade, e com uma generosidade superficial. Além disso, professam ser religiosos; frequentam excelentes cultos e pagam sua cota de despesas. Quem poderia encontrar qualquer falha em tais boas pessoas? Assim, essa confissão é o lindo cavalo e a armadilha com a qual mantêm a aparência antes de entrarem na corte. Não há nada em vocês, e nunca houve, se ainda estão em seu estado natural, por que então tentam dar-se um banho de bronze e se fazer parecer algo quando, na realidade, não são nada? Dessa forma, podem se enganar, mas certamente não enganarão a Deus.

Outra tentação que se embrenha no caminho de um pecador falido é a de prometer o que ele fará. Os devedores normalmente são promissores, com certeza pagarão na próxima semana. Porém, quando a próxima semana chega, eles querem dizer que era um pouco para frente, e o pagamento certamente será dobrado. Contudo, mesmo assim, eles não aparecerão ou, se o fizerem, darão uma promissória. Esse não é um documento precioso? Não é tão bom quanto o próprio dinheiro? Eles evidentemente pensam assim, pois se sentem tão tranquilos como se realmente tivessem pago a dívida. Mas, e quando a promissória caduca, o que acontece? Ela cai, para nunca mais se levantar. Ai de mim! Uma promissória, na maioria das vezes, é uma mentira com um carimbo. Assim, os devedores se alongam o máximo possível. Isso é o que faz cada pecador antes de ser justificado pela soberana graça divina. Ele clama: "Eu quis fazer melhor!". Não importa. Não nos fale mais do que você queria fazer, mas faça. Prometer e fazer votos tão falsamente somente lhe acrescenta os seus pecados! "Ó! Mas você sabe que eu não queria ir nesta direção sempre. É uma longa via e sem retorno. Um dia desses eu paro de uma vez, e você verá". O que veremos? O que veremos não será muito. Sim, contemplaremos o orvalho da promessa desaparecer e a nuvem matinal da decisão passar. Querido, você não pode levantar suas esperanças agora. Nem Deus ou os homens confiarão em você visto que tem feito as mesmas promessas por 20 anos, e em nenhum deles fez um movimento real na direção certa. Você não tem mentido apenas aos homens, mas a Deus, e como responderá por isso? Não sabe que cada promessa que faz a Deus, e que não cumpre, é um grande acréscimo às suas transgressões e ajuda a encher a medida de suas iniquidades? Oro para que você abandone o caminho da mentira.

Outra tentação é sempre pedir por mais tempo, como se isso fosse todo o necessário. Quando o devedor, em outra parábola, foi preso, ele disse a seu credor: "Sê paciente comigo, e te pagarei". Não podemos pagar nada de nossa dívida hoje e flertamos com o amanhã. Sim, parece um alívio obter um pouquinho mais de tempo, de alguma maneira uma vaga e nebulosa esperança parece impregnar os meses por vir. O pecador clama: "Faça do seu jeito dessa vez. Quando uma ocasião oportuna chegar, exigirei de você". Agora não é a hora oportuna, mas aguarde um pouco, o momento adequado chegará. Com essa tentação, Satanás tem destruído multidões de homens, tentando-os a solicitar por mais tempo, em vez de vir logo ao alvo e implorar por perdão imediato. O que são as fictícias virtudes do amanhã? Por que os homens amam tanto o desconhecido futuro? Eu os estimulo a uma decisão imediata, neste momento, e que Deus, por Seu divino Espírito, o liberte como um pássaro da mão do passarinheiro, para que você não mais procrastine e desperdice sua vida em atrasos desobedientes.

Sendo essa a tentação, permitam-me dar uma dica àqueles que estão falidos sobre o que é a *sua sabedoria*. É sabedoria enfrentar a questão de sua alma. Essas questões são as mais importantes que terá em suas mãos, pois, quando sua riqueza tiver de ser deixada para trás e suas propriedades não mais o virem, e quando seu corpo estiver morto, sua alma ainda permanecerá viva em eterna alegria ou pesar infinito. Portanto, não permitam que seu estado em relação a Deus seja ignorado. Esse é seu assunto mais importante. Deem-lhe a primazia. Resolvam essa questão antes de atenderem a qualquer outra coisa.

Tomem cuidado de enfrentar isso como homens honestos e não como aqueles que fazem tempestade em copo de água. Embora a situação seja ruim, ainda assim o melhor que pode fazer é superar isso em verdade e sobriedade diante do Senhor. A esperança lança isso fora. Não permitam que seu perigo seja disfarçado como um ladrão que se esconde na dispensa do bom homem até a hora de roubar a casa. Não permitam que as faíscas ardam onde elas possam lhes consumir por inteiro. Apaguem o fogo antes de dormir. Quando encararem a questão, sejam muito verdadeiros e sinceros consigo mesmos e com Deus porque não estão lidando com credores que podem ser enganados, mas, sim, com Aquele que conhece os pensamentos e intentos secretos de seu coração. Diante de Deus nada além da verdade permanecerá. O hipócrita maquiado será identificado imediatamente. O Senhor remove todas as máscaras, e os homens, diante dele, ficam como realmente são, não como parecem; por isso sejam verdadeiros consigo mesmos. Não peguem sua caneta e escrevam 60 se devem 100, mas registrem os justos 100. Truques e falsidade devem ser colocados de lado de uma vez por todas quando estiverem tratando com Deus.

Uma coisa a mais. Será sábio desistir de todas as tentativas de pagar, pois você não possui com o que fazê-lo. Não se iluda com a ideia de que um dia você pagará, pois jamais o fará. Não faça a menor tentativa de quitá-la, pois não conseguirá. Mas tome outra direção, alegue pobreza absoluta e apele à misericórdia. Diga: "Senhor, nada possuo, não sou nada, nada posso fazer, mas devo me lançar à Tua graça". Daqui para frente é dessa graça que vou falar. Que eu fale de tal modo a encorajar aqueles que estão falidos a virem ao Senhor para que Ele possa perdoar-lhes a todos.

2. Nosso segundo assunto é SEU PERDÃO GRATUITO. "Perdoou-lhes a ambos". Que bênção obtiveram ao enfrentar a questão! Esses dois pobres devedores, quando chegaram ao escritório, estavam tremendo da cabeça aos pés, pois não tinham com o que pagar e estavam profundamente envolvidos. Mas, vejam! Quando saíram estavam com corações aliviados visto que sua dívida fora totalmente perdoada, as contas pagas e todos os registros destruídos. Mesmo assim, o Senhor cancelou "o escrito de dívida, que era contra nós" e o removeu totalmente, "encravando-o na cruz".

Neste perdão gratuito, admiro, antes de tudo, *a bondade* do grande credor. Que coração gracioso Ele teve! Que bondade demonstrou! Ele disse: "Pobres almas, vocês jamais poderão me pagar, mas não precisam ficar entristecidos por isso, pois gratuitamente cancelo seus débitos". Ó, a bondade desse ato! Ó, a grandeza do coração de Deus! Outro dia eu lia que César estivera em guerra brutal contra Pompeu e, por fim, o derrotou. E quando o fez, viu-se entre os despojos do gabinete particular de Pompeu, o qual continha as cartas de vários nobres e senadores de Roma que haviam se alinhado com ele. Em muitas delas havia evidências cabais contra os mais eminentes romanos, mas o que fez César? Destruiu cada um daqueles documentos. Não teria conhecimento sobre seus inimigos, pois gratuitamente os perdoou e desejou não saber mais sobre o assunto. Assim, provou que era o melhor para governar a nação. Porém, olhem para o esplendor de Deus quando coloca todos os nossos pecados em um armário e o destrói completamente. Se os pecados de Seu povo forem procurados agora, não poderão mais ser encontrados. Ele jamais os mencionará contra nós. Ó, a bondade do Deus infinito cujas misericórdias duram para sempre! Curvem-se diante dessa bondade com alegria.

Depois, observem *a liberalidade* desse perdão: "Perdoou-lhes a ambos". Eles não estavam lá dizendo: "Senhor, não podemos pagar-lhe"!, e apelaram, e imploraram, como se por suas vidas. Mas ele liberalmente lhes disse: "Vocês não podem pagar, mas eu lhes perdoo. Nunca deveriam ter entrado em dívida comigo e quebrado suas promessas, mas, vejam, eu finalizo toda essa desgastante negociação e gratuitamente apago suas obrigações". Não terá isso feito jorrar uma fonte de seus olhos? Não se apressaram eles a ir para casa, para suas esposas e filhos, e lhes disseram que estavam com as dívidas quitadas porque o amado credor os perdoara de tudo gratuitamente? Essa é uma boa imagem da graça de Deus. Quando um pobre pecador vem a Ele totalmente falido, Ele lhe diz: "Perdoo-lhe liberalmente, toda sua ofensa está desfeita. Não quero que mereça o perdão por suas lágrimas, orações e angústia de alma. Você não precisa me fazer misericordioso, pois eu já o sou e meu amado Filho Jesus Cristo fez propiciação tal que posso ser justo e ainda assim perdoar-lhe todo seu débito. Portanto, vá em paz".

Além disso, essa dívida está *totalmente* perdoada. O credor não disse: "Venham, meus bons amigos, vou abater 50% da conta se vocês conseguirem o restante". Como eles não tinham nada com o que pagar, não ficariam nem um pouco melhores se a redução fosse de 90%. Se o credor reduzisse à metade a dívida, um deles ficaria devendo 250, e o outro 25, mas seu caso ainda seria totalmente perdido já que não possuíam nem um centavo. Agora o Senhor, quando cancela o pecado de Seu povo, não deixa sequer um traço dele remanescente. Minha própria convicção é de que, quando nosso Senhor Jesus morreu na cruz, Ele exterminou todos os pecados de todo Seu povo e fez total e completa expiação pela totalidade daqueles que nele creriam. Posso cantar com todo meu coração —

Para transgressões passadas, aqui há perdão,
Não importa quão negros seus matizes sejam!
E, ó, minh'alma, em assombro contempla:
Por pecados porvir, perdão encontras.

Todos os pecados dos crentes foram de uma vez por todas destruídos, levados ao deserto do esquecimento por nosso grande Bode Expiatório e ninguém jamais encontrará um deles para condenar uma alma dentre os escolhidos. Não há débito deixado contra um crente. Não! Nem um centavo sequer de dívida permanece nos registros. Não é o próprio Espírito de Deus que faz a pergunta: "Quem intentará acusação contra os eleitos de Deus?". O Senhor perdoou gratuitamente o seu débito e não o fez em parte apenas, mas totalmente. Quanto a nossos pecados "os vagalhões os cobriram". "...nem um deles escapou". Aleluia!

Observem que foi um perdão muito *eficaz* também. A única pessoa que pode perdoar um débito é aquele a quem ele é devido. Somente Deus pode perdoar o pecado, vê-lo é um débito para Ele. O que você pensa daqueles de quem se diz que podem perdoar-lhe por 5 reais? Bem, digo que para pagar-lhes as taxas seriam de outros 5 reais, mais três centavos e outro centavo jogado fora. Quando tiver recebido seu perdão, que bem obterá dele? Suponham que eu devesse lhes perdoar por ferimentos feitos por você à Rainha; qual o valor do meu perdão? Aquele contra quem transgredi é o único que pode pronunciar meu perdão. E se ele me absolver, como será eficaz sua sentença! Quando o credor disse: "Perdoo-os gratuitamente", ora, a obra estava feita, seus lábios tinham o poder. Por sua palavra quitara a dívida. Então, quando o Senhor Jesus Cristo é olhado pelos olhos da fé, vem uma voz de Suas amadas feridas que bradam ao pobre e trêmulo pecador falido: "Seus pecados, que são muitos, estão todos perdoados. Desfaço as suas transgressões como a névoa e os seus pecados, como a nuvem". Que eficaz é tal perdão! Como encanta o coração e acalma cada temor! Ele perdoou a ambos franca, completa, gratuita e eficazmente!

E creia que, quando isso tiver sido feito, eu posso acrescentar somente mais um adjetivo — é um perdão *eterno*. Aquele credor nunca mais poderia convocar os devedores por dívidas que ele havia absolvido. Jamais poderia pensar em algo assim como demonstração de justiça. Ele os perdoara verdadeiramente, e eles foram perdoados. Deus não brinca com Suas criaturas, perdoando-as e depois punindo-as. Jamais poderei crer em Deus amando um homem hoje e lançando-o fora amanhã. As dádivas e o chamado de Deus não têm dele arrependimento. A justificação não é um ato que pode ser revertido e seguido de condenação. Não, não! "Aos que justificou, a esses também glorificou".

Estou seguro se o pecado está perdoado,
A morte não tem mais seu aguilhão,
A lei deu ao pecado poder para condenação,
Mas, Cristo, meu resgate, foi crucificado.

Por Sua morte, nosso Redentor efetivamente varreu o pecado de uma vez por todas e removeu toda a maldição da Lei. Na oferta de gado e cordeiros havia a contínua lembrança do pecado, pois o sangue de bois e carneiros não poderia afastar o pecado. Mas o apóstolo escreveu: "Jesus, porém, tendo oferecido, para sempre, um único sacrifício pelos pecados, assentou-se à destra de Deus" porque Sua obra foi eficaz e eternamente completa.

Apenas mais uma observação sobre este ponto. Esse perdão *aplicou-se a ambos os devedores* — "Perdoou-lhes a ambos". O homem que devia apenas 50 moedas de prata precisava tanto do perdão da dívida quanto aquele que devia 500, pois, embora não estivesse tão afundado na lama, estava igualmente no lamaçal. Se um homem estivesse na prisão por causa de sua dívida, como acontecia sob a antiga Lei, caso devesse apenas 50 reais, seria trancafiado entre quatro paredes tanto quanto o grande devedor que tinha 50 mil de défice; e não poderia sair sem o pagamento ou o perdão de seu menor débito tanto quanto o maior. Um pássaro preso por uma linha é tão prisioneiro quanto um boi amarrado por uma corda. Agora, vocês, boas pessoas, que sempre tentaram cumprir suas obrigações e estão contadas entre os devedores de 50 moedas de prata, devem confessar que se tornaram, de algum modo, endividados com Deus por terem cometido certa medida de pecados. Percebam que não podem ser salvos, exceto pelo perdão gratuito de Deus por meio do precioso sangue de Cristo. O pequeno devedor deve receber seu perdão somente por meio da graça. Também é uma grande bênção que tenha perdoado o grande devedor com igual liberalidade. Talvez haja alguns aqui homens e mulheres que nunca tiveram pretensão de serem bons, que desde sua infância vão de mal a pior. Há a possibilidade de perdão gratuito e instantâneo para vocês neste momento. Vocês que estão endividados com Deus até o pescoço podem ser gratuitamente perdoados pelo mesmo Senhor que perdoa pequenos devedores. Quando um homem tem uma caneta em sua mão e está escrevendo recibos, não lhe custa mais escrever um recibo de 500 reais do que um de 50 — a mesma assinatura bastará a ambos. E quando o Senhor tem a caneta de Seu Espírito em Sua mão e está para escrever sob uma consciência de paz, consequência da reconciliação, pode escrever uma como a outra. Você que tem uma conta pequena, traga-a aqui para que a graça infinita possa escrever sobre ela "CANCELADA"! Você com uma conta mais pesada, a mão do Amor Infinito pode escrever "CANCELADA" num instante! Transbordo de alegria por ter tal evangelho a lhes pregar. Qualquer que seja sua culpa, meu gracioso Deus está pronto a perdoar-lhes, por amor a Jesus, pois Ele se deleita na misericórdia.

3. Agora, imploro por sua atenção para o último ponto, que é a LIGAÇÃO ENTRE ESSA FALÊNCIA E O PERDÃO GRATUITO. Está escrito: "*E, não tendo eles com que pagar, perdoou-lhes a ambos*". Há um tempo quando o perdão vem e é quando a autossuficiência sai. Se uma pessoa neste lugar tem sua consciência atingida a esse ponto, que sente que não tem com o que pagar, então, chegou ao lugar em que Deus está pronto para perdoar-lhe. Quem reconhece sua dívida e confessa sua própria incapacidade de quitá-la descobrirá que Deus verdadeiramente a cancela. O Senhor jamais nos perdoará até que sejamos trazidos à inanição de orgulho e à morte da prepotência. O senso de falência espiritual demonstra que um homem se tornou *ponderado*, e isso é essencial à salvação. Como podemos crer que uma pessoa imprudente possa ser salva? Se pensamos assim sobre o nosso estado, a ponto de prantearmos nosso pecado e sentir sua crueldade, e se fizermos exame atento em nosso coração e descobrirmos que não temos mérito e poder, então estaremos preparados para, de forma refletida, dizermos: "No Senhor tenho a retidão e a força".

Não é necessário que haja séria ponderação antes que possamos esperar receber misericórdia? Vocês esperam que Deus nos salve enquanto dormimos, ou somos volúveis, fúteis, ociosos e despreocupados com o pecado? Certamente isso seria premiar a tolice! Não é assim que Deus age. Ele nos fará conhecer a seriedade de nosso perigo, se não, trataríamos toda a questão com brandura e *nós* perderíamos o efeito moral do perdão, ao passo que *Ele* seria furtado de Sua glória.

A seguir, quando chegamos a sentir nossa falência, então *fazemos honesta confissão*, e a ela é dada uma promessa: "mas o que confessa [as transgressões] e as deixa alcançará misericórdia". Os dois devedores haviam reconhecido seus débitos e abertamente confessado, embora isso fosse um pouco incomum, que não podiam pagá-lo. Humilharam-se diante do seu credor, e então ele disse: "Eu os perdoo". Se um deles tivesse hesitado e se vangloriado: "Ó, nós podemos pagar", haveria toda a chance de ele ser enviado à prisão. Quanto a você, pobre temeroso, não sei em que ponto está nesta manhã, mas aqui está o consolo para você — quando vai até Deus em seus aposentos e clama: "Senhor, tem misericórdia de mim, pois sou culpado e não posso me justificar diante de ti, tampouco te oferecer qualquer justificativa". Após isso Ele dirá: "Tenha bom ânimo. Afastei de você seu pecado; você não morrerá". Quando não tem com o que pagar e confessa sua insolvência, o débito é anulado. Quando você chegar no seu pior, verá o Senhor em Seu melhor.

É em sua completa destituição que *os homens valorizam o perdão*. Se Deus desse Sua misericórdia a todos os homens de uma vez, sem que eles sequer houvessem tido qualquer senso de pecado, eles a teriam por banal e a menosprezariam. "Deus é misericordioso" é um dito comum. E é um tanto conversa fiada com aqueles que a falam tão loquazmente, como se não tivesse importância. Não o adoram por Sua misericórdia ou o servem por Sua graça. Dizem: "Ó! Deus é misericordioso!" e prosseguem em pecar mais do que nunca. A ideia não tem efeito sobre seu coração ou vida. Eles não têm estima por aquela misericórdia da qual falam tão livremente. Assim, o Senhor se assegura de que o pecador conheça sua necessidade de misericórdia ao sentir o beliscão de consciência e o terror da Lei. Se eu puder assim falar, Ele envia o xerife e coloca uma ordem de prisão sobre a alma ao convencer o homem do pecado, da justiça e do juízo. O Senhor põe a condenação no coração, e é aí, quando a pobre criatura clama: "Não tenho com o que pagar!", que o perdão liberal é dado pelo

Senhor e é prezado de coração por aquele a quem chega. Quando nossa conta é longa e pesada, é abençoador ver o Senhor escrever "Cancelado" e contemplar toda a montanha de dívidas ser engolfada no mar de amor. Cristo é precioso quando o pecado é amargo. Não é sábio, da parte de Deus, que o cancelamento do débito venha justamente quando não temos com o que pagar e tenha sido preparado para premiar com o perdão liberal?

Quando sob a convicção, a pobre alma *vê a realidade do pecado e do perdão*. Meu querido ouvinte, você jamais crerá na realidade do perdão até que tenha sentido a realidade do pecado. Lembro-me de quando senti o fardo do pecado e, embora eu não fosse mais que uma criança, meu coração fraquejou pela angústia, senti-me humilhado. O medo não era um bicho papão para me assustar; era uma realidade cruel, e como um leão me despedaçou inteiro. E agora, hoje, sei que a realidade do perdão não é fantasia, ou sonho, porque, no fundo de minha alma, sinto seu poder. Sei que meus pecados estão perdoados e me regozijo nisso, mas jamais saberia da verdade dessa feliz condição se não tivesse sentido a carga opressora do pecado sobre minha consciência. Não poderia me dar ao luxo de brincar de conversão, pois o pecado era um fato terrível em minha alma. Nosso Pai celestial não deseja que usemos de frivolidade em um assunto sobre o qual Jesus derramou Seu sangue e assim Ele nos traz à angústia de alma e depois a uma vívida constatação da graça liberal. Permite que o açoite recaia sobre nossos ombros até que tenhamos sangrado novamente e isso leva a nos cansarmos da escravidão pelo pecado. Ele estabelece a consciência e a Lei sobre nós, e esses dois carcereiros nos empurram para o fundo do calabouço e fazem nossos pés rápidos para o cepo [N.E.: Instrumento de tortura utilizado por escravistas, que consistia em um grosso tronco de madeira o qual o escravo carregava à cabeça, preso por uma longa corrente a uma argola que trazia no tornozelo.]. Tudo isso nos prepara para o poder libertador que abala as paredes da prisão e solta nossas cadeias, e para o terno amor que lava nossos vergões e nos serve carne.

Realmente creio que o Senhor nos dará perdão quando chegarmos em nossa última migalha, e não antes disso, porque *somente aí olharemos para o Senhor Jesus Cristo*. Ah, meus queridos amigos, enquanto tivermos qualquer coisa para a qual olhar, jamais olharemos para Cristo. Aquele abençoado porto no qual nenhum navio jamais enfrentou tempestade sem que encontrasse abrigo é evitado por todas as nossas elegantes embarcações. Elas prefeririam aportar em qualquer lugar na costa do autoengano do que chegar ao porto que é sinalizado pelos dois faróis da graça imerecida e do amor sacrificial. Enquanto o homem puder raspar o pote de comida e encontrar algo nele, enquanto puder virar a botija de óleo e dela sair pingos, mesmo que seja apenas uma gota na semana, ele nunca virá a Cristo para buscar as provisões celestiais. Enquanto tiver um centavo falso e enferrujado no canto de sua gaveta, o pecador jamais aceitará as riquezas do amor redentor. Contudo, quando tudo tiver terminado, quando não houver nada na sala, nada na cozinha, nada no armazém, quando não houver nenhum pedaço de nada nem estoque algum, aí é que ele valorizará Jesus e Sua salvação. Somos quebrados para sermos refeitos. Somos esvaziados para sermos cheios. Quando não podemos dar, Deus pode perdoar. Se algum de vocês tiver qualquer bondade própria, perecerá para sempre. Se tiver qualquer coisa própria em que puder confiar, estará tão certamente perdido quanto agora são homens ou mulheres viventes. Porém, se forem reduzidos ao extremo, e a ardente ira divina parecer queimá-lo, então não apenas terá misericórdia, mas ela já será sua. —

Somente essa perfeita pobreza
Que a toda alma define.
Se acharmos que temos qualquer nobreza,
Não obteremos perdão que redime.

Mas, sejam quais forem nossas dívidas,
Grandes ou minúsculas a nos subjugar,
Por nosso Senhor serão removidas
Quando não tivermos com que pagar.

Benditos são vocês, pobres, porque serão ricos! Benditos os famintos, pois serão alimentados! Bem-aventurados os vazios, pois serão cheios! Mas, ai de vocês que são ricos e fartos em bens, e não têm necessidade alguma, e se vangloriam de sua bondade! Cristo não tem nada a ver com vocês e não temos nada para lhes pregar a não ser que "os sãos não precisam de médico". O Cirurgião celestial não veio salvar aqueles que não têm necessidade de salvação. Que os enfermos abram seus ouvidos e ouçam com prazer, pois o Médico veio com atenção especial para eles. Você é pecador? Então, Cristo é o Salvador dos pecadores. Una suas mãos às dele pela fé, e a obra estará completa: você está salvo para a eternidade! Deus os abençoe, por amor a Cristo. Amém!

Este sermão foi pregado no Metropolitan Tabernacle, em Newington, na manhã de 16 de setembro de 1883.

13

UM SERMÃO PARA O PIOR HOMEM NA TERRA

O publicano, estando em pé, longe, não ousava nem ainda levantar os olhos ao céu, mas batia no peito, dizendo: Ó Deus, sê propício a mim, pecador! (Lucas 18:13)

Embora tivesse ido ao Templo para orar, o fariseu era culpado por não ter orado; não há oração em tudo que ele disse. Há excelência no publicano em ele ter subido ao Templo para orar e realmente o fez; não há nada além de oração em tudo que ele proferiu. "Ó Deus, sê propício a mim, pecador!" é, do começo ao fim, uma oração pura e autêntica. Foi culpa do fariseu que, quando se dirigiu ao Templo para orar, esqueceu-se de uma parte essencial da oração, que é a confissão de pecado. Falou como se não tivesse pecados a confessar, mas, sim, muitas virtudes a exibir. É qualidade primordial da devoção do publicano que ele tivesse confessado suas faltas; sim, seu discurso estava cheio de confissão. Do começo ao fim, continha o reconhecimento de sua culpa e um apelo à graça do Deus misericordioso. A oração do publicano é admirável por sua plenitude de significado. Um expositor bíblico a chama de *santo telegrama*, e certamente ela é tão compacta e curta, tão livre de palavras supérfluas, que merece ser chamada assim. Não vejo como ele poderia ter expressado o que queria dizer de forma mais completa ou mais breve. No original grego, há ainda menos palavras do que em português. Ó que o homem aprendesse a orar com menos linguagem e com mais significado! Que coisas grandiosas estão encerradas nessa curta petição! Deus, a misericórdia, o pecado, a propiciação e o perdão!

Ele fala de questões importantes, e nenhuma frivolidade é considerada. Não tem nada com jejuar duas vezes por semana, ou com a entrega do dízimo e outras coisas secundárias; trata de assunto de ordem superior. Seu trêmulo coração se move entre as sublimidades que se apoderam dele, e fala em tons consistentes com isso. Trata com as coisas mais elevadas que podem haver, suplica por sua vida, por sua alma. Onde poderia encontrar temas de mais peso, mais vitais aos seus interesses eternos? Não está brincando de orar, mas implora em impressionante diligência.

Sua súplica subiu depressa a Deus, e ele rapidamente conquistou sua petição com o Céu. A misericórdia lhe garantiu plena justificação. A oração agradou de tal forma ao Senhor Jesus Cristo, que a ouviu, que Ele condescendeu em ser o artista, fazendo o croqui do pedinte. Digo que a oração, em si mesma, foi tão agradável ao gracioso Salvador que Ele nos conta como ela foi apresentada: "estando em pé, longe, não ousava nem ainda levantar os olhos ao céu, mas batia no peito". Lucas, que, de acordo com a tradição, era de alguma forma um artista tanto quanto um médico, tem muito cuidado de colocar sua pintura na galeria nacional de arte dos homens salvos pela graça soberana. Aqui temos o retrato de um homem que chamou a si mesmo de *o* pecador, que poderia ser colocado como um padrão para os santos. Alegro-me em ter o divino croqui desse homem para que eu possa ver a forma corpórea de sua devoção. Mais alegre ainda em ter sua oração para que possamos examinar o cerne de sua súplica. O desejo do meu coração nesta manhã é que possamos buscar a misericórdia de nosso Senhor, como fez esse publicano, e que voltemos às nossas casas justificados. Não peço que homem algum use as mesmas palavras. Que ninguém lhes atribua valor supersticioso. Infelizmente essa oração tem sido usada de modo tolo e irreverente, bem como tem sido quase observada como um tipo de encantamento! Alguns dizem: "Podemos viver como quisermos, pois somente teremos de dizer 'Deus, sê misericordioso comigo' quando estivermos morrendo e tudo ficará bem". Esse é um uso maldoso e inadequado da verdade do evangelho; sim, transforma a verdade em mentira. Se vocês escolherem assim perverter a graça do evangelho para sua própria destruição, seu sangue recairá sobre suas próprias cabeças. Podem não ter tempo no qual murmurar até mesmo essa breve sentença ou, se o tiverem, as palavras poderão não vir de seu coração, e assim morrerão em seus pecados. Suplico-lhes: não abusem da paciência divina. Porém, se além do coração do publicano assumirmos a atitude dele, se com espírito do publicano pudermos usar suas palavras, então haverá graciosa aceitação, e iremos para casa justificados. Se esse for o caso, haverá um tempo majestoso hoje, pois os anjos se regozijarão com os pecadores reconciliados com Deus e levados a conhecer, em sua própria alma, a ilimitável misericórdia do Senhor.

Ao pregar sobre esse texto, vou me esforçar em lhes trazer seu espírito em maior profundidade. Que possamos ser ensinados pelo Espírito, para que aprendamos as quatro lições que dele advêm!

1. A primeira é esta: O FATO DA PECAMINOSIDADE NÃO SER MOTIVO PARA DESESPERO. Nenhum de vocês precisa dizer: "Sou culpado, portanto não posso me aproximar de Deus, sou tão grandemente culpado que seria muita ousadia para mim

pedir misericórdia". Repudiem tais pensamentos. Meu texto e outros milhares impedem o desespero.

Pois, inicialmente, *esse homem, que era pecador, ainda assim ousou se aproximar do Senhor*. De acordo com a nossa versão, ele disse: "Ó Deus, sê propício a mim, pecador!". O que ele quis dizer era enfaticamente que era *o* pecador, e não apenas *um* pecador. O fariseu, acolá, era *o* santo de sua era, mas esse publicano, que se manteve afastado do lugar santo, era *o* pecador. Se não houvesse outro pecador no mundo, ele ainda assim o seria, e, em um mundo de pecadores, ele era um ofensor proeminente — o pecador dos pecadores. Enfaticamente aplica a si mesmo o título de culpado. Assume o principal lugar de condenação e ainda assim clama: "Ó Deus, sê propício a mim, pecador!". Agora, se você se reconhece como pecador, pode suplicar a Deus, contudo, se lamentar que não é apenas um pecador, mas *o* pecador, com o artigo definido, o pecador acima de todos os outros, poderá mesmo assim esperar na misericórdia do Senhor. O pior, o mais profano, o mais terrível dos pecadores pode se arriscar, como fez esse homem, a se aproximar do Deus de misericórdia. Sei que parece uma ação ousada, portanto deve ser feita pela fé. Sobre qualquer outra base, exceto o da fé na misericórdia divina, você, que é pecador, não deve se arriscar a aproximar-se do Senhor, se não, será encontrado culpado de presunção. Todavia com seu olhar fixo na misericórdia, você poderá ficar corajosamente confiante. Creia na grande misericórdia de Deus, e, embora seus pecados sejam abundantes, você descobrirá que o Senhor o perdoará abundantemente; embora eles manchem seu caráter, o Senhor os apagará; mesmo que sejam vermelhos como o escarlate, o sangue de Jesus os tornará brancos como a neve.

A história do fariseu e do publicano pretende lhes ser um exemplo encorajador. Se esse homem que era *o* pecador encontrou perdão, assim será com vocês, se o buscarem como ele. Um pecador se aproximou de forma tão adequada, por que seria diferente com vocês?

Venham e testem, e vejam se o Senhor não prova que, também no seu caso, Sua misericórdia dura para sempre.

A seguir, lembrem-se de que não apenas encontram encorajamento em observar o pecador que buscou seu Deus, mas também no Deus a quem ele buscou. Pecador, *há grande misericórdia no coração do Senhor*. Quantas vezes esse versículo ressoou como um coro nas canções do Templo:

Pois Sua misericórdia perdurará,
Sempre fiel e certa será!

A misericórdia é um atributo especialmente glorioso de Jeová, o Deus vivo. "O Senhor é misericordioso e compassivo". É "longânimo e assaz benigno". Vocês não percebem o quanto isso deveria alegrá-los? Os pecadores deverão estar necessitados para a graça ter de ser concedida. Como o Senhor pode exibir Sua misericórdia se não for para com o culpado? A bondade é para as criaturas, mas a misericórdia é para pecadores. Pode haver amor pelas criaturas não caídas, mas não pode haver misericórdia. Os anjos não são recipientes adequados desta; não precisam dela porque não pecaram. A misericórdia entra em ação depois de a Lei ser quebrada, não antes disso. Entre os atributos, ela é a última que encontrou um escopo para si. Por assim dizer, é o Benjamim, e o amado atributo de Deus, Ele "tem prazer na misericórdia". É só com o pecador que Deus pode ser misericordioso. Você ouviu, pecador? Assegure-se de apreendê-lo! Se há misericórdia sem limite no coração de Deus, e ela só pode ser exercida em favor do culpado, então você é a pessoa para recebê-la, pois é culpado. Então venha e deixe que ela o envolva como uma vestimenta neste dia, e que cubra toda sua culpa. O deleite de Deus na misericórdia não lhe prova que a pecaminosidade não é razão para o desespero?

Além disso, *a concepção da salvação implica em esperança para pecadores*. Essa salvação que lhes pregamos todos os dias é alegre notícia para o culpado. A salvação pela graça implica que os homens são culpados. Não significa recompensa para o justo, mas a purificação do injusto. É direcionada para o pecador, o perdido, o destruído, e as bênçãos que traz de misericórdia perdoadora e graça purificadora devem ser para o culpado e impuro. "Os sãos não precisam de médico", o médico tem seus olhos voltados ao doente. As esmolas são para os pobres; o pão, para o faminto; o perdão, para o culpado. Ó vocês que são culpados, vocês são os homens a quem a misericórdia busca! Estavam diante dos olhos de Deus quando Ele enviou Seu Filho ao mundo para salvar pecadores. Desde o início da redenção até a sua concretização, o olhar divino estava sobre o pecador e não naqueles merecedores. O próprio nome de Jesus nos diz que Ele deve salvar o Seu povo dos pecados deles.

Permitam-me ir além e dizer que, à medida que a salvação de Deus é grandiosa, ela deve ser planejada para encontrar grandes pecados. Ó, senhores, Cristo teria derramado o sangue de Seu coração por pecados insignificantes e veniais, que poderiam ser lavados por nossas lágrimas? Vocês acham que Deus daria Seu Filho amado para morrer por mera superfluidade? Se o pecado fosse uma questão pequena, um pequeno sacrifício seria suficiente. Vocês acham que a expiação divina foi feita apenas para ofensas mínimas? Jesus morreu por pequenos pecados e deixou os maiores sem expiação? Não, o Senhor Deus mediu a imensidão de nosso pecado e o descobriu mais alto que o céu, mais profundo que o inferno e mais amplo que o infinito, portanto Ele entregou tão grande Salvador. Ele deu Seu Filho unigênito, um sacrifício infinito, uma expiação imensurável. Com tais espasmos e dores de morte, como jamais poderão ser plenamente descritos, o Senhor Jesus derramou Sua alma em sofrimentos desconhecidos para que pudesse prover uma grande salvação para o maior dos pecadores. Vejam Jesus na cruz e aprendam que toda forma de pecado e blasfêmia será perdoada ao homem. O fato da salvação, a grande salvação, deve afastar a própria noção de desespero de cada coração que ouve dela. A salvação, que é para mim, pois estou perdido. Uma grande salvação, que é para mim, porque sou o maior dos pecadores. Ó, ouçam minhas palavras no dia de hoje! É a palavra de amor de Deus e ela tine como um sino de prata. Ó amados ouvintes, choro por vocês e, mesmo assim, tenho vontade de cantar o tempo todo, pois fui enviado a proclamar a salvação do Senhor para o pior de todos vocês.

O evangelho é de forma especial, definitiva e distinta dirigido a pecadores. Ouçam isto: "Fiel é a palavra e digna de toda aceitação: que Cristo Jesus veio ao mundo para salvar os pecadores, dos quais eu sou o principal". "Não vim chamar justos, e sim pecadores, ao arrependimento." "Porque o Filho do Homem veio buscar e salvar o perdido." O evangelho é como uma carta redigida em manuscrito claro e legível, e, se vocês lerem seu destinatário, descobrirão que ele discorre assim: "AO PECADOR". Ó, pecadores, a vocês é enviada a palavra dessa salvação. Se você é um pecador, você é a pessoa a quem o evangelho foi dirigido, e eu com isso não quero dizer meramente o pecador cortês e nominal, mas aquele totalmente rebelde, um transgressor contra Deus e contra o homem. Ó, pecador, apodere-se do evangelho com entusiasmo alegre e clame a Deus por misericórdia agora mesmo! —

Pelos pecadores Ele sofreu
Indizíveis agonias;
Duvidas que sejas pecador?
Se sim, adeus, esperança.
Porém, se crês no que está escrito —

"Todos são culpados", "mortos no pecado"
Olha para Aquele crucificado,
E a esperança elevará tua alma.

Se você pensar nisso novamente, deve haver esperança para os pecadores porque *as grandes ordenanças do evangelho se aplicam melhor a pecadores*. Ouçam, por exemplo, esta palavra: "Arrependei-vos, pois, e convertei-vos para serem cancelados os vossos pecados" (Atos 3:19). Quem, além do culpado, pode se arrepender? Quem pode se converter, senão aqueles que estão na trilha errada e, portanto, precisam voltar? O texto a seguir é evidentemente dirigido àqueles que não são bons em nada: "Deixe o perverso o seu caminho, o iníquo, os seus pensamentos; converta-se ao Senhor, que se compadecerá dele, e volte-se para o nosso Deus, porque é rico em perdoar". A própria palavra "arrepender" indica que foi endereçado àqueles que pecaram; e que isso o atraia à misericórdia.

Assim, você está comprometido em crer no Senhor Jesus Cristo. Agora, a salvação pela fé deve ser para o culpado, pois o caminho de vida para o inocente é pela perseverança nas boas obras. A lei diz: "Faze isto e viverás". O evangelho fala da salvação por meio da fé porque essa é a única forma possível para aqueles que quebraram a lei e estão condenados por isso. A salvação é pela fé para que possa ser pela graça. Creia e viva! Creia e viva! Creia e viva! Essa é a nota festiva da livre graça. Que vocês conheçam o jubiloso som e assim sejam abençoados! Que vocês que são pecadores ouçam o chamado como dirigido particularmente a vocês! Estão afundados até o pescoço na lama do pecado, mas a mão poderosa se estende para os libertar. "Arrependei-vos e crede no evangelho."

Se precisam de outro argumento, e espero que não, eu proporia este: *grandes pecadores já foram salvos*. Todos os tipos de pecadores estão sendo salvos hoje. Que maravilhas alguns de nós contemplaram! Quantas maravilhas têm sido efetuadas neste Tabernáculo! Ouviu-se um homem, em uma reunião de oração, suplicando em tom mais alto que o normal. Ele era marinheiro por isso sua voz atingiu as notas dos rugidos dos vagalhões. Certa senhora sussurrou para sua amiga: "Este é o Capitão F_____?". "Sim", disse a outra, "por que você pergunta?" "Porque", respondeu, "a última vez que ouvi essa voz, os xingamentos gelaram meu sangue, os palavrões eram muito terríveis. Poderia ser o mesmo homem?" Alguém observou: "Vá e lhe pergunte". Timidamente a senhora disse: "O senhor é o mesmo Capitão F_____ que ouvi xingando nas ruas, perto de minha casa?" "Bem", disse ele, "sou a mesma pessoa e, ainda assim, graças a Deus, não sou o mesmo!" Ó irmãos, assim eram alguns de nós, mas fomos lavados, fomos santificados! As maravilhas da graça pertencem a Deus. Outro dia, eu lia uma história de um velho pastor de ovelhas que jamais frequentara um local de adoração, porém quando seus cabelos ficaram brancos, e ele estava próximo à morte, foi atraído a uma capela Metodista por curiosidade, e tudo se fez novo para ele. Mesmo sendo um senhor idoso insensível, viram-no derramar lágrimas durante o sermão. Ele tivera um vislumbre de esperança. Viu que havia misericórdia até mesmo para ele. Agarrou-se à vida eterna de uma vez. Foi grande a surpresa quando ele foi visto na capela e maior ainda quando, na segunda-feira à noite, foi visto na reunião de oração; sim, e também quando foi ouvido, pois caiu sobre seus joelhos e louvou a Deus por ter encontrado misericórdia. Vocês se espantam que os Metodistas tivessem gritado "Bendito seja o Senhor"? Onde for que Cristo seja pregado, os mais perversos homens e mulheres são levados a sentar-se aos pés do Salvador "vestidos, em perfeito juízo". Meu ouvinte, por que não seria assim com você? De muitas formas temos provas cabais do fato de que a pecaminosidade não é motivo para o desespero.

2. Agora preciso prosseguir para minha segunda observação, O SENSO DE PECAMINOSIDADE NÃO CONFERE DIREITO À MISERICÓRDIA. Vocês devem estar se perguntando por que menciono essa verdade evidente, mas preciso fazê-lo por causa de um erro comum que traz grande dano. Esse homem estava tão sensível ao seu pecado que chamou a si mesmo de PECADOR, mas não ressaltou seu senso de pecado como razão pela qual devesse encontrar misericórdia. Há uma inventividade no coração do homem, nada menos que diabólica, pela qual ele deseja, se puder, transformar o próprio evangelho em um fardo de escravidão. Se pregamos a pecadores para que possam vir a Cristo em toda sua angústia e miséria, alguém diz: "Não me sinto pecador como eu deveria. Não sinto aquelas convicções das quais você fala, portanto, não posso ir a Jesus". Essa é uma terrível distorção do que dizemos. Não intentamos insinuar que convicções, dúvidas e o desânimo conferem ao homem o direito à misericórdia e que sejam preparações necessárias à graça. Assim, desejo que vocês aprendam que o senso de pecado não dá ao homem o direito à graça.

Se a profunda percepção de pecado habilitasse o homem à misericórdia, *seria como virar essa parábola de cabeça para baixo*. Vocês supõem que esse publicano fosse, no final das contas, um fariseu disfarçado? Imaginam que ele na realidade queria implorar: "Deus tem misericórdia de mim porque sou humilde e modesto"? Teria ele dito em seu coração: "Senhor, tem misericórdia de mim porque não sou um fariseu e estou profundamente abatido por conta de meus maus caminhos"? Isso provaria que ele era um fariseu em seu coração. Se você gera justiça a partir de seus sentimentos, está igualmente fora do caminho verdadeiro como se tivesse gerado justiça a partir de suas obras. Quer sejam obras ou sentimentos, qualquer coisa em que se apoie como uma reivindicação para a graça é um anticristo. Você não será mais salvo por causa da consciência de sua miséria do que seria pela consciência de seus méritos; não há virtude tanto em um quanto no outro. Se você constituir suas convicções com seu salvador, estará tão certamente perdido quanto se tivesse transformado suas cerimônias em salvadoras. O publicano confiou na misericórdia divina e não em suas próprias convicções, e você deve fazer o mesmo.

Imaginar que um terrível senso de pecado se constitui em reivindicação da misericórdia *seria como premiar o grande pecado*. Certas pessoas que buscam a Deus pensam: "Nunca fui um bêbado, ou falei palavrões, ou fui sexualmente impuro, mas quase desejo que tivesse sido para que pudesse me sentir como o principal dos pecadores e assim ir a Jesus". Não desejem coisa tão atroz, não há nada de bom no pecado de maneira alguma. Agradeçam a Deus por terem sido preservados das formas mais grosseiras do vício. Não imaginem que o arrependimento é mais fácil quando o pecado é mais flagrante, porque o contrário é a verdade. Creiam que não há vantagem em ser um horrível ofensor. Você já tem pecados suficientes; ser pior não seria melhor. Se as boas obras não o ajudam, certamente as más também não o fariam. Vocês que têm sido morais e excelentes deveriam clamar por misericórdia e não serem tolos em imaginar que pecados maiores o auxiliariam a estarem mais preparados para o arrependimento. Venham como estão, e, se seu coração for empedernido, confessem isso como um de seus maiores pecados. Um senso mais profundo de pecado não lhes confere direito à misericórdia de Deus, vocês não têm qualquer direito à misericórdia, exceto aquele que a misericórdia lhes dá. Mesmo que suas lágrimas corressem para sempre, que seu pesar não conhecesse descanso, você não teria direito à soberana graça do Deus que terá misericórdia de quem quiser ter misericórdia.

Desse modo, queridos amigos, lembrem-se: se começamos a pregar a pecadores que eles devem ter certo senso de pecado e certa medida de convicção, *tal ensinamento afastaria o pecador do Deus em Cristo e o direcionaria a si mesmo*. O homem logo começará a dizer: "Estou de coração partido? Sinto o peso do pecado?". Essa é só mais uma forma de olhar para si próprio. O homem não deve olhar para si a fim de encontrar motivos para a graça divina. O remédio não está no assento do doente, está nas mãos do médico. O senso de pecado não é uma reivindicação, mas, sim, uma dádiva que o bendito Salvador, que está exaltado nas alturas, conceda arrependimento e remissão de pecados. Estejam de sobreaviso sobre qualquer ensinamento que os faça olhar para si mesmos por ajuda, mas apeguem-se àquela doutrina que volta seu olhar somente para Cristo. Quer reconheça ou não, você é um pecador perdido e arruinado, que merece somente ser lançado nas chamas do inferno para sempre. Confesse isso, mas não peça para ficar enlouquecido por essa percepção. Venha a Jesus como está e não espere que haja uma preparação a partir de suas misérias. Olhe para Jesus e para Ele somente.

Se cairmos na noção de que certo senso de pecado tem um apelo diante de Deus, *estaremos colocando a salvação sobre outro fundamento que não a fé*, e esse é um falso fundamento. A base da salvação é: "Porque Deus amou ao mundo de tal maneira que deu o seu Filho unigênito, para que todo o que nele crê não pereça, mas tenha a vida eterna". Uma fé simples no Senhor Jesus Cristo é o caminho para a salvação, mas dizer: "Serei salvo porque estou terrivelmente convicto do pecado e levado ao desespero" não é falar como o evangelho, mas delirar no orgulho de um coração incrédulo. O evangelho é que você creia em Cristo Jesus, que se livre de si mesmo e dependa somente dele. Você diz: "Sinto-me tão culpado"? E certamente é culpado, quer o sinta ou não, e é ainda mais culpado do que possa imaginar. Venha a Cristo porque é culpado, não porque foi convencido a vir por reconhecer sua culpa. Não confie em si próprio, nem mesmo na sua percepção de necessidade. Um homem pode ter uma percepção de enfermidade muito antes de conseguir a cura para ela. A lupa da convicção revela as manchas em sua face, mas não pode removê-las. Você não poderá encher suas mãos ao colocá-las em seus bolsos vazios e sentir quão vazios estão. Seria muito mais sábio mantê-las fora e receber o ouro que seu amigo tão liberalmente lhe concede. "Ó Deus, sê propício a mim, pecador!" é a forma correta de dizê-lo, e não "Deus sê propício a mim porque sinto suficientemente minha pecaminosidade e a lamento adequadamente".

3. Minha terceira observação é essa: O CONHECIMENTO DE SUA PECAMINOSIDADE GUIA OS HOMENS À

AÇÃO CORRETA. Quando um homem compreende, pelo Espírito Santo, que é um pecador, então, por certo instinto da nova vida, ele faz a coisa certa da forma correta. Esse publicano nem sempre ia ao Templo e não havia aprendido a ortodoxia do comportamento. É fácil entender como todos nós o fazemos atualmente em nossos templos: retire seu chapéu, coloque-o em frente a seu rosto e leia o nome e o endereço do fabricante. Depois, assente-se e, no momento certo, incline-se para frente, cobrindo seus olhos e, além disso, levante-se quando o resto da congregação o fizer. As pessoas fazem assim como se tivessem sido movidas por maquinário; no entanto, não oram como deveriam orar, nem se prostram diante de Deus quando a adoração está sendo oferecida. Esse publicano é fora de série, não segue as prescrições e tem maneirismos próprios.

Primeiramente, em vez de aproximar-se, ele se manteve a distância. Não ousou achegar-se até onde a pessoa mais respeitável, o fariseu, estava se exibindo, pois não se sentia digno. Deixou um espaço entre si e Deus, uma abertura para o Mediador, um espaço para o Advogado, um lugar para o Intercessor se interpolar entre ele e o trono do Altíssimo. Do mesmo modo, o homem sábio permanece distanciado porque, por esse meio, ele pode se aproximar na pessoa de Jesus. Além disso, não levantaria muito seus olhos ao Céu. Parece ser natural levantar suas mãos em oração, mas ele sequer levantaria seus olhos. O levantar dos olhos é muito apropriado, não é? Porém, ainda mais adequado, é que "o pecador" não levante seus olhos. Seu olhar abaixado significa muito. Nosso Senhor não diz que ele não conseguia erguer os olhos, mas que ele não o *faria*. Ele podia olhar para cima porque em seu espírito erguia o olhar enquanto clamava: "Ó Deus, sê propício a mim, pecador!", mas não o faria porque parecia indecoroso que olhos como os seus espreitassem o Céu onde habita o Deus santo. Enquanto isso o penitente publicano seguia golpeando seu peito. O original não diz que tivesse batido no peito uma vez apenas, mas que se golpeava seguidamente. Era ato contínuo. Parecia dizer: "Ó, este coração perverso!". E o golpearia novamente. E de novo, e de novo, expressava seu intenso pesar por meio de seu gesto comum no Oriente, pois não via de que outra forma poderia declarar sua tristeza. Seu coração havia pecado, e ele o golpeava; seus olhos o desviaram, e ele os fez olhar para baixo, para a terra; e, como ele mesmo havia pecado ao viver afastado de Deus, baniu-se para longe da Presença manifesta. Cada um de seus gestos e postura é significativo, no entanto, todos vieram espontaneamente. Não tinha um livro com orientação sobre como se comportar na casa de Deus, mas sua sinceridade o guiou. Se quiserem saber como se comportar como penitentes, sejam penitentes. As melhores regras de adoração são aquelas que estão escritas nos corações abatidos. Ouvi de um pastor de quem se disse chorar nas horas erradas de seus sermões, e depois descobriu-se que ele escrevia na margem de seu manuscrito: "Chorar aqui". Sua plateia não conseguia entender a razão para seu choro artificial. Deve ter produzido um efeito engraçado. Na religião, tudo o que é artificial é ridículo, ou pior, mas a graça no coração é o melhor "mestre de cerimônias". Aquele que ora corretamente com seu coração não errará muito com seus pés, mãos e cabeça. Se você sabe como se aproximar de Deus, confesse-se pecador e depois tome seu verdadeiro lugar diante do Deus da verdade, lance-se à divina misericórdia e, assim, coloque Deus em sua real posição como seu Juiz e Senhor.

Observe que esse homem, mesmo sob o peso da consciência de pecado, foi levado ao lugar certo, pois *foi diretamente a Deus*. Um senso de pecado sem a fé nos afasta de Deus, mas, quando acompanhado de fé, imediatamente nos atrai ao Senhor. Ele achegou-se somente a Deus; sentiu que não traria benefício algum confessar suas faltas a um mortal ou buscar por absolvição por parte do homem. Não recorreu ao sacerdote do Templo, mas ao Deus do Templo. Não pediu para conversar com o homem bom e instruído, o fariseu, que estava no mesmo solo que ele. Sua sala de inquisição era o secreto de sua própria alma; e inquiriu do Senhor. Correu diretamente para Deus, o único capaz de ajudá-lo, e, quando abriu sua boca, foi para dizer: "Ó Deus, sê propício a mim, pecador!". Isso é o que você deve fazer, meu querido ouvinte: se quiser ser salvo, deve ir imediatamente a Deus em Cristo Jesus. Esqueça tudo mais e diga como o pródigo retornado: "Levantar-me-ei, e irei ter com o meu pai". Ninguém, exceto Deus, pode nos ajudar em nosso estado decaído. Nenhuma misericórdia, além da divina, pode servir a nosso retorno, e ninguém pode nos dar *essa* misericórdia a não ser o Deus de misericórdia. Que cada pecador destruído venha a seu Deus, contra quem ele cometeu ofensas.

O publicano não olhou ao redor para seus companheiros de adoração; estava absorvido demais no próprio pesar de seu coração. Especialmente digno de nota é que ele não emitiu qualquer observação sobre o fariseu. Não denunciou o pecado, ou a hipocrisia, ou a dureza de coração do confessor que tão ofensivamente o menosprezava. Não retribuiu o desdém com desdém, como todos nos apressamos a fazer. Não! Tratou apenas com o Senhor na profunda sinceridade de seu próprio coração, e foi corrigido. Meu ouvinte, quando você fará o mesmo? Quando cessará de censurar os outros e reservará sua severidade para si mesmo, suas observações críticas a sua própria conduta?

Quando ele veio a Deus, *foi em plena confissão de pecado*: "Ó Deus, sê propício a mim, pecador!". Seus olhos e mãos uniram-se a seus lábios no reconhecimento de suas iniquidades. Sua oração estava umidificada com o orvalho do arrependimento. Derramou seu coração diante de Deus de maneira mais liberal e simples, sua oração veio da mesma fonte que a do pródigo quando este disse: "Pai, pequei", e que a de Davi quando afirmou: "Pequei contra ti, contra ti somente, e fiz o que é mau perante os teus olhos". Essa é a melhor oração que parte do coração mais humilde.

Depois apelou somente à graça. Isso foi sábio. Veja como ele foi corretamente orientado. O que ele tinha a ver com a justiça, já que ela poderia apenas o condenar e destruir? Como uma espada desembainhada, ela ameaça se encravar em meu coração; como posso apelar à justiça? Não se poderia recorrer nem ao poder ou à sabedoria, ou a qualquer outra qualidade do grande Deus. Apenas a misericórdia estendeu suas asas. A oração "Ó Deus, sê propício a mim, pecador!" é a única que pode ser proferida por aquele que é imensamente culpado. Se por toda sua vida vocês têm menosprezado seu Salvador, tudo o que podem fazer agora é lançarem-se à misericórdia divina.

O original grego nos permite ver que esse homem tinha consciência da propiciação. Não estou dizendo que ele entendia completamente a doutrina da expiação, no entanto sua oração foi "Ó Deus, sê propício a mim, pecador!". Havia contemplado o cordeiro da manhã e da noite e ouvira da oferta pelo pecado. Embora pudesse não saber tudo sobre expiação, reparação e substituição, ainda assim seus olhos se voltaram para tudo o que ele conhecia. "Ó Deus, sê propício, aceita o sacrifício e perdoa-me". Se você conhece seu pecado, será sábio implorar a propiciação que Deus estabeleceu para o pecado humano. Que o Espírito de Deus o constranja a confiar em Jesus agora mesmo! O novo ano está passando rápido, o segundo mês está escorregando de debaixo de nossos pés [N.E.: Ver a data de pregação deste sermão que se encontra na página 269]. Quantos meses você tem adiante, pecador culpado, para vir e implorar a misericórdia de Deus, o infinitamente Gracioso? Grande Deus, que este seja o grande dia de Teu poder!

4. Agora encerro com meu último ponto, que é — A CONFISSÃO DA PECAMINOSIDADE, ACOMPANHADA PELA FÉ, É O CAMINHO PARA A PAZ. "Ó Deus, sê propício a mim, pecador!" foi a oração. Mas qual foi a resposta? Ouçam isto: "...este desceu justificado para sua casa, e não aquele".

Permitam-me esboçar o progresso desse homem em poucas palavras. Ele veio a Deus somente como pecador, puramente como pecador. Observe que ele não disse: "Deus, sê propício a mim, pecador penitente!". Ele o era, mas não alegou sua penitência. E se você alguma vez já esteve tão penitente e convicto do pecado, não o mencione como um argumento, para que não seja acusado de autojustiça. Venha como está, como pecador, e nada mais. Mostre suas feridas. Traga sua pobreza espiritual diante de Deus, e não sua suposta riqueza. Se possuir um centavo apenas, livre-se dele! A perfeita pobreza o liberará da falência. Se você tiver uma migalha mofada no armário da autojustiça, nenhum pão do Céu será seu. Você deve ser um nada e um ninguém se quiser que Deus seja seu tudo em todos. Esse homem não clama: "Deus sê propício a mim, penitente", mas, "sê propício a mim, pecador". Nem ao menos diz: "Deus, se propício a mim, um pecador *reformado*". Não tenho dúvidas de que ele foi reformado e abandonou seus maus caminhos, porém, não alega a reforma, pois esta não apagará sua pecaminosidade. Portanto, não fale como se ela pudesse fazê-lo. Aquilo que você virá a ser não trará expiação sobre aquilo que você é. Assim, venha simplesmente como pecador, não como um pecador transformado e melhorado. Não venha porque *é* lavado, mas para ser lavado! O publicano não asseverou: "Deus, sê propício a mim, um pecador *que ora!*". Ele estava orando, mas não o menciona como uma reivindicação porque considerava pouco suas próprias orações. Não aleguem suas orações; no entanto, podem alegar seu pecado. Deus sabe que suas orações têm pecado em si. Bem, homem, suas próprias lágrimas de arrependimento precisam de lavagem! Quando suas súplicas são mais sinceras, o que são elas senão gemidos de uma criatura condenada que não pode dar uma única razão pela qual não deveria ser executada? Sinta e assuma que merece condenação, e venha a Deus como pecador. Lance fora sua *finesse* sem valor, quero dizer seus "trapos da imundícia". Não se engane com as ervas daninhas de seu próprio arrependimento, menos ainda nas folhas de figueira de suas próprias resoluções, mas venha a Deus em Cristo Jesus em toda a crueza de seu pecado, e a misericórdia eterna cobrirá tanto você quanto seus pecados.

A seguir, perceba que esse homem não fez nada além de apelar à misericórdia, pois disse: "Deus, sê propício a mim". Não tentou se justificar dizendo: "Senhor, não consegui evitar. Senhor, não sou pior do que outros publicanos. Senhor, eu era um funcionário público e só fiz o que todos os coletores de impostos fazem". Não, não! Ele é muito honesto para forjar desculpas. É pecador e o assume. Se o Senhor tivesse que condená-lo por causa de sua boca e enviá-lo para o inferno, ele não poderia o evitar; seu pecado é muito evidente para ser negado. Ele coloca sua cabeça no bloco de pedra e humildemente implora: "Deus, sê propício a mim, pecador!". Esse publicano também não oferece qualquer *promessa* de correções futuras como forma de compensação. Não diz: "Senhor, sê misericordioso pelo passado, e eu serei melhor no futuro". Nada desse tipo. "Sê propício a mim, pecador" é sua única solicitação. Assim eu gostaria que vocês clamassem: "Ó Deus, sê propício a mim! Embora eu esteja, agora mesmo, condenado e mereça ser irremediavelmente considerado culpado por Tua justiça, ainda assim, tem misericórdia de mim, tem misericórdia de mim agora!". Essa é a forma de orar e, se orar assim, Deus o ouvirá. O publicano não se oferece para *pagar* nada, não propõe qualquer forma de resgate autopago; não apresenta a Deus suas lágrimas, sua abstinência, sua abnegação, sua generosidade à igreja, sua liberalidade com o pobre, ou qualquer coisa, mas simplesmente implora ao Senhor que seja propício e misericordioso a ele por causa do grande sacrifício. Ah, que todos vocês orassem desse modo!

Agora, desejo animar seu coração ao observar que esse homem, por meio de sua oração e de sua confissão de pecado, experimentou um notável grau de aceitação. Ele chegara ao Templo condenado, mas "desceu justificado para sua casa". Uma mudança completa, uma mudança repentina, uma alegre transformação aconteceu nele. O coração pesado e o olhar baixo foram trocados por um coração alegre e uma visão de esperança. Entrou no Templo em tremor e foi embora em regozijo. Tenho certeza de que sua esposa percebeu a diferença.

O que acontecera a ele? As crianças também começaram a observá-lo. Esse pobre pai costumava se sentar sozinho, um homem pesaroso à vista, mas, de repente, ele está tão feliz, que até entoa os últimos cânticos de Davi que estão no final do livro dos Salmos. A diferença é muito marcante. Antes do jantar diz: "Filhos, devemos agradecer a Deus antes de comermos esta refeição". Reúnem-se ao redor e se encantam com a face alegre do querido pai enquanto ele bendiz ao Deus de Israel. Ele diz a seus amigos: "Irmãos, estou consolado, Deus teve misericórdia de mim. Fui ao Templo culpado, mas retornei justificado. Meus pecados foram todos perdoados. Deus aceitou a propiciação por mim". Quanto bem pode vir de tal alegre testemunho! Essa foi uma mudança repentina, não foi? Ocorreu num momento. O processo do avivamento espiritual não é questão de horas, mas, sim, de apenas um segundo. Os elementos que o conduziram a isso, e que resultaram disso, são longos, mas a recepção da vida precisa ser instantânea. Não é em todo o caso que você poderá visualizar essa fração de segundos, mas a passagem da morte para a vida deve ser instantânea. Precisa haver um momento no qual o homem está morto, e outro em que ele está vivo. Garanto a vocês, inicialmente a vida ainda seria débil, mesmo assim, deve haver um momento em que ela não existia e, de novo, deve haver outro em que ela começa. Não pode haver condição intermediária entre o morto e o vivo. Mas um homem pode não saber *quando* a transformação ocorreu. Se você estivesse indo à Cidade do Cabo, precisaria cruzar a linha do equador na calada da noite, e não saberia nada sobre ele, contudo o cruzaria mesmo assim. Alguns marinheiros inexperientes pensam que veriam uma linha azul ao longo das ondas, mas ela não é perceptível, embora verdadeiramente esteja lá, a linha do equador é tão real como se pudéssemos ver um cinturão dourado ao redor do globo terrestre. Queridos amigos, eu gostaria que vocês cruzassem a linha nesta manhã! Ó, que possam sair desta casa dizendo: "Glória, glória, aleluia! Deus teve misericórdia de mim". Embora sinta esta manhã que não daria um vintém por sua vida, mesmo assim, se vier a Deus, por meio de Jesus Cristo, irá para casa louvando a Deus não apenas por estar vivo, mas porque viverá para sempre feliz em Seu amor.

Ainda mais, esse homem foi para casa com um testemunho que, oro, todos possamos ter: "...justificado diante de Deus". "Mas", você acrescenta, "como sei que ele foi justificado?". Ouça estas palavras — nosso bendito Senhor assevera: "Eu *lhes digo* que foi o cobrador de impostos, e não o fariseu, quem voltou para casa justificado". "*Eu* lhes digo", Jesus, nosso Senhor, pode dizer. Ao seu ouvido, Ele fala. Fala-o a Deus e aos santos anjos e diz ao próprio homem. O homem que clama de coração: "Deus, sê propício a mim, pecador" é justificado. Quando esse homem se levantou e confessou seus pecados, e lançou-se totalmente à misericórdia divina, foi aliviado para que pudesse ir para casa justificado. Todos vamos voltar a nossas casas. Que possamos ir justificados! Você irá para casa; eu gostaria que fosse para o lar de Deus, que é o verdadeiro lar da alma. O *publicano* "...voltou para casa justificado" e por que não deveríamos fazer o mesmo? Talvez, meu ouvinte, você nunca tenha vindo a este Tabernáculo anteriormente. Possivelmente, meu amigo, você é daqueles cavalheiros que passa as manhãs de domingo em mangas de camisa, em casa, lendo os jornais semanais. Chegou aqui nesta manhã bem por acaso. Bendito seja Deus! Espero que você volte para casa "justificado". O Senhor o concede! Talvez sempre venha aqui e tem ocupado um assento desde que o Tabernáculo foi construído e mesmo assim jamais encontrou misericórdia. Ó, que possa encontrá-la nesta manhã! Vamos buscar essa bênção! Venham comigo a Jesus! Irei à frente, orarei para que digam comigo nesta manhã: "Deus, sê propício a mim, pecador!". Descansem na grande propiciação, creiam no sangue expiatório de Jesus. Lancem-se ao amor do Salvador e voltarão para suas casas justificados. É apenas uma cabana? É menos que isso, uma edícula nos fundos, três lances de escada acima? Você é muito, muito pobre e está desempregado por muito tempo? Não importa. Deus sabe de tudo.

Busque a Sua face. Será um domingo feliz para você se, neste dia, iniciar uma vida de fé em Jesus. Terá alegria, paz e felicidade se buscar e encontrar a misericórdia do grande Pai. Creio que o vejo marchando para casa, tendo deixado seu fardo para trás, e envolvido nas canções de louvor ao nosso Deus. Que assim o seja! Amém e amém!

Este sermão foi pregado no Metropolitan Tabernacle, em Newington, na manhã de 20 de fevereiro de 1887.